HENRIK HUMRICH

Der besondere Vertreter im Aktienrecht

Abhandlungen zum Deutschen und Europäischen Gesellschafts- und Kapitalmarktrecht

Herausgegeben von

Professor Dr. Holger Fleischer, LL.M., Hamburg
Professor Dr. Hanno Merkt, LL.M., Freiburg
Professor Dr. Gerald Spindler, Göttingen

Band 68

Der besondere Vertreter im Aktienrecht

Von

Henrik Humrich

Duncker & Humblot · Berlin

Der Fachbereich Rechts- und Wirtschaftswissenschaften
der Johannes Gutenberg-Universität Mainz hat diese Arbeit
im Jahre 2012 als Dissertation angenommen.

Bibliografische Information der Deutschen Nationalbibliothek

Die Deutsche Nationalbibliothek verzeichnet diese Publikation in
der Deutschen Nationalbibliografie; detaillierte bibliografische Daten
sind im Internet über http://dnb.d-nb.de abrufbar.

Fremddatenübernahme: L101 Mediengestaltung, Berlin
Druck: Berliner Buchdruckerei Union GmbH, Berlin
Printed in Germany

ISSN 1614-7626
ISBN 978-3-428-14021-3 (Print)
ISBN 978-3-428-54021-1 (E-Book)
ISBN 978-3-428-84021-2 (Print & E-Book)

Gedruckt auf alterungsbeständigem (säurefreiem) Papier
entsprechend ISO 9706 ♾

Internet: http://www.duncker-humblot.de

Meinen Eltern

Vorwort

Die vorliegende Arbeit wurde im Sommersemester 2012 vom Fachbereich Rechts- und Wirtschaftswissenschaften der Johannes Gutenberg-Universität Mainz als Dissertation angenommen und befindet sich auf dem Stand Juni 2012.

Allen voran danke ich meinem geschätzten Doktorvater, Herrn Prof. Dr. Peter O. Mülbert, der die Arbeit wohlwollend begleitete und mich stets förderte. Ferner danke ich Herrn Professor Reinier H. Kraakman für erkenntnisreiche Gespräche sowie Herrn Prof. Dr. Dirk A. Verse für die zügige Erstellung des Zweitgutachtens.

Für wertvolle Anregungen und Diskussionen danke ich Herrn Dr. Michael Arnold, Herrn Prof. Dr. Lars Leuschner, Herrn Prof. Dr. Michael Kling und Herrn Prof. Dr. Jan Schürnbrand. Herrn Dr. Jörg Böhmer und Frau Julia Jürves gebührt mein Dank für die Durchsicht des Manuskripts.

Mein ganz besonderer Dank gilt meinen Eltern für ihre uneingeschränkte Unterstützung bei der Erstellung der Arbeit und meiner gesamten Ausbildung. Schließlich danke ich von ganzem Herzen meiner Frau, Sarah Rizk, für ihre große Geduld und ihr Verständnis.

Düsseldorf, im April 2013 *Henrik Humrich*

Inhaltsverzeichnis

A. Einleitung

Ein zentrales Instrument der Corporate Governance ist die gesellschaftsrechtliche Innenhaftung von Geschäftsleitern, die nicht nur dem Ausgleich von Schäden dient,[1] sondern vor allem präventiv Pflichtverletzungen entgegenwirkt.[2] Inwieweit die Haftung allerdings tatsächlich verhaltenssteuernde Wirkung hat, hängt von ihrer Ausgestaltung und ihrer Durchsetzung ab. Im Aktienrecht ist die Haftung der Mitglieder des Vorstands und des Aufsichtsrats auf materiell-rechtlicher Ebene ausgesprochen schneidig ausgestaltet, während die Haftungsdurchsetzung bisweilen als „Achillesferse der deutschen Corporate Governance"[3] bezeichnet wird.[4]

Für die verbandsinterne Haftungsdurchsetzung sieht das Aktienrecht verschiedene Instrumente vor. Der Vorstand ist grundsätzlich zur Verfolgung der Ansprüche der Gesellschaft zuständig. Lediglich soweit ein Vorstandsmitglied Haftungsadressat ist, liegt die Anspruchsverfolgung in der Kompetenz des Aufsichtsrats. Darüber hinaus hat die Hauptversammlung seit dem ADHGB von 1861 die Möglichkeit, die Durchsetzung von Organhaftungsansprüchen zu veranlassen. Nach § 147 AktG kann die Hauptversammlung die Geltendmachung von Ersatzansprüchen gegen Vorstands- und Aufsichtsratsmitglieder beschließen und einen besonderen Vertreter[5] zur Durchsetzung dieser Ansprüche bestellen. Schließlich kann auch eine Aktionärsminderheit mit einer Aktionärsklage nach § 148 AktG Schadensersatzansprüche gegen Vorstands- und Aufsichtsratsmitglieder verfolgen.

Literatur und Rechtsprechung haben sich intensiv mit der Haftungsdurchsetzung durch den Aufsichtsrat und eine Aktionärsminderheit beschäftigt. Demgegenüber hat die Wissenschaft für mehr als 140 Jahre dem Verfol-

---

[1] *Hopt*, in: Großkomm AktG, § 93 Rn. 11.

[2] Für die Haftung von Vorstandsmitgliedern: vgl. Beschlussempfehlung und Bericht des Rechtsausschusses VorstAG BT-Drucks. 16/13433 S 11; die Steuerungsfunktion für das Aktienrecht betonend *Goette*, Handbuch Corporate Governance, 715 f.; *Ihrig*, in: Steuerungsfunktionen des Haftungsrechts im Gesellschafts- und Kapitalmarktrecht, 18 m. w. N.; demgegenüber wird der Präventionsgedanken nach traditioneller Auffassung im Zivilrecht allenfalls als Nebenzweck der Schadensersatzpflicht anerkannt, vgl. *Larenz*, Schuldrecht I, § 27 I (S. 423) m. w. N.

[3] *Spindler*, in: MünchKomm AktG, § 93 Rn. 2.

[4] *Langenbucher*, DStR 2005, 2083, 2084; *Semler*, AG 2005, 321, 321; *Trescher*, DB 1995, 661, 661.

[5] Im Folgenden auch „Sondervertreter".

gungsrecht der Hauptversammlung kaum Beachtung geschenkt.[6] Auch in der Rechtsprechung sind nur wenige Urteile zu § 147 AktG ergangen.[7]

Dies änderte sich mit den Vorgängen bei der Hypo und Vereinsbank AG („HVB").[8] Im Jahr 2005 erwarb die UniCredit S.p.A. („UniCredit") über 90% der Anteile an der HVB mittels eines freiwilligen Umtauschangebots. Im Jahr 2007 beschloss die Hauptversammlung der HVB auf Verlangen der UniCredit, die Minderheitsaktionäre gemäß der §§ 327a ff. AktG auszuschließen. Auf derselben Aktionärsversammlung fasste die Hauptversammlung einen Beschluss nach § 147 I 1 AktG über die Geltendmachung von Ersatzansprüchen „gegen die gegenwärtigen Mitglieder und ehemaligen Mitglieder des Vorstands und des Aufsichtsrats der HVB sowie gegen die Großaktionärin UniCredit S.p.A. sowie mit dieser im Sinne von §§ 15 ff. AktG verbundenen Unternehmen, jeweils einschließlich der gesetzlichen Vertreter"[9]. Die zu verfolgenden Ersatzansprüche gründeten insbesondere darauf, dass die HVB im Jahr 2006 ihre Anteile an der Bank Austria angeblich unter Wert an die UniCredit veräußert hätte. Da sich die Ansprüche auch gegen die UniCredit richteten, war diese bei der Fassung des Geltendmachungsbeschlusses vom Stimmrecht nach § 136 I AktG ausgeschlossen. Daher konnten Minderheitsaktionäre mit nur 1,9% am Grundkapital diesen Beschluss fassen. In gleicher Weise bestellte die Hauptversammlung einen besonderen Vertreter zur Geltendmachung der Ersatzansprüche. Demgegenüber lehnte die Hauptversammlung mit den Stimmen der UniCredit diverse Anträge auf Bestellung eines Sonderprüfers ab.[10]

In der Folge kam es zu einer Vielzahl juristischer Auseinandersetzungen um den besonderen Vertreter: Zunächst wendete sich die UniCredit gegen den Beschluss zur Geltendmachung der Ersatzansprüche und die Bestellung eines Sondervertreters im Wege einer Beschlussmängelklage.[11] Sie führte insbesondere an, dass der Hauptversammlungsbeschluss zu unbe-

---

[6] Mit dem Sondervertreter hat sich lediglich *Böbel*, Besonderer Vertreter, 1 ff., intensiv befasst.

[7] Siehe zur höchstrichterlichen Rechtsprechung: BGH, NJW 1981, 1097, 1097 ff.; RGZ 114, 397; 397 ff.; 83, 248, 248 ff.; 74, 301, 301 ff.; 18, 56, 56 ff.

[8] Ausführlich zum den Vorgängen bei der HVB („HVB-Fall"), siehe *Wirth*, in: FS Hüffer, 1129, 1129 ff.

[9] Voller Wortlaut des Beschlusses bei LG München, ZIP 2007, 1809, 1811.

[10] Nach ganz herrschender Meinung unterliegt ein Aktionär bei der Beschlussfassung über die Bestellung eines Sonderprüfers auch dann keinem Stimmrechtsausschluss, wenn die Sonderprüfung der Ermittlung von Ersatzansprüchen gegen diesen selbst dienen soll, vgl. OLG Hamburg, NZG 2002, 244, 246; *Schröer*, in: MünchKomm AktG, § 142 Rn. 39 m. w. N.

[11] LG München, ZIP 2007, 2420, 2420 ff.; OLG München, ZIP 2008, 1916, 1916 ff.

stimmt sei und die Minderheitsaktionäre diesen rechtsmissbräuchlich gefasst hätten.

Auf der anderen Seite machte der besondere Vertreter im einstweiligen Rechtsschutz verschiedene Ansprüche gegen die HVB geltend.[12] Er verlangte ungehinderten Zugang zu den Räumlichkeiten und den Unterlagen sowie Einsicht in die Bücher und Papiere der Gesellschaft. Ferner forderte er, alle Mitarbeiter über seine Bestellung, seine Funktion sowie seine Bitte um Kooperation zu informieren. Schließlich machte er geltend, dass die Mitglieder des Vorstands und Aufsichtsrats, der Abschlussprüfer, die Angestellten und sonstigen Vertragspartner ihm gegenüber zur Auskunft verpflichtet seien, soweit ein Bezug zur Geltendmachung des Ersatzanspruchs bestehe. Eine weitere Streitigkeit im einstweiligen Rechtsschutz hatte das Teilnahme- und Rederecht des Sondervertreters auf der Hauptversammlung der HVB zum Gegenstand.[13] Nach Eintragung des Squeeze-out im Handelsregister beschloss die Hauptversammlung der HVB mit den Stimmen der Alleinaktionärin UniCredit die Aufhebung des Geltendmachungs- und Bestellungsbeschlusses. Diesen Beschluss focht der Sondervertreter an. Während das Landgericht München daraufhin den Beschluss für nichtig erklärte,[14] hob das Oberlandesgericht München dieses Urteil auf und wies die Klage des Sondervertreters ab[15]. Eine Beschwerde des Sondervertreters gegen die Nichtzulassung der Revision lehnte der BGH ab.[16]

Im Hinblick auf die geltend zu machenden Ersatzansprüche erhob der Sondervertreter im Namen der HVB Klage gegen Vorstandsmitglieder der HVB sowie gegen die Unicredit und ihren CEO im Zusammenhang mit der Übertragung der Bank Austria. Hierbei klagte der besondere Vertreter hilfsweise unter anderem auf Zahlung von Schadensersatz in Höhe von Euro 13,9 Milliarden.[17]

Mit dieser Vielzahl an Rechtsstreitigkeiten ging auch eine starke Aufmerksamkeit in der Literatur einher.[18] Das Schrifttum hat zu den im Zuge des HVB-Falls aufgekommenen Rechtsfragen zum besonderen Vertreter sehr unterschiedliche Ansichten entwickelt. Der Grund hierfür liegt insbe-

---

[12] LG München, ZIP 2007, 1809, 1809 ff.; OLG München, ZIP 2008, 73, 73 ff.

[13] LG München, ZIP 2008, 1588, 1588 ff.

[14] LG München, ZIP 2009, 2198, 2198 ff.

[15] OLG München, ZIP 2010, 725, 725 ff.

[16] BGH, NZG 2011, 950, 951.

[17] *Wirth*, in: FS Hüffer, 1129, 1132 f.

[18] Siehe insbesondere *Fabritius*, in: GS Gruson, 133, 133 ff.; *Kling*, ZGR 2009, 190, 190 ff.; *Mock*, DB 2008, 393, 393 ff.; *ders.*, AG 2008, 839, 839 ff.; *Verhoeven*, ZIP 2008, 245, 245 ff.; *Westermann*, AG 2009, 237, 237 ff.; *Wirth*, in: FS Hüffer, 1129, 1129 ff.

sondere in der überaus fragmentarischen gesetzlichen Regelung in § 147 AktG zum besonderen Vertreter. Die vorliegende Arbeit adressiert diese Rechtsfragen und untersucht zu diesem Zweck neben der Regelung des besonderen Vertreters in § 147 II AktG den Geltendmachungsbeschluss der Hauptversammlung nach § 147 I AktG, da dieser der Bestellung eines besonderen Vertreters zugrunde liegt.[19] Zur Entwicklung von kohärenten Lösungen für diese Rechtsfragen berücksichtigt die Arbeit insbesondere den Zusammenhang zwischen § 147 AktG und der Sonderprüfung wie auch der Aktionärsklage.

Die Untersuchung beginnt mit einem Grundlagenteil zu § 147 AktG (unter B.). Die darin gewonnenen Erkenntnisse dienen der sich anschließende Detailanalyse der Geltendmachung nach § 147 I AktG (unter C.) und des besonderen Vertreters nach § 147 II AktG (unter D.). Den Abschluss bildet eine kritische Würdigung ausgewählter Ergebnisse (unter E.).

---

[19] Hierzu nachstehend D. III. 2. b).

B. Grundlagen

Der Vorstand ist für die Geltendmachung von Ersatzansprüchen der Gesellschaft gegen Dritte zuständig, §§ 77, 78 AktG. Lediglich die Geltendmachung von Ersatzansprüche gegen Vorstandsmitglieder hat stattdessen der Aufsichtsrat zu besorgen, §§ 111, 112 AktG. Daneben kommt der Hauptversammlung nach § 147 I AktG die Befugnis zu, die Geltendmachung bestimmter Ansprüche der Gesellschaft anzuordnen. § 147 I AktG erfasst dabei Ersatzansprüche aus Gründungsmängeln und aus Pflichtverstößen bei der Geschäftsführung sowie Ansprüche gemäß § 117 AktG. Hat die Hauptversammlung die Geltendmachung eines Ersatzanspruchs beschlossen, ist in der Folge das zuständige Geschäftsleitungsorgan zur Verfolgung dieses Anspruchs verpflichtet. Darüber hinaus kann die Hauptversammlung die Anspruchsverfolgung einem anderen Organ, nämlich dem besonderen Vertreter, nach § 147 II 1 AktG übertragen. Der Sondervertreter führt anstelle des Vorstands beziehungsweise Aufsichtsrats den Geltendmachungsbeschluss der Hauptversammlung aus.

Das Recht der Hauptversammlung, die Geltendmachung eines Ersatzanspruchs zu veranlassen und einem besonderen Vertreter die Anspruchsverfolgung zu übertragen, wird nachfolgend historisch (unter I.), rechtsformübergreifend (unter II.), teleologisch (unter III.) sowie auf die Bedeutung für eine effektive Haftungsdurchsetzung (unter IV.) untersucht. Zur Abrundung wird das – mit der Hauptversammlungskompetenz im Zusammenhang stehende – Recht der Aktionärsminderheit beleuchtet, die gerichtliche Bestellung eines besonderen Vertreters nach § 147 II 2 AktG beantragen zu können (unter V.).

I. Entstehungsgeschichte

1. Geltendmachungsbeschluss

§ 147 I 1 AktG weist der Hauptversammlung die Kompetenz zu, über die Geltendmachung von Ersatzansprüchen in den dort genannten Fällen zu entscheiden. Bereits das ADHGB von 1861 sah in Art. 226 in Verbindung mit den Art. 194, 195 ADHGB eine mit dem § 147 AktG verwandte Regelung vor, welche allerdings ausschließlich die Prozessführung gegen die Mitglieder des Vorstands und des fakultativen Aufsichtsrats betraf. Danach lag die Entscheidung über die Prozessführung gegen Aufsichtsratsmitglieder in der ausschließlichen Kompetenz der Generalversammlung. Auch über die Prozessführung gegen Vorstandsmitglieder konnte nur die Generalversammlung beschließen, soweit nicht die eigene Verantwortlichkeit des Aufsichtsrats berührt war, dass heißt dessen Mitglieder ansonsten selbst haften würden.[20] In diesem Fall konnte der Aufsichtsrat ohne und selbst gegen den Beschluss der Generalversammlung einen Anspruch gerichtlich verfolgen.

Die Reform des ADHGB von 1884 führte eine Regelung ein, die strukturell dem § 147 AktG entspricht. Nach Art. 223 ADHGB war die Generalversammlung befugt, mit einfacher Stimmenmehrheit die Geltendmachung von Ersatzansprüchen aus der Geschäftsführung gegen die Mitglieder des Vorstands und Aufsichtsrats und gegen die Gründer zu beschließen. Allerdings diente der Art. 223 ADHGB nicht dazu, eine Kompetenz der Generalversammlung zu begründen, da diese als oberstes Gesellschaftsorgan ohnehin befugt war, dem Vorstand und dem Aufsichtsrat Weisungen zu erteilen.[21] Vielmehr hatte diese Vorschrift die Funktion, die ausschließliche Kompetenz der Generalversammlung für die Entscheidung über die Anspruchsverfolgung festzuschreiben. Vorstand und Aufsichtsrat konnten daher die genannten Ansprüche nicht ohne Beschluss der Generalversammlung verfolgen.[22] Zudem führte die Kodifizierung der Befugnis der Generalversammlung dazu, dass der Satzungsgeber weder die Kompetenz der Generalversammlung aufheben noch das Mehrheitserfordernis der einfachen Stimmenmehrheit[23] verschärfen konnte. Dies diente der Stärkung der Generalversammlung gegenüber den Gründern, womit der Gesetzgeber des ADHGB von 1884 unter anderem auf den damaligen Gründungsschwindel reagierte.[24] Dieselbe Zweckrichtung hatte der Art. 222a ADHGB, wonach der Generalversammlung das Recht zustand, einen – dem Sonderprüfer vergleichbaren – Revisor zu Prüfungszwecken zu bestellen.

Darüber hinaus begründete die Reform von 1884 ein Verfolgungsrecht der Aktionärsminderheit.[25] Aktionäre, die Anteile in Höhe von 20% des

---

[20] Vgl. *Lieder*, Der Aufsichtsrat im Wandel der Zeit, 85 m. w. N.

[21] Vgl. Art. 231 ADHGB 1861; Art. 231 ADHGB 1884; § 250 HGB 1897; hierzu: *Hüffer*, in: Bayer/Habersack, Band II, 7. Kapitel Rn. 10; *Kort*, in: Großkomm AktG, Vor § 76 Rn. 5.

[22] Vgl. RG, JW 1901, 142, 142; nach einigen Stimmen in der Literatur war der Vorstand demgegenüber unabhängig vom Beschluss der Generalversammlung zur Anspruchsverfolgung berechtigt, vgl. *Hergenhahn*, Der Vorstand der Aktiengesellschaft, 1892, 123 f. m. w. N. Entsprechend den vorstehenden Ausführungen bestand eine gesetzliche Ausnahme für den Aufsichtsrat, wenn die Verantwortlichkeit seiner Mitglieder berührt war, Art. 223 in Verbindung mit Art. 194 ADHGB.

[23] Vgl. *Völderndorff und Waradein*, Das Reichsgesetz betreffend die Kommanditgesellschaften auf Aktien und die Aktiengesellschaften vom 18. Juli 1884, 587.

[24] Vgl. *Schubert/Hommelhoff*, Hundert Jahre modernes Aktienrecht, 87 ff.

Grundkapitals hielten, hatten nunmehr das Recht, die Geltendmachung eines Anspruchs zu verlangen, Art. 223 ADHGB. Zudem konnten Aktionäre, die Anteile in Höhe von 10% des Grundkapitals hielten, die Bestellung eines Revisors bei Gericht beantragen, Art. 222a ADHGB.[26] Das Minderheitsrecht war insbesondere dem häufig beklagten kollusivem Zusammenwirken der Mehrheit der Generalversammlung mit den Verwaltungsmitgliedern zum Nachteil der Minderheit geschuldet.[27]

Die Reform des Aktienrechts durch das HGB von 1897 beseitigte die ausschließliche Willensbildungskompetenz der Generalversammlung betreffend die Verfolgung der Ersatzansprüche, § 268 I HGB. Nunmehr war der Vorstand unabhängig von einem Beschluss der Generalversammlung befugt, die Ersatzansprüche zu verfolgen. Ausweislich der Entwurfsbegründung erfolgte diese Änderung vor dem Hintergrund, dass bisweilen die sofortige Ergreifung von Maßnahmen zur Anspruchsverfolgung erforderlich sei und daher der Vorstand unabhängig von einem Beschluss der Generalversammlung handeln können sollte.[28] Der Generalversammlung verblieb aber die Kompetenz, die Anspruchsverfolgung zu veranlassen, und aufgrund ihrer allgemeinen Weisungsbefugnis die Möglichkeit, die Geltendmachung eines Anspruchs zu verhindern.

Mit der Reform des Aktienrechts von 1937 änderte sich die textliche Fassung der Geltendmachungsbefugnis in § 122 AktG nur geringfügig. Gleichwohl kam der Vorschrift aufgrund der Entmachtung der Hauptversammlung[29] nunmehr eine grundlegend veränderte Funktion zu. Da die Hauptversammlung ihre allgemeine Weisungsbefugnis gegenüber dem Vorstand verlor,[30] diente die gesetzlich eingeräumte Befugnis zur Beschlussfassung über die Anspruchsverfolgung nicht mehr dazu, die Zuständigkeit der Generalversammlung gegen Satzungsgestaltungen abzusichern. Vielmehr

---

[25] Entwurf eines Gesetzes betreffend die KGaA und AG 1884, Allg. Begr., § 13 III B 2, abgedruckt bei *Schubert/Hommelhoff*, Hundert Jahre modernes Aktienrecht, 469 f.

[26] Hierfür musste dem Gericht unter anderem glaubhaft gemacht werden, „daß bei dem Hergange Unredlichkeiten oder grobe Verletzungen des Gesetzes oder des Gesellschaftsvertrags stattgefunden haben".

[27] Entwurf eines Gesetzes betreffend die KGaA und AG 1884, Allg. Begr., § 13 III B 2, abgedruckt bei *Schubert/Hommelhoff*, Hundert Jahre modernes Aktienrecht, 469 f.

[28] Vgl. die Begründung zu dem Entwurf eines Handelsgesetzbuches für das Deutsche Reich von 1895 (Denkschrift zum RJA – E I) bei *Schubert/Schmiedel/Krampe*, Quellen zum Handelsgesetzbuch von 1897, Band II, 1. Halbband, 133.

[29] Vgl. *Assmann*, in: Großkomm AktG, Einl Rn. 164; *Fleischer*, in: Bayer/Habersack, Band II, 435 ff.

[30] *Lieder*, Der Aufsichtsrat im Wandel der Zeit, 343.

begründete die Vorschrift die Willensbildungskompetenz der Hauptversammlung. Die aus der allgemeinen Weisungskompetenz rührende Befugnis, dem Vorstand die Verfolgung eines Anspruchs untersagen zu können, entfiel gänzlich.

Die Reform des Aktiengesetzes von 1965 änderte die seit dem ADHGB 1861 bestehende Kompetenzverteilung zwischen Hauptversammlung und Aufsichtsrat. Zuvor hatte der Aufsichtsrat grundsätzlich keine Willensbildungskompetenz betreffend die Verfolgung von Ansprüchen gegen Vorstandsmitglieder,[31] da die ausschließliche Kompetenz bei der Hauptversammlung lag. Der Gesetzgeber des Aktiengesetzes von 1965 erweiterte die Kompetenzen des Aufsichtsrats. In der Folge waren sowohl die Hauptversammlung als auch der Aufsichtsrat nebeneinander zur Entscheidung über die Anspruchsverfolgung befugt.

Die Entwicklung des im Rahmen dieser Arbeit nur am Rande interessierenden Minderheitsrechts lässt sich wie folgt zusammenfassen: Aktionäre, die Anteile in der Höhe von 20% (ADHGB 1884) beziehungsweise 10% (HGB von 1897 bis zum KonTraG) am Grundkapital hielten, hatten das Recht, die Geltendmachung eines Anspruchs zu verlangen. Unter einschränkenden Voraussetzungen konnte nach der Notverordnung von 1931 und dem AktG 1937 auch eine Minderheit, die Anteile in Höhe von 5% am Grundkapital hielt, die Verfolgung eines Ersatzanspruchs verlangen.[32] Das KonTraG führte ein Recht der Aktionäre ein, die Anteile in Höhe von 5% oder Euro 1.000.000 am Grundkapital hielten, unter bestimmten Voraussetzungen die gerichtliche Bestellung eines besonderen Vertreters beantragen zu können. Dieser besondere Vertreter entschied sodann nach pflichtgemäßen Ermessen selbst über die Geltendmachung des Ersatzanspruchs, § 147 III AktG KonTraG.

Der Gesetzgeber des UMAG hob das Recht der Minderheit auf, von der Gesellschaft die Geltendmachung eines Ersatzanspruchs verlangen zu können. Anstelle dessen tritt die Aktionärsklage nach § 148 AktG, wonach Aktionäre, die Anteile in Höhe von 1% oder Euro 100.000 am Grundkapital halten, nach Durchlaufen eines Klagezulassungsverfahrens einen Ersatzanspruch der Gesellschaft in Prozessstandschaft geltend machen können.

---

[31] Eine Ausnahme bestand nur dann, wenn die Verantwortlichkeit des Aufsichtsrats berührt war, sprich dessen Mitglieder ansonsten selbst haften würden, siehe *Lieder*, Der Aufsichtsrat im Wandel der Zeit, 85 m.w.N.

[32] Vgl. § 268 I 2 Notverordnung 1931 und § 122 I 2 AktG 1937.

2. Besonderer Vertreter

Das Recht der Hauptversammlung, einen besonderen Vertreter zur Geltendmachung eines Ersatzanspruchs bestellen zu können, war bereits im ADHGB von 1861 vorgesehen und erfuhr bis heute nur wenige Veränderungen. Nach Art. 226 ADHGB in Verbindung mit Art. 195 ADHGB konnte die Generalversammlung für zu führende Prozesse gegen die Mitglieder des Vorstands oder (fakultativen) Aufsichtsrats „Bevollmächtigte" bestellen, Art. 195 ADHGB. Im Unterschied zur heutigen Rechtslage war die Bestellung eines besonderen Vertreters bei Prozessen gegen Aufsichtsratsmitglieder allerdings obligatorisch. Bis zur Reform des Aktienrechts von 1884 war der Vorstand nämlich gegenüber Aufsichtsratsmitgliedern nicht vertretungsbefugt, so dass die Bestellung eines Bevollmächtigten zur Herstellung der Handlungsfähigkeit der Gesellschaft erforderlich war.[33]

Vom ADHGB von 1861 bis zum AktG von 1937 beschränkte der Gesetzeswortlaut die Tätigkeit des besonderen Vertreters auf die Prozessführung. Die Reform des Aktiengesetzes von 1965 dehnte die Zuständigkeit des Sondervertreters auf die außergerichtliche Geltendmachung aus.[34]

II. Rechtsformübergreifender Vergleich

1. Geltendmachungsbeschluss

Das Genossenschaftsgesetz weist die Entscheidung über die Prozessführung gegen Aufsichtsratsmitglieder der ausschließlichen Zuständigkeit der Generalversammlung zu, § 39 III GenG.[35] Der Grund für den Ausschluss der Vertretungsbefugnis des Vorstands ist streitig. Einer Ansicht zufolge soll hierdurch die Unabhängigkeit des Aufsichtsrats gegenüber dem Vorstand gesichert werden.[36] Nach anderer Meinung ist die Kompetenzzuweisung an die Generalversammlung dem Umstand geschuldet, dass eine Anspruchsverfolgung des Vorstands nicht zu erwarten ist, weil dieser aufgrund seiner tatsächlichen Abhängigkeit vom Aufsichtsrat befangen ist.[37]

Für die Entscheidung über die Prozessführung gegen Vorstandsmitglieder lag bis zur Reform des GenG im Jahr 2006 die ausschließliche Willensbil-

---

[33] Vgl. *Puchelt*, Kommentar zum ADHGB, 1874, 424; *Renaud*, Das Recht der Actiengesellschaften, 2. Aufl., 634.

[34] Vgl. Ausschussbericht zu § 147 AktG bei *Kropff*, Aktiengesetz 1965, 214.

[35] Vgl. *Schaffland*, in: Lang/Weidmüller, GenG, § 39 Rn. 45.

[36] *Fandrich*, in: Pöhlmann/Fandrich/Bloehs, GenG, § 39 Rn. 13; *Schaffland*, in: Lang/Weidmüller, GenG, § 39 Rn. 47.

[37] *Beuthien*, GenG, § 39 Rn. 14; *Müller*, GenG, § 36 Rn. 21.

dungskompetenz bei der Generalversammlung, § 39 I 1 GenG a.F. Nur sie sollte als oberstes Genossenschaftsorgan diese Entscheidung unter Abwägung der Vor- und Nachteile eines öffentlichen Schadensersatzprozesses treffen.[38] Der Reformgesetzgeber erkannte den Aufsichtsrat als regelmäßig besser geeignet, diese Abwägung vorzunehmen,[39] und wies ihm daher die Zuständigkeit hierfür zu.

Das GmbH-Recht sieht in § 46 Nr. 8 GmbHG eine mit dem § 147 I AktG vergleichbare Regelung vor. Danach ist die Gesellschafterversammlung ausschließlich befugt, die Geltendmachung eines Ersatzanspruchs gegen Geschäftsführer oder Gesellschafter zu beschließen.[40] Diese Kompetenzzuweisung gründet darauf, dass die Gesellschafterversammlung die Vor- und Nachteile der Geltendmachung eines Ersatzanspruchs abwägen soll, weil die Entscheidung erhebliche Folgen für die Gesellschaft haben kann.[41] Zum einen führt die Geltendmachung eines Ersatzanspruchs gegebenenfalls zur Offenlegung von Gesellschaftsinterna.[42] Zum anderen kann die Anspruchsverfolgung das Vertrauensverhältnis zwischen den Gesellschaftern beziehungsweise zwischen Geschäftsführern und Gesellschaftern belasten.[43]

Das Vereinsrecht kennt keine mit § 147 AktG vergleichbare Bestimmung. Aufgrund der Weisungsbefugnis der Mitgliederversammlung nach § 27 III BGB in Verbindung mit § 665 BGB[44] kann die Mitgliederversammlung gegenüber dem Vorstand die Verfolgung eines Ersatzanspruchs aber ohnehin anordnen. In der offenen Handelsgesellschaft und der Kommanditgesellschaft entscheiden nach den §§ 116 II, 161 II HGB alle Gesellschafter über die Geltendmachung eines Ersatzanspruchs gegen einen Gesellschafter, weil die Inanspruchnahme eines Gesellschafters weitreichende Bedeutung für das Verhältnis der Gesellschafter untereinander hat.[45]

Mithin weisen lediglich das GenG und das GmbHG mit § 147 I AktG vergleichbare Vorschriften auf. Allerdings unterscheiden sich diese insoweit, als § 46 Nr. 8 GmbHG der Gesellschafterversammlung und § 39 III GenG der Generalversammlung die ausschließliche Willensbildungskompetenz

---

[38] Vgl. zur alten Rechtslage *Beuthien*, GenG (14. Auflage), § 39 Rn. 4b.

[39] Vgl. Begr. RegE zum EGSCE, BT-Drucks. 16/1025, S. 85.

[40] Dies gilt nach überwiegender Auffassung auch in der mitbestimmten GmbH, vgl. *Römermann*, in: Michalski, GmbHG, § 46 Rn. 395 m.w.N.

[41] Vgl. *Hüffer*, in: Ulmer/Habersack/Winter, GmbHG, § 46 Rn. 90.

[42] BGHZ 28, 355, 357; *Römermann*, in: Michalski, GmbHG, § 46 Rn. 390; *Hüffer*, in: Ulmer/Habersack/Winter, GmbHG, § 46 Rn. 90.

[43] OLG Nürnberg, GmbHR 1959, 10, 12; *Bayer*, in: Lutter/Hommelhoff, GmbHG, § 46 Rn. 35; *Römermann*, in: Michalski, GmbHG, § 46 Rn. 391.

[44] Vgl. *Reuter*, in: MünchKomm BGB, § 27 Rn. 41.

[45] BGH, WM 1997, 1431, 1431; *Weitemeyer*, in: Oetker, HGB, § 114 Rn. 36.

betreffend die Geltendmachung der Ansprüche zuweist. Hingegen verfügt die Hauptversammlung nach § 147 I 1 AktG nur über die einseitige Willensbildungskompetenz, positiv die Verfolgung eines Anspruchs anzuordnen.

Ferner unterscheiden sich die Normzwecke des § 147 I 1 AktG und des § 46 Nr. 8 GmbHG grundlegend, was den unterschiedlichen Strukturen von GmbH und Aktiengesellschaft geschuldet ist. In der GmbH soll die Gesellschafterversammlung die wichtige Entscheidung treffen, ob der Anspruch trotz der zu befürchtenden Belastung des Verhältnisses zum Geschäftsführer und einer etwaigen Offenlegung von Geschäftsinterna zu verfolgen ist. Demgegenüber besteht nach dem gesetzgeberischen Leitbild der Publikums-Aktiengesellschaft schon keine persönliche Vertrauensbeziehung zwischen Aktionären und Geschäftsleitung. Ferner wäre es zweckwidrig, wenn die Hauptversammlung einer Publikums-Aktiengesellschaft die etwaige Preisgabe von Geschäftsinterna in eine Abwägung einstellen sollte, weil die Kenntnis der Aktionäre von den Interna ihre Geheimhaltung regelmäßig unmöglich machen wird.

Insgesamt liefern die Bestimmungen des GenG und GmbHG daher kaum Erkenntnisse für die Auslegung des § 147 I 1 AktG.

2. Besonderer Vertreter

Die Vertretung der Genossenschaft gegenüber den Vorstandsmitgliedern ist dem Aufsichtsrat zugewiesen, § 39 I 1 GenG. Die Möglichkeit der Bestellung eines besonderen Vertreters ist nicht vorgesehen. Bei Prozessen gegen Aufsichtsratsmitglieder ist hingegen die Vertretung durch einen Bevollmächtigten gemäß § 39 III GenG obligatorisch, weil der Vorstand insoweit nicht vertretungsbefugt ist und die Genossenschaft ansonsten handlungsunfähig wäre.

In der zweigliedrigen[46] GmbH hat die Gesellschafterversammlung nach § 46 Nr. 8, 2. Fall GmbHG die Befugnis, bei Prozessen gegen Geschäftsführer einen Prozessvertreter zu bestellen. Der Anwendungsbereich beschränkt sich nicht auf die Ersatzansprüche, deren Geltendmachung die Gesellschafterversammlung nach § 46 Nr. 8, 1. Fall GmbHG beschlossen hat, sondern gilt für alle Prozesse gegen Geschäftsführer.[47] Zum einen dient die Prozessvertretung der Herstellung der organschaftlichen Handlungsfähigkeit der Gesellschaft.[48] Zum anderen soll die Bestellung eines Prozess-

---

46 Vgl. zur Rechtslage in der GmbH mit Aufsichtsrat, *Römermann*, in: Michalski, GmbHG, § 46 Rn. 468 ff. m. w. N.

47 BGHZ 116, 353, 355; *Roth*, in: Roth/Altmeppen, GmbHG, § 46 Rn. 54; *Zöllner*, in: Baumbach/Hueck, GmbHG, § 46 Rn. 67.

48 *K. Schmidt*, in: Scholz, GmbHG, § 46 Rn. 163; *Römermann*, in: Michalski, GmbHG, § 46 Rn. 467.

vertreters eine unvoreingenommene Prozessführung sicherstellen, soweit die Handlungsfähigkeit nicht berührt ist, weil andere Geschäftsführer die Gesellschaft vertreten könnten. Würden nämlich die zuständigen Geschäftsführer die Gesellschaft vertreten, stünde zu befürchten, dass sie den Prozess gegen ihren Kollegen nicht mit dem gebotenen Nachdruck führten.[49]

Im Verein besteht mit dem „besonderen Vertreter" nach § 30 BGB ein Amt selbiger Bezeichnung. Neben dem Vorstand kann ein besonderer Vertreter für gewisse Geschäfte bestellt werden, soweit die Satzung dies bestimmt.[50] Zweck dieses Amts ist es, der Mitgliederversammlung über die personelle Besetzung des Vorstands hinaus Einfluss zu verschaffen, indem sie eine differenzierte Handlungsorganisation unterhalb des Vorstands kreieren kann.[51]

Während der besondere Vertreter im Vereinsrecht seiner Funktion und seiner Stellung nach wesentliche Unterschiede zum Sondervertreter nach § 147 II 1 AktG aufweist, bestehen gewisse Parallelen zwischen dem Sondervertreter und dem Prozessvertreter im GmbH-Recht und dem Bevollmächtigten im Genossenschaftsrecht. Freilich liegt ein erheblicher Unterschied darin, dass diese Institute im GmbH- und Genossenschaftsrecht primär der Herstellung der Handlungsfähigkeit der Gesellschaft dienen.

III. Zweck

§ 147 AktG bezweckt eine effektive Anspruchsverfolgung, insbesondere gegenüber den Vorstands- und Aufsichtsratsmitgliedern (unter 1.). Darüber hinaus werden in der Literatur die Herstellung der Handlungsfähigkeit (unter 2.) und der Minderheitenschutz (unter 3.) als weitere Zwecke des § 147 AktG angeführt. Inwieweit der Normzweck den Anwendungsbereich des § 147 AktG beeinflusst, wird abschließend betrachtet (unter 4.).

1. Effektive Haftungsdurchsetzung

Der Zweck des § 147 AktG liegt dem Gesetzgeber des UMAG zufolge darin, die „praktische Durchsetzung der Ersatzansprüche der Gesellschaft zu erleichtern"[52]. Es bestehe die erhebliche Gefahr, dass sich das zuständige

---

[49] *Hüffer*, in: Ulmer/Habersack/Winter, GmbHG, § 46 Rn. 103; *K. Schmidt*, in: Scholz, GmbHG, § 46 Rn. 163.

[50] Vgl. zur Anwendbarkeit des § 30 BGB auf die GmbH und die Genossenschaft *Weick*, in: Staudinger, BGB, § 30 Rn. 10.

[51] *Reuter*, in: MünchKomm BGB, § 30 Rn. 1; *Schöpflin*, in: Bamberger/Roth, BGB, § 30 Rn. 1.

[52] Begr. RegE zum UMAG, BT-Drucks. 15/5092, S. 19; vgl. *Hüffer*, AktG, § 147 Rn. 1.

Geschäftsleitungsorgan bei der Entscheidungsfindung hinsichtlich der Anspruchsgeltendmachung nicht vom Gesellschaftsinteresse, sondern von sachfremden Erwägungen leiten lasse. Die strukturellen und soziologischen Gründe[53] hierfür werden nachfolgend kurz beleuchtet.

Die Zuständigkeit des Vorstands für die Verfolgung von Ansprüchen gegen Aufsichtsratsmitglieder ist nach Theisen ein „gesetzesimmanenter Konstruktionsmangel“[54], weil der Vorstand der Kontrolleur seines eigenen Überwachungsorgans ist. Hat ein Aufsichtsratsmitglied seine Pflicht zur Überwachung des Vorstands verletzt, müsste der Vorstand zur Darlegung eines Ersatzanspruchs eine eigene Pflichtverletzung dartun.[55]

Ferner ist zu befürchten, dass der Vorstand aus kollegialer Verbundenheit von der Anspruchsgeltendmachung absieht, insbesondere da die Mitglieder des Vorstands und Aufsichtsrats bisweilen eine langjährige Zusammenarbeit verbindet.[56] Zudem ist der Vorstand regelmäßig wenig geneigt, den Unmut eines Mitglieds des personalkompetenten Aufsichtsrats auf sich zu ziehen.[57]

Auf Seiten des Aufsichtsrats ist ebenfalls keine zureichende Geltendmachung der Ansprüche gegen Vorstandsmitglieder zu erwarten. Neben dem Gesichtspunkt der kollegialen Verbundenheit leidet die Bereitschaft zur Anspruchsverfolgung auch unter einem strukturellen Hemmnis. Der Aufsichtsrat ist nicht nur zur nachträglichen Kontrolle des Handelns des Vorstands verpflichtet, sondern hat diesen auch präventiv zu überwachen und zu beraten.[58] Verfolgt der Aufsichtsrat einen Anspruch gegen ein Vorstandsmitglied, könnten sich die Aufsichtsratsmitglieder dem Vorwurf ausgesetzt sehen, dass sie die Pflichtverletzung des Vorstandsmitglieds hätten verhindern müssen und daher ihre eigene Überwachungspflicht verletzt hätten.[59]

In den letzten Jahren hat sich der faktische Haftungsdruck insbesondere bei börsennotierten Gesellschaften zwar merklich erhöht. Hierfür sind verschiedene Ursachen wie Änderungen der Gesetzgebung, der Rechtsprechung und der Aktionärsstruktur, insbesondere mit Blick auf zunehmend aktivistische Aktionäre, sowie der Druck der öffentlichen Meinung anzu-

---

[53] *Goette*, Handbuch Corporate Governance, 715.

[54] *Theisen*, DBW 53 (1993), 295, 300.

[55] *Kling*, DZWIR 2005, 45, 53; *Thümmel*, DB 1999, 885, 887; *Trescher*, DB 1995, 661, 661.

[56] *Peltzer*, WM 1981, 346, 348 f., der von einer „Bisssperre“ spricht.

[57] *Peltzer*, in: FS Hadding, 593.

[58] *Habersack*, in: MünchKomm AktG, § 111 Rn. 39; *Hüffer*, AktG, § 111 Rn. 5; *Lutter/Krieger*, Rechte und Pflichten des Aufsichtsrats, Rn. 94.

[59] *Baums*, in: Verhandlungen des 63. DJT, Band 1, F 241; *Heermann*, AG 1998, 201, 201.

führen.[60] Gleichwohl beruht die Verfolgung von Ansprüchen gegen Vorstands- und Aufsichtsratsmitglieder typischerweise auf besonderen Konstellationen, wie zum Beispiel im Falle der Insolvenz der Gesellschaft, eines Wechsels der Gesellschafter oder einer Veränderung der Zusammensetzung von Vorstand oder Aufsichtsrat.[61]

§ 147 I AktG bezweckt eine am Gesellschaftsinteresse ausgerichtete Willensbildung. Die Befugnis, einen besonderen Vertreter zu bestellen, ergänzt diese Kompetenz, weil von dem zuständigen Geschäftsleitungsorgan eine effektive Anspruchsverfolgung gegebenenfalls nicht zu erwarten ist.[62]

2. Herstellung der Handlungsfähigkeit

Nach einigen Stimmen in der Literatur liegt ein weiterer Zweck der Sondervertretung darin, die Handlungsfähigkeit der Gesellschaft herzustellen.[63] Hierfür ist der Sondervertreter aber grundsätzlich nicht geeignet, weil dieser lediglich die Geltendmachung eines Ersatzanspruchs besorgen kann. Im Falle der Handlungsunfähigkeit des Vorstands oder Aufsichtsrats ist aber nicht nur die Fähigkeit der Gesellschaft zur Verfolgung von Ansprüchen betroffen. In dieser Situation können nur das zuständige Bestellungsorgan oder auf Antrag das Gericht gemäß den §§ 85, 104 AktG Abhilfe schaffen.

Darüber hinaus besteht entgegen einer Ansicht in der Literatur[64] auch keine punktuelle Handlungsunfähigkeit der Gesellschaft, wenn die Mitglieder des Vorstands und Aufsichtsrats gesamtschuldnerisch haften. In diesem Fall kann der Vorstand nach wie vor die Ansprüche der Gesellschaft gegen die Mitglieder des Aufsichtsrats geltend machen und umgekehrt. Freilich besteht ein besonders starker Interessenkonflikt, der die Bestellung eines Sondervertreters nahe legt.

---

[60] Vgl. zu den genannten Ursachen ausführlich *Ihrig*, in: Steuerungsfunktionen des Haftungsrechts im Gesellschafts- und Kapitalmarktrecht, 17, 18 f.; *Mertens/Cahn*, in: KölnerKomm AktG, § 93 Rn. 6; *Thümmel*, Persönliche Haftung von Managern und Aufsichtsräten, 23 ff.

[61] Vgl. *Mertens/Cahn*, in: KölnerKomm AktG, § 93 Rn. 6.

[62] *Mock*, in: Spindler/Stilz, AktG, § 147 Rn. 33; *Spindler*, in: Schmidt/Lutter, AktG, § 147 Rn. 13.

[63] *Bezzenberger*, in: Großkomm AktG, § 147 Rn. 41; *Holzborn/Jänig*, in: Bürgers/Körber, HeidelbergerKomm AktG, § 147 Rn. 10; *Linnerz*, NZG 2004, 307, 308; *Schröer*, in: MünchKomm AktG, § 147 Rn. 40.

[64] A.A. *Lochner*, in: Heidel, Aktienrecht und Kapitalmarktrecht, § 147 Rn. 16.

3. Minderheitenschutz

Ferner dient § 147 I, II 1 AktG auch nicht dem Minderheitenschutz.[65] Die Befugnis zur Fassung eines Geltendmachungsbeschlusses und zur Bestellung eines Sondervertreters nach § 147 II 1 AktG ist ein Instrument der Hauptversammlung. Daher adressiert § 147 I, II 1 AktG lediglich das Verhältnis zwischen dem Prinzipal, der Hauptversammlung beziehungsweise den Aktionären, und dem Agenten, dem jeweiligen Geschäftsleitungsorgan beziehungsweise dessen Organwaltern.

Zwar kann es sein, dass aufgrund eines Stimmverbots für die Aktionärsmehrheit faktisch eine Minderheit die Hauptversammlungsbeschlüsse fassen kann. Dies ist jedoch lediglich Ausfluss des Stimmverbots nach § 136 I AktG und bestimmt daher nicht den Schutzzweck des § 147 I 1 AktG. Dem Minderheitenschutz dient hingegen § 147 II 2 AktG. Danach hat eine Aktionärsminderheit das Recht, die gerichtliche Bestellung eines Sondervertreters zu beantragen.

4. Folgen der Zweckbestimmung

§ 147 AktG bezweckt eine effektive Verfolgung von Ansprüchen und ist insbesondere der vielfach unzureichenden Anspruchsverfolgung durch Vorstand und Aufsichtsrat geschuldet. Hieraus ist aber nicht zu schließen, dass § 147 AktG ausschließlich ein „Notrecht"[66] im Falle des Versagens des zuständigen Geschäftsleitungsorgans ist. Eine solche Einschränkung ist dem Wortlaut der Norm nicht zu entnehmen. Vielmehr verfügt die Hauptversammlung – im Gegensatz zur subsidiären Notkompetenz der Aktionärsklage nach § 148 I 2 Nr. 2 AktG[67] – über eine originäre Zuständigkeit parallel zu derjenigen des Vorstands und des Aufsichtsrats.[68] Demnach kann die Hauptversammlung einen Geltendmachungsbeschluss nicht nur insoweit fassen, als das zuständige Organ ohnehin zur Anspruchsverfolgung verpflichtet ist. Auch wenn der Vorstand beziehungsweise der Aufsichtsrat sorgfaltsgemäß von einer Geltendmachung absehen,[69] kann die Hauptver-

---

[65] Nach *Mock*, DB 2008, 393, 395 ist der Sondervertreter im HVB-Fall im Interesse des Minderheitenschutzes tätig. In der Folge müsste bereits die Möglichkeit der Fassung eines Geltendmachungsbeschlusses dem Minderheitenschutz dienen.

[66] *Röhricht*, RWS-Forum, Gesellschaftsrecht 1997, 191, 203; ähnlich *Kling*, DZWIR 2005, 45, 52, der § 147 AktG als „Notrecht" bezeichnet.

[67] Vgl. *Fleischer*, NJW 2005, 3525, 3526; *Spindler*, in: Schmidt/Lutter, AktG, § 148 Rn. 21; *Weiss/Buchner*, WM 2005, 162, 169.

[68] Vgl. *Baums*, 63. DJT, F 243.

[69] Zur Frage, ob der Geltendmachungsbeschluss im Falle fehlender Erfolgsaussichten rechtswidrig ist, siehe nachstehend C. III. 4. und, ob ein rechtswidriger

sammlung konstitutiv eine Pflicht zur Anspruchsverfolgung begründen.[70] Ferner kann sie die Anspruchsverfolgung selbst dann beschließen, wenn das zuständige Geschäftsleitungsorgan ohnehin beabsichtigt, den Anspruch geltend zu machen.

Ebenso wenig muss die Bestellung eines Sondervertreters dadurch motiviert sein, dass bei dem zuständigen Geschäftsleitungsorgan verbandsfremde Sonderinteressen zu befürchten sind. Dies bestätigt der Umkehrschluss aus dem Minderheitsrecht nach § 147 II 2 AktG, bei dem die gehörige Geltendmachung durch das zuständige Gesellschaftsorgan in Frage stehen muss. Die Hauptversammlung kann einen Sondervertreter daher auch zu anderen Zwecken bestellen.[71] Beispielsweise könnte sie einen besonderer Vertreter einsetzen, weil das zuständige Geschäftsleitungsorgan für die Anspruchsverfolgung wenig geeignet erscheint. Ferner könnte die Bestellung eines Sondervertreters dazu dienen, die Geschäftsleitung zu entlasten,[72] gegenüber dem Kapitalmarkt oder Behörden Verfolgungswillen zu demonstrieren oder die Zeugnisfähigkeit der Mitglieder des Vorstands oder Aufsichtsrats im Organhaftungsprozess herzustellen[73].

IV. Bedeutung für eine effektive Haftungsdurchsetzung

Im Folgenden ist die Frage zu behandeln, ob § 147 AktG eine effektive Durchsetzung von Ersatzansprüchen zu fördern vermag. Hierbei ist zwischen Ansprüchen gegen Vorstands- oder Aufsichtsratsmitglieder (unter 1.) und gegen Aktionäre (unter 2.) zu differenzieren.

1. Ersatzansprüche gegen Vorstands- oder Aufsichtsratsmitglieder

Inwieweit Aktionäre geneigt sind, eine Anspruchsverfolgung nach § 147 I AktG gegen die Mitglieder des Vorstands und Aufsichtsrats zu veranlassen, wird nachfolgend beleuchtet. Ausgeblendet wird hierbei, ob Aktionäre typischerweise Kenntnis von etwaigen Schadensersatzansprüchen erlangen und

---

Geltendmachungsbeschluss eine Ausführungspflicht begründet, siehe nachstehend C. IV. 1. a).

[70] Vgl. Begr. RegE zum UMAG, BT-Drucks. 15/5092, S. 20. Der UMAG-Gesetzgeber hob das Recht der Minderheit nach § 147 I 1 AktG a.F. auf, weil die Minderheit danach ohne jegliche Vorprüfung die Geltendmachung eines Ersatzanspruchs verlangen konnte.

[71] *Schröer*, in: MünchKomm AktG, § 147 Rn. 40.

[72] *Böbel*, Besonderer Vertreter, 54.

[73] Hierzu nachstehend unter D. VII. 2. b).

eine sachgerechte Entscheidung über die Anspruchsverfolgung treffen können. Vereinfachend soll vielmehr unterstellt werden, dass die Aktionäre Kenntnis von bestehenden Ersatzansprüchen haben und zutreffend von einer hinreichenden Erfolgsaussicht der Geltendmachung ausgehen.

Zunächst hat ein Alleingesellschafter oder Mehrheitsaktionär keinen Anreiz, in der Hauptversammlung die Geltendmachung von Ersatzansprüchen gegen Mitglieder des Vorstands oder Aufsichtsrats zu beschließen und einen besonderen Vertreter zu bestellen. Kraft seiner faktischen Kontrolle kann er den Aufsichtsrat oder Vorstand regelmäßig auch ohne einen solchen Beschluss zur Anspruchsverfolgung veranlassen. Halten nur wenige Aktionäre einen Großteil der Anteile, liegt es im Ergebnis typischerweise ebenso. Die Gesellschafter können sich nämlich außerhalb einer Hauptversammlung abstimmen und sodann gemeinsam auf die Geschäftsleitung Einfluss nehmen. Dieses Vorgehen bietet im Gegensatz zu einem Hauptversammlungsbeschluss den Vorteil, dass die Anspruchsverfolgung nicht an die Öffentlichkeit gelangt.

Aktionäre von Aktiengesellschaften im Streubesitz können sich demgegenüber regelmäßig aus organisatorischen Gründen nicht außerhalb der Hauptversammlung zur Einflussnahme auf die Geschäftsleitung effektiv abstimmen. Unter den vorgenannten Prämissen müssten diese Aktionäre geneigt sein, einen Beschluss nach § 147 AktG zu fassen. Insbesondere erscheint auch eine Beschlussfassung der Hauptversammlung gegenüber der Erhebung einer Aktionärsklage vorzugswürdig. Denn bei der Aktionärsklage trägt ein Aktionär oder eine Gruppe von Aktionären alleine das Kostenrisiko.[74] Im Falle eines Hauptversammlungsbeschlusses nach § 147 I AktG trägt die Gesellschaft etwaige Kosten, so dass sich das mit der Anspruchsverfolgung verbundene Kostenrisiko mittelbar auf alle Aktionäre verteilt.

Gleichwohl ist es auch bei einer solchen Aktionärsstruktur regelmäßig unwahrscheinlich, dass die Hauptversammlung einen Beschluss nach § 147 I AktG fasst. Kleinaktionäre üben nämlich aufgrund ihrer „rationalen Apathie" das Stimmrecht typischerweise nicht selbst, sondern allenfalls über Stimmrechtsvertreter aus.[75] Daher ist entscheidend, ob die Stimmrechtvertreter einen Antrag nach § 147 AktG unterstützen würden. Dies mag zwar unter obigen Prämissen für bevollmächtigte Aktionärsvereinigungen nach § 135 VIII AktG regelmäßig der Fall sein. Bei bevollmächtigten Banken nach § 135 AktG oder einem von der Gesellschaft benannten Stimmrechts-

---

[74] Im Falle der Abweisung des Antrags auf Klagezulassung trägt der Antragsteller die Kosten des Zulassungsverfahrens, § 148 VI 1 AktG. Zu den Anreizwirkungen des § 148 AktG instruktiv *Schmolke*, ZGR 2011, 398, 404 ff.

[75] *Simon/Zetzschke*, ZGR 2010, 918, 921; *Spindler*, in: Schmidt/Lutter, AktG, § 135 Rn. 70.

vertreter nach § 134 III 5 AktG liegt es hingegen nahe, dass diese die Abstimmungsvorschläge der Verwaltung übernehmen.[76] Wie sich die Verteilung der Stimmrechtsmacht nach der Reform durch das ARUG tatsächlich entwickeln wird, bleibt allerdings abzuwarten.[77]

Selbst wenn eine Mehrheit ausnahmsweise die Verfolgung eines Ersatzanspruchs befürwortet, wird auf der Hauptversammlung ein Geltendmachungsbeschluss regelmäßig nicht mehr erforderlich sein. Soweit das zuständige Organ die Mehrheitsverhältnisse im Vorhinein erkennt, wird es nämlich typischerweise die Geltendmachung des Ersatzanspruchs frühzeitig selbst betreiben, um den Erwartungen der Aktionäre gerecht zu werden. Eine Beschlussfassung nach § 147 AktG hätte außerdem zur Folge, dass ein besonderer Vertreter die Verfolgung des Anspruchs betreiben würde, was das zuständige Organ in der Regel wird vermeiden wollen. Insoweit hat § 147 AktG eine überwiegend präventive Funktion.

Soweit von § 147 AktG überhaupt Impulse für eine effektive Haftungsdurchsetzung gegenüber den Mitgliedern des Vorstands oder Aufsichtsrats ausgehen, dürften diese daher regelmäßig darin bestehen, dass das zuständige Organ angesichts eines drohenden Beschlusses nach § 147 AktG den Ersatzanspruch selbst geltend macht.

2. Ersatzansprüche gegen Aktionäre

Darüber hinaus können Minderheitsaktionäre nach der herrschenden Meinung die Hauptversammlungskompetenzen nach § 147 AktG dazu nutzen, die Verfolgung von konzernrechtlichen Ersatzansprüchen gegen den Mehrheitsaktionär – wie im HVB-Fall – zu veranlassen. Da der Mehrheitsaktionär einem Stimmverbot nach § 136 I 1 AktG unterliegt, kann in dieser Situation die Mehrheit der Minderheitsaktionäre einen Hauptversammlungsbeschluss nach § 147 AktG fassen. Ob dieser Fall tatsächlich in den Anwendungsbereich des § 147 AktG fällt, wird allerdings noch näher zu untersuchen sein.[78]

V. Minderheitsrecht nach § 147 II 2 AktG

Eine Aktionärsminderheit, die Anteile in Höhe von 10% oder Euro 1.000.000 am Grundkapital hält, hat das Recht, die gerichtliche Bestellung

---

[76] Vgl. *Arnold*, Der Konzern 2009, 88, 94.

[77] In der Tendenz eine Stabilisierung der Verwaltung annehmend *Mimberg/Gätsch*, Die Hauptversammlung der Aktiengesellschaft nach dem ARUG, 130.

[78] Siehe nachstehend C. I. 2.

eines Sondervertreters zum Zwecke der gehörigen Geltendmachung dieses Anspruchs zu beantragen, § 147 II 2 AktG. Die Entwicklungsgeschichte des Minderheitsrechts (unter 1.) verdeutlicht, dass dieses Recht mit dem UMAG seinen ursprünglichen Zweck verloren hat und nunmehr faktisch ohne Bedeutung ist (unter 2.). Es ist allenfalls zu erwägen, dieses Recht zur Flankierung der Aktionärsklage an den § 148 AktG anzupassen, um kleinere Schutzlücken zu schließen (unter 3.).

1. Entwicklungsgeschichte

Bereits das ADHGB von 1884 räumte einer Aktionärsminderheit, die Anteile in Höhe von 20% des Grundkapitals hielt, das Recht ein, die Geltendmachung eines Ersatzanspruchs verlangen zu können. Ferner konnte diese Minderheit zur Verfolgung des Ersatzanspruchs die Ernennung eines für die Prozessführung Bevollmächtigten bei dem Handelsgericht beantragen. Das Handelsgericht entschied sodann nach freiem Ermessen über dessen Ernennung.[79] Die Möglichkeit, einen Bevollmächtigten einzusetzen, diente einer effektiven Ausführung des Minderheitsverlangens nach der Geltendmachung eines Ersatzanspruchs. Der Gesetzgeber hatte die Sorge, dass das ansonsten zuständige Geschäftsleitungsorgan oder ein von der Generalversammlung bestellter Bevollmächtigte das Minderheitsverlangen durch eine ordnungswidrige Prozessführung unterlaufen könnte.[80]

Die Reform des Aktienrechts von 1965 modifizierte das Minderheitsrecht in zwei wesentlichen Punkten. Erstens setzte § 147 III 2 AktG 1965 voraus, dass dem Gericht die Bestellung eines Sondervertreters für die gehörige Geltendmachung zweckmäßig erscheint. Zweitens erweiterte die Reform den Anwendungsbereich des Minderheitsrechts. Zuvor hatte eine Minderheit nur dann das Recht, die gerichtliche Bestellung eines Sondervertreters zu beantragen, wenn sie zuvor die Geltendmachung des Ersatzanspruchs verlangt hat. Nunmehr konnte die Minderheit diesen Antrag auch im Falle eines Geltendmachungsbeschlusses der Hauptversammlung stellen. Hierdurch sollte der Hauptversammlung die Möglichkeit genommen werden, das Minderheitsrecht blockieren zu können. Nach der früheren Rechtslage konnte die Hauptversammlung nämlich die Verfolgung eines Ersatzanspruchs beschließen, um damit die Erhebung eines Minderheitsverlangens und in der Folge die Einsetzung eines Sondervertreters zu verhindern. In diesem Fall waren zwar das zuständige Geschäftsleitungsorgan oder ein von der Haupt-

---

[79] Entwurf eines Gesetzes, betreffend die KGaA und AG 1884, Allg. Begr., § 13 III B 2, abgedruckt bei *Schubert/Hommelhoff*, Hundert Jahre modernes Aktienrecht, 470.

[80] Ebenda.

versammlung bestellter Sondervertreter zur Geltendmachung des Anspruchs verpflichtet. Jedoch konnten sie die Anspruchsverfolgung – im Einverständnis mit der Mehrheit der Aktionäre – faktisch vereiteln.[81]

Der Gesetzgeber des UMAG hob das Recht der Minderheit, die Geltendmachung eines Ersatzanspruchs verlangen zu können, zugunsten der Einführung einer Aktionärsklage nach § 148 AktG auf. Allerdings ist eine Aktionärsminderheit weiterhin berechtigt, die gerichtliche Bestellung eines Sondervertreters zu beantragen, § 147 II 2 AktG.

2. Zweckfortfall des Minderheitsrechts

Das Recht der Minderheit, die gerichtliche Bestellung eines Sondervertreters beantragen zu können, hat seinen Zweck mit dem UMAG verloren. Die Aufgabe des Sondervertreters liegt nicht mehr darin, ein Minderheitsverlangen effektiv auszuführen, weil das UMAG dieses Minderheitsrecht aufhob. Aus diesem Grund ist auch nicht mehr zu befürchten, dass eine Hauptversammlung die Geltendmachung eines Ersatzanspruchs beschließen könnte, um ein Minderheitsverlangen zu blockieren. Mithin hat sich auch der weitere Zweck des gerichtlich bestellten Sondervertreters erledigt, nämlich einen in Vereitelungsabsicht gefassten Geltendmachungsbeschluss der Hauptversammlung effektiv auszuführen.

Schließlich kommt als Zweck auch nicht die Flankierung der Aktionärsklage nach § 148 AktG in Betracht. Es besteht zwar die Gefahr, dass das zuständige Geschäftsleitungsorgan einen Ersatzanspruch gerichtlich verfolgt, um eine Aktionärsklage im Vorhinein oder nach ihrer Erhebung zu vereiteln, § 148 III 1 Halbs. 2 AktG. Das Geschäftsleitungsorgan könnte nämlich versuchen, die Durchsetzung des Anspruchs durch gezielt mangelhafte Prozessführung faktisch zu verhindern.[82] In diesen Fällen ist aber der Minderheit die Beantragung der gerichtlichen Bestellung eines Sondervertreters nicht eröffnet. Neben dem Erfordernis eines Quorums in zehnfacher Höhe fehlt es nämlich an dem – von dem § 147 II 2 AktG vorausgesetzten – Geltendmachungsbeschluss der Hauptversammlung nach § 147 I 1 AktG.[83]

Somit verbleiben im Anwendungsbereich des § 147 II 2 AktG nur solche Fälle, in denen die Hauptversammlung die Geltendmachung eines Ersatzanspruchs beschließt. Der Antrag nach § 147 II 2 AktG hat aber nur Erfolg, wenn das Ausführungsorgan, sei es das zuständige Geschäftsleitungsorgan oder ein von der Hauptversammlung bestellter Sondervertreter, den An-

[81] Vgl. Ausschussbericht zu § 147 AktG bei *Kropff*, Aktiengesetz 1965, 216.

[82] Vgl. *Paschos/Neumann*, DB 2005, 1779, 1783.

[83] Vgl. *Mock*, in: Spindler/Stilz, AktG, § 148 Rn. 130.

spruch nicht gehörig geltend macht. Dies dürfte aber praktisch kaum vorkommen.[84] Wenn die Hauptversammlung die Geltendmachung beschließt, dann wird sie typischerweise die Anspruchsverfolgung weder einem ungeeigneten Geschäftsleitungsorgan belassen noch einem ungeeigneten Sondervertreter übertragen. Zudem erscheint das Minderheitsrecht in diesen Fällen rechtspolitisch fragwürdig, weil nicht zu befürchten ist, dass die Hauptversammlung in Vereitelungsabsicht handelt. In der jetzigen Form ist § 147 II 2 AktG daher aufzuheben.

3. Anpassung des Minderheitsrechts an die Aktionärsklage

Erwägenswert ist aber, das Minderheitsrecht nach § 147 II 2 AktG so auszugestalten, dass es vor einer Vereitelung der Aktionärsklage nach § 148 AktG schützt. Dann müsste das Quorum demjenigen des § 148 I 1 AktG entsprechen[85] und das Erfordernis eines vorherigen Geltendmachungsbeschlusses entfallen.

Zweifelhaft ist aber, ob es im Rahmen der Aktionärsklage überhaupt dieses Schutzes bedarf. Der Vorstand beziehungsweise der Aufsichtsrat können zwar sowohl das Zulassungs- als auch das Klageverfahren der Aktionärsminderheit vereiteln, indem sie selbst im Namen der Gesellschaft Klage erheben, § 148 III 1 AktG. Allerdings ist die Aktionärsminderheit nach § 148 III 3 AktG am Organhaftungsprozess im Wege der Beiladung zu beteiligen. Nach der Regierungsbegründung richtet sich die Beiladung nach dem Vorbild der §§ 65 Abs. 2, 66 VwGO und gibt der Minderheit die Möglichkeit, die Prozessführung zu kontrollieren.[86] Unklar ist zwar, wie die „Beiladung" im Zivilverfahren genau zu verstehen ist.[87] Die Regierungsbegründung bietet aber insoweit Aufschluss, als der beizuladenden Aktionärsminderheit die Rechte nach § 66 VwGO zustehen sollen, wie etwa das

---

[84] Vgl. *Spindler*, NZG 2005, 865, 868, wonach die gerichtliche Bestellung eines Sondervertreters „weitgehend obsolet sein dürfte."

[85] Einer entsprechenden Anpassung bedarf es auch für das Recht der Minderheit, bei Verzicht und Vergleich gegen den Zustimmungsbeschluss der Hauptversammlung Widerspruch zu erheben, §§ 50 S. 1, 53 S. 1, 93 IV 3, 116 S. 1, 117 IV AktG, vgl. *Spindler*, NZG 2005, 865, 868. Nach *Krieger/Sailer-Coceani*, in: Schmidt/Lutter, AktG, § 93 Rn. 54 ist die Aufhebung des Widerspruchsrechts rechtspolitisch naheliegend.

[86] Begr. RegE zum UMAG, BT-Drucks. 15/5092, S. 23 f.

[87] Vgl. *Paschos/Neumann*, DB 2005, 1779, 1783 f., wonach die Beiladung im Sinne der §§ 65, 66 VwGO zu verstehen ist; dem folgend, aber an der Einführung eines Instituts der VwGO in die ZPO Kritik übend *Happ*, in: FS Westermann, 971, 979 ff.; anders *Zieglmeier*, ZGR 2007, 144, 153 ff., wonach die beizuladende Gesellschaft nach § 148 II 7 AktG die Stellung eines streitgenössischen Nebenintervenienten einnimmt.

Recht, abweichend vorzutragen und Verfahrens- und Sachanträge zu stellen.[88] Demnach kann die Aktionärsminderheit auf eine ordnungsgemäße Prozessführung hinwirken, um eine effektive Verfolgung des Ersatzanspruchs sicherzustellen. Eines zusätzlichen Rechts, die Bestellung eines Sondervertreters beantragen zu können, bedarf es daher nicht.

Eine Schutzlücke besteht lediglich insoweit, als das zuständige Geschäftsleitungsorgan einem Antrag auf Klagezulassung einer Aktionärsminderheit zuvorkommen kann, indem es selbst eine Klage erhebt. Jedoch dürfte diese Gefahr als verhältnismäßig gering einzustufen sein, weil das zuständige Geschäftsleitungsorgan das Übel einer Klageerhebung regelmäßig nicht in Kauf nehmen wird, um eine bloß denkbare Aktionärsklage zu verhindern.

88 Vgl. *Paschos/Neumann*, DB 2005, 1779, 1784.

C. Die Geltendmachung eines Ersatzanspruchs nach § 147 I AktG

Die Analyse des § 147 I AktG beleuchtet zunächst einige Fragen mit grundsätzlicher Bedeutung für das Normverständnis. Dies betrifft den Anwendungsbereich des § 147 I AktG (unter I.) sowie das – insbesondere für den Sondervertreter relevante – Problem der Prüfungs- und Beurteilungskompetenz des Ausführungsorgans (unter II.). Dem schließt sich eine Untersuchung der formellen und materiellen Aspekte des Geltendmachungsbeschlusses an (unter III.). Schließlich behandelt die Arbeit die Beschlussausführung, worunter die Ausführungspflicht (unter IV.), die Art und Weise der Geltendmachung (unter V.) sowie das Bestehen eines Weisungsrechts der Hauptversammlung bezüglich der Anspruchsverfolgung (unter VI.) fallen.

I. Anwendungsbereich

Der Anwendungsbereich des § 147 I AktG lässt sich in Bezug auf die Ersatzansprüche in drei Kategorien gliedern: Gründung, Geschäftsführung und den § 117 AktG. Näher behandelt werden die Ersatzansprüche gegen Vorstands- und Aufsichtsratsmitglieder aus der Geschäftsführung (unter 1.) sowie die Frage, ob konzernrechtliche Ersatzansprüche in die Fallgruppe des § 117 AktG fallen (unter 2.). Die aus Gründungsmängeln resultierenden Ersatzansprüche[89] sowie die Ansprüche aus § 117 AktG[90] werden mangels praktischer Relevanz nicht betrachtet.

1. Vorstands- und Aufsichtsratsmitglieder

Was den persönlichen Anwendungsbereich anbelangt, stellt sich die Frage, ob § 147 I 1 AktG neben den aktuellen Vorstands- und Aufsichtsratsmitglieder auch ausgeschiedene Organwalter und D&O-Versicherer eines ersatzpflichtigen Organwalters erfasst. Im Hinblick auf den sachlichen Anwendungsbereich fallen unter den § 147 I 1 AktG lediglich Ersatzansprüche aus der Geschäftsführung.

---

89 Vgl. *Kling*, ZGR 2009, 190, 202.

90 Da die Haftung auf vorsätzliche Schädigungen begrenzt ist, hat die Vorschrift kaum praktische Bedeutung, *Schall*, in: Spindler/Stilz, AktG, § 117 Rn. 1.

a) Ausgeschiedene Organwalter und andere Dritte

Der Anwendungsbereich des § 147 I 1 AktG erfasst nach einhelliger Meinung auch ausgeschiedene Vorstands- und Aufsichtsratsmitglieder.[91] Diese Aussage ist sogar noch zu erweitern: Es kommt nicht darauf an, ob der Ersatzpflichtige zum Zeitpunkt der Anspruchsverfolgung amtierender Organwalter ist, sondern entscheidend ist alleine, dass der Ersatzanspruch aus seiner Organtätigkeit stammt. Veränderungen nach der Anspruchsentstehung sind für den Anwendungsbereich des § 147 I 1 AktG unbeachtlich, so dass auch zum Beispiel die Erben des Organwalters oder der Übernehmer der Ersatzpflicht nach § 414 BGB erfasst sind.[92]

Sinn und Zweck des § 147 I 1 AktG gebieten dieses Verständnis, weil der Vorstand beziehungsweise der Aufsichtsrat auch dann einem Anreiz unterliegen, von der Verfolgung der Ersatzansprüche aus der Geschäftsführung abzusehen, wenn der Schuldner kein aktives Organmitglied ist. Eine kollegiale Verbundenheit zu dem Schuldner mag zwar nicht bestehen. Sowohl der Vorstand als auch der Aufsichtsrat laufen aber Gefahr, durch die Anspruchsverfolgung eigene Pflichtverletzungen aufzudecken.[93] Gründet ein Ersatzanspruch beispielsweise auf der Pflichtverletzung eines Vorstandsmitglieds, kann die Anspruchsverfolgung – unabhängig vom Schuldner – gegebenenfalls Versäumnisse des Aufsichtsrats bei der Überwachung des Vorstands an das Licht bringen. Dieses Verständnis ist auch mit dem Wortlaut des § 147 I 1 AktG vereinbar, weil der Ersatzanspruch nur aus der Geschäftsführung des Vorstands oder Aufsichtsrats stammen muss.

Darüber hinaus fallen bestimmte Dritte in den Anwendungsbereich des § 147 AktG. Zunächst gilt § 147 I 1 AktG analog für Abwickler,[94] weil die „Bisssperre“[95] des Aufsichtsrats gegenüber dem Vorstand in selbiger Weise bei den vorstandsähnlichen Abwicklern zu befürchten ist. Der Aufsichtsrat läuft nämlich auch hier Gefahr, im Falle der Geltendmachung eines Ersatzanspruchs eigene Pflichtverletzungen aufzudecken. Zudem könnte wiederum

---

[91] *Bezzenberger*, in: Großkomm AktG, § 147 Rn. 17; *Hueck*, in: FS Bötticher, 197, 199; *Hüffer*, AktG, § 147 Rn. 2; *Mock*, in: Spindler/Stilz, AktG, § 147 Rn. 13; *Spindler*, in: Schmidt/Lutter, AktG, § 147 Rn. 3; vgl. für die KGaA: RGZ 74, 301, 302. Die vielfach bemühten Vergleiche zu § 46 Nr. 8 GmbHG und der einschlägigen Rechtsprechung hierzu können nicht herangezogen werden, weil der Sinn und Zweck des § 147 I 1 AktG grundlegend verschieden ist, siehe vorstehend B. III.

[92] War der ursprünglich Ersatzpflichtige ein Mitglied des Vorstands, ist zur Geltendmachung nicht der Aufsichtsrat, sondern der Vorstand zuständig, weil die Vertretungsmacht des Aufsichtsrats diesen Fall nicht erfasst, § 112 AktG.

[93] Hierzu vorstehend B. III. 1.

[94] *Bezzenberger*, in: Großkomm AktG, § 147 Rn. 17.

[95] *Peltzer*, WM 1981, 346, 348.

die kollegiale Verbundenheit einer Anspruchsverfolgung entgegenwirken, insbesondere im Falle der Besorgung der Abwicklung durch die Vorstandsmitglieder, § 265 I AktG.

Böbel[96] zufolge ist zudem auch der Sondervertreter im Wege der Analogie in den Anwendungsbereich des § 147 I AktG einzubeziehen,[97] weil insbesondere die Gefahr einer Bestechung seitens des Ersatzpflichtigen bestehe. Dies ist zwar nicht gänzlich auszuschließen, kann aber gleichwohl keine Vergleichbarkeit der Interessenlage mit den Fällen des § 147 I AktG begründen. Für die Interessenlage ist nämlich entscheidend, dass typischerweise Anreize bestehen, von einer Inanspruchnahme des Ersatzpflichtigen abzusehen. Mit Ausnahme von atypischen Fällen sind aber keine Anreize des Vorstands ersichtlich, den Sondervertreter von einer Verfolgung eines Anspruchs zu verschonen. Schließlich besteht auch kein Bedürfnis der Aktionärsminderheit, eine – auf den Anwendungsbereich des § 147 AktG verweisende – Aktionärsklage nach § 148 AktG gegen den Sondervertreter erheben zu können. Ein kollusives Zusammenwirken des Mehrheitsgesellschafters mit dem Sondervertreter zum Nachteil der Minderheit steht nämlich seit dem UMAG mit der Neukonzeption der §§ 147, 148 AktG nicht mehr zu befürchten.[98] Daher erfasst der Anwendungsbereich des § 147 AktG keine Ersatzansprüche gegen den Sondervertreter. Für den Sonderprüfer gilt aufgrund gleichartiger Interessenlage selbiges.

b) D&O-Versicherer

Hat ein ersatzpflichtiger Organwalter eine Vermögensschadenshaftpflichtversicherung (D&O-Versicherung), kommt in Betracht, dass neben ihm auch der Versicherer in den Anwendungsbereich des § 147 I 1 AktG analog fällt. Dies ist allerdings nur dann denkbar, wenn der Gesellschaft ein Direktanspruch gegen den Versicherer zusteht. Regelmäßig ist das nicht der Fall, weil die Gesellschaft die D&O-Versicherung typischerweise als Fremdversicherung zugunsten der Organmitglieder abschließt.[99] Daher ist lediglich

---

[96] A.A. *Böbel*, Besonderer Vertreter, 115.

[97] Zur gedanklich vorgelagerten Frage, ob der Hauptversammlung die ausschließliche Willensbildungskompetenz betreffend die Verfolgung von Ansprüchen gegenüber dem Sondervertreter zusteht, siehe nachstehend D. V. 3.

[98] Hierzu vorstehend B. V. 2.

[99] Die Annahme eines Direktanspruchs verstieße daher gegen das Trennungsprinzip, OLG München, VersR 2005, 540, 541 f.; *Dreher/Thomas*, ZGR 2008, 31, 38; *Paefgen*, AG 2008, 761, 769; *Peltzer*, NZG 2009, 970, 971 f.; *Sieg*, in: Krieger/Schneider, Handbuch Managerhaftung, § 15 Rn. 22 (Fn. 1); auch die VVG-Novelle 2008 begründet in § 115 VVG keinen Direktanspruch gegen den D&O-Versicherer.

das ersatzpflichtige Vorstands- oder Aufsichtsratsmitglied und nicht die Gesellschaft Forderungsinhaberin.

Jedoch hat die Gesellschaft ausnahmsweise dann einen Direktanspruch gegen den Versicherer, wenn eine Eigenschadensversicherung besteht[100] oder wenn der Ersatzpflichtige seinen Freistellungsanspruch gegen den Versicherer an die Gesellschaft abtritt. Einer Abtretung stand bislang zwar ein in der Praxis typischerweise vereinbartes Abtretungsverbot entgegen, jedoch sind seit der VVG-Novelle 2008 solche Abtretungsverbote grundsätzlich unzulässig, §§ 108 II, 210 VVG.[101]

Hat die Gesellschaft einen Direktanspruch gegen den Versicherer, spricht für die analoge Anwendung des § 147 I 1 AktG, dass das zuständige Geschäftsleitungsorgan hinsichtlich der Inanspruchnahme von Versicherern und Organwaltern einer gleichartigen Anreizlage unterliegt. Denn auch bei der Verfolgung eines Direktanspruchs gegen einen Versicherer setzt sich das zuständige Geschäftsleitungsorgan gegebenenfalls der Gefahr aus, eigene Pflichtverletzungen aufzudecken. Ferner sieht sich der Vorstand in der Situation, dass in dem Vorgehen gegen den Versicherer eines Aufsichtsratsmitglieds die Behauptung einer Pflichtverletzung liegt, welche Unmut bei dem Aufsichtsrat auslösen könnte.

Dem ließe sich entgegenhalten, dass in diesen Fällen die Hauptversammlung nur die Geltendmachung des Ersatzanspruchs gegen das ersatzpflichtigen Vorstands- oder Aufsichtsratsmitglied beschließen müsste. Wenn nämlich ohnehin der Anspruch gegen den ersatzpflichtigen Organwalter zu verfolgen ist, erledigten sich die Anreize, die einer Inanspruchnahme des Versicherers entgegenstehen.

Bisweilen ist es aber für die Gesellschaft günstiger, nur gegen den Versicherer vorzugehen.[102] Beispielsweise kann die Beitreibbarkeit der mitunter sehr hohen Ersatzansprüche beim Organwalter aussichtslos oder die Auseinandersetzung mit dem Organwalter nicht erwünscht sein.[103] In diesen Fällen müsste die Hauptversammlung bei Nichteinbeziehung des Versiche-

---

[100] Vgl. *Sieg*, in: Krieger/Schneider, Handbuch Managerhaftung, § 15 Rn. 22 (Fn. 1).

[101] Nach überwiegender Meinung ist die Abtretung des Freistellungsanspruchs an die Gesellschaft zulässig und somit der Weg für einen faktischen Direktanspruch geebnet, vgl. *Böttcher*, NZG 2008, 645, 646 f.; *Dreher/Thomas*, ZGR 2008, 31, 42; *v. Rintelen*, r+s 2010, 133, 133 ff. m.w.N.; a.A. *Bank*, in: Patzina/Bank/Schimmer/Simon-Widmann, Haftung von Unternehmensorganen, § 4 Rn. 71 ff.

[102] Zwar ist nach dem regelmäßig vereinbarten Anspruchserhebungsprinzips die Geltendmachung des Anspruchs gegen das ersatzpflichtige Mitglied des Vorstands oder Aufsichtsrats erforderlich. Insoweit ist aber eine schriftliche Anspruchserhebung ausreichend, vgl. *Ihlas*, D & O, 366.

[103] Vgl. *Dreher/Thomas*, ZGR 2008, 31, 37.

rers in § 147 I 1 AktG zunächst einen nutzlosen beziehungsweise unerwünschten Prozess gegen den Organwalter veranlassen, um die Inanspruchnahme des D&O-Versicherers sicherzustellen. Eine effektive Verfolgung des Direktanspruchs wird durch die Möglichkeit der Fassung eines Geltendmachungsbeschlusses gegen den Organwalter daher nicht gewährleistet.

Da mithin die Interessenlage für die Fälle der Verfolgung eines Ersatzanspruchs gegen ein Organmitglied und eines Direktanspruchs gegen einen D&O-Versicherer strukturell vergleichbar sind, erfasst § 147 I 1 AktG auch diese Direktansprüche in entsprechender Anwendung. Aus selbigen Gründen lässt sich dieses Ergebnis für Ansprüche gegen Dritte verallgemeinern, die der Sicherung eines Ersatzanspruchs dienen und von dessen Bestehen abhängen, wie etwa bei anderweitigen Versicherungen[104] oder Bürgschaften.

c) Geschäftsführung und Anspruchsarten

Der Anwendungsbereich des § 147 I 1 AktG ist sachlich auf die Geschäftsführung beschränkt. Hieraus folgt aber keine Begrenzung auf bestimmte Anspruchsgrundlagen, etwa auf § 93 II 1 AktG; vielmehr fallen auch Ansprüche aus dem Anstellungsvertrag, einer Geschäftsführung ohne Auftrag, dem Bereicherungsrecht oder dem Deliktsrecht in den Anwendungsbereich des § 147 I 1 AktG.[105] Ferner sind nicht nur Fälle erfasst, in denen der Organwalter in Ausübung der Organtätigkeit handelt, sondern auch solche, in denen er aufgrund seiner Organstellung betroffen ist. Beispielsweise unterfällt der Anspruch auf Rückgewähr eines nicht genehmigten Kredits gegen ein Vorstandsmitglied nach § 89 V AktG dem § 147 I 1 AktG. Denn auch in diesem Fall ist zu befürchten, dass der Aufsichtsrat aus Sorge vor der Aufdeckung einer eigenen Pflichtverletzung von der Verfolgung absieht. Betrifft der Ersatzanspruch den Organwalter nicht als Vorstands- oder Aufsichtsratsmitglied, sondern privat oder als Aktionär, ist der Anwendungsbereich des § 147 I 1 AktG mangels Beziehung zur Geschäftsführung hingegen nicht eröffnet.

Der Wortlaut des § 147 I 1 AktG erfasst lediglich Ersatzansprüche. Nach der überwiegenden Meinung fallen auch Ausgleichs- und Herausgabeansprüche in den Anwendungsbereich.[106] Dieses Verständnis überzeugt vor dem Hintergrund der Gesetzgeschichte. Während vormals das Gesetz jeg-

---

[104] Beispielsweise im Falle einer Betriebshaftpflichtversicherung mit Deckung des Innenverhältnisses, vgl. *Lange*, VersR 2009, 1011, 1016.

[105] *Lochner*, in: Heidel, Aktienrecht und Kapitalmarktrecht, § 147 Rn. 3; vgl. *Schröer*, in: MünchKomm AktG, § 147 Rn. 16.

[106] *Bezzenberger*, in: Großkomm AktG, § 147 Rn. 12; *Hüffer*, AktG, § 147 Rn. 2; *Lochner*, in: Heidel, Aktienrecht und Kapitalmarktrecht, § 147 Rn. 3; *Mock*, in:

liche Ansprüche einbezog,[107] verkürzte die Aktienrechtsreform von 1965 den Anwendungsbereich auf Ersatzansprüche. Damit wollte der Gesetzgeber klarstellen, dass Erfüllungsansprüche ausgenommen sind.[108] Den Ausschluss anderer Anspruchsarten, etwa eines Herausgabeanspruchs nach § 88 II 2 AktG wegen Verletzung des Wettbewerbsverbots, beabsichtigte er hingegen nicht. Dies spiegelt auch die Interessenlage zutreffend wider. Die jeweiligen Anreize für das zuständige Geschäftsleitungsorgan, von der Verfolgung eines Schadensersatzanspruch oder eines Herausgabeanspruch abzusehen, differieren nämlich im Wesentlichen nicht.

Unterlassungsansprüche sind entgegen der herrschenden Meinung[109] von § 147 I 1 AktG nicht erfasst. Neben dem Wortlaut spricht hierfür die teleologische Auslegung. Der Ausschluss von Erfüllungsansprüchen verhindert eine in die Zukunft gerichtete inhaltliche Einflussnahme auf die Geschäftsleitung. Eine vergleichbare Einflussnahme folgt auch aus der Geltendmachung von Unterlassungsansprüchen. Es macht nämlich keinen Unterschied, ob die Geschäftsleitung verpflichtet ist, zukünftig eine bestimmte Handlung vorzunehmen oder zu unterlassen.[110] Erst eine Verletzung der mit den Erfüllungs- und Unterlassungsansprüchen korrespondierenden Pflichten kann zu Ersatzansprüchen führen und damit den Anwendungsbereich des § 147 I 1 AktG eröffnen. Für dieses Verständnis spricht zudem, dass § 147 I 1 AktG und § 148 I 1 AktG denselben Anwendungsbereich haben und die Aktionärsklage ihrer Konzeption nach keine Unterlassungsansprüche erfasst. § 148 I 2 Nr. 3 AktG setzt nämlich einen Schaden voraus, der für einen Unterlassungsanspruch nicht erforderlich ist.[111]

Andererseits liegen Hilfsansprüche, wie Ansprüche auf Auskunft und Rechnungslegung, im Anwendungsbereich des § 147 I 1 AktG, weil diese lediglich der Durchsetzung des Hauptanspruchs dienen.[112] Schließlich sind

---

Spindler/Stilz, AktG, § 147 Rn. 10; *Spindler*, in: Schmidt/Lutter, AktG, § 147 Rn. 3; kritisch *Schröer*, in: MünchKomm AktG, § 147 Rn. 17.

107 Vgl. noch § 122 I 1 AktG 1937: „Ansprüche der Gesellschaft".

108 Ausschussbericht zu § 147 bei *Kropff*, Aktiengesetz 1965, 215.

109 *Bezzenberger*, in: Großkomm AktG, § 147 Rn. 14; *Holzborn/Jänig*, in: Bürgers/Körber, HeidelbergerKomm AktG, § 147 Rn. 3; *Hüffer*, AktG, § 147 Rn. 2; *Lochner*, in: Heidel, Aktienrecht und Kapitalmarktrecht, § 147 Rn. 3.

110 Vgl. *Kramer*, in: MünchKomm BGB (5. Auflage), § 241 Rn. 9.

111 Die Aktionärsklage nach § 148 AktG schließt einen Unterlassungsanspruch nicht ein, vgl. *Ihrig*, in: Steuerungsfunktionen des Haftungsrechts im Gesellschafts- und Kapitalmarktrecht, 17, 28.

112 *Bezzenberger*, in: Großkomm AktG, § 147 Rn. 13; *Holzborn/Jänig*, in: Bürgers/Körber, HeidelbergerKomm AktG, § 147 Rn. 3; *Hüffer*, AktG, § 147 Rn. 2; *Lochner*, in: Heidel, Aktienrecht und Kapitalmarktrecht, § 147 Rn. 3; *Mock*, in: Spindler/Stilz, AktG, § 147 Rn. 10; *Spindler*, in: Schmidt/Lutter, AktG, § 147 Rn. 3.

von § 147 I 1 AktG auch Zinsansprüche sowie materielle und prozessuale Kostenerstattungsansprüche erfasst. Dies folgt aus der Funktion dieser Nebenansprüche (vgl. § 367 I BGB, § 4 I Halbs. 2 ZPO), nämlich den Zeitwert des Hauptanspruchs zu erhalten und dessen wirtschaftliche Minderung durch die Kosten der Rechtsverfolgung auszugleichen.

2. Konzernrechtliche Ersatzansprüche

Von erheblicher praktischer Bedeutung ist die Frage, ob § 147 I 1 AktG auch konzernrechtliche Schadensersatzansprüche im Vertragskonzern und im faktischen Konzern erfasst. Im Einzelnen geht es um die Ersatzansprüche gegen das herrschende Unternehmen,[113] gegen die gesetzlichen Vertreter des herrschenden Unternehmens (§§ 309 II 1, 317 III AktG) und gegen die Mitglieder des Vorstands und des Aufsichtsrats der abhängigen Gesellschaft (§§ 310 I 1, 318 I 1, II AktG). Für die Verfolgung dieser Ansprüche sieht das Konzernrecht eine besondere Aktionärsklage vor, die jeder Aktionär in Prozessstandschaft[114] erheben kann, §§ 309 IV 1, 310 IV, 317 IV, 318 IV AktG. Diese Privilegierung des einzelnen Aktionärs beruht insbesondere darauf, dass das für die Ausübung des Minderheitsrechts nach den §§ 147 f. AktG erforderliche Quorum gegebenenfalls nur schwer oder gar nicht zu erreichen ist.[115]

Bei der Behandlung der Frage, ob die konzernrechtlichen Ersatzansprüche dem Anwendungsbereich des § 147 I 1 AktG unterfallen, ist zu beachten, dass die Antwort hierauf auch für die Aktionärsklage nach § 148 AktG Geltung beansprucht, weil § 148 I 1 AktG in Bezug auf seinen Anwendungsbereich auf den § 147 I 1 AktG verweist.[116]

Wie im Folgenden näher erläutert, erfasst § 147 I 1 AktG nach seinem Wortlaut die konzernrechtlichen Ersatzansprüche nur zum Teil. Die Interes-

---

[113] Während das herrschende Unternehmen im faktischen Konzern nach § 317 I 1 AktG haftet, ist im Vertragskonzern streitig, worauf die Haftung des herrschenden Unternehmens beruht: Vertrag (§ 280 I BGB in Verbindung mit dem Beherrschungsvertrag), Organwalterhaftung (§ 309 AktG analog) oder Organhaftung (§ 309 II 1 AktG in Verbindung mit § 31 BGB), vgl. *Emmerich*, in: Emmerich/Habersack, Konzernrecht, § 309 Rn. 21 m. w. N.

[114] *Hirte*, in: Großkomm AktG, § 309 Rn. 43; *Hüffer*, AktG, § 309 Rn. 21a; a. A. *Altmeppen*, in: MünchKomm AktG, § 309 Rn. 122 ff., wonach eine actio pro socio im Sinne eines eigenen Leistungsrechts der Aktionäre vorliegt.

[115] *Koppensteiner*, in: KölnerKomm AktG, § 309 Rn. 44; *Müller*, Der Konzern 2006, 725, 726; vgl. Begr. RegE zu § 309 AktG bei *Kropff*, Aktiengesetz 1965, 405.

[116] Mit dem Gesetz unvereinbar wäre eine gespaltene Auslegung in dem Sinne, dass die konzernrechtlichen Ersatzansprüche zwar von § 148 AktG, aber nicht von § 147 AktG erfasst werden.

senlage gebietet aber, dass § 147 I 1 AktG die konzernrechtlichen Ersatzansprüche entweder vollständig oder überhaupt nicht einbezieht (unter a)). Im Anschluss werden die Argumente der herrschenden Meinung für die Erfassung der konzernrechtlichen Ersatzansprüche dargestellt (unter b)). Schließlich wird die eigene Ansicht vorgestellt und begründet (unter c)).

a) Einheitliche Lösung für § 147 I 1 AktG

Nach dem Wortlaut unterfallen die konzernrechtlichen Ersatzansprüche nur teilweise dem Anwendungsbereich des § 147 I 1 AktG. Die Schadensersatzansprüche nach den §§ 310, 318 AktG gegen die Verwaltungsmitglieder sind zwar in toto einbezogen, weil es sich hierbei um Ansprüche aus der Geschäftsführung gegen die Mitglieder des Vorstands und Aufsichtsrats handelt.[117] Demgegenüber erfasst § 147 I 1 AktG nicht die Ansprüche gegen das herrschende Unternehmen und seine gesetzlichen Vertreter nach den §§ 309, 317 AktG.[118] Diese Ansprüche überschneiden sich im Wege der Anspruchskonkurrenz[119] auch nur zum Teil mit den Ansprüchen nach § 117 AktG, die § 147 I 1 AktG unterfallen.[120] § 117 AktG erfasst zwar als Täter neben den gesetzlichen Vertretern im Wege der Zurechnung (§ 31 BGB) auch das herrschende Unternehmen selbst, reicht aber gegenüber den §§ 309, 317 AktG weniger weit.[121] Zum einen erfordert § 117 I 1 AktG beim subjektiven Tatbestand Vorsatz. Zum anderen ist der persönliche Anwendungsbereich des § 117 I 1 AktG enger als derjenige der konzernrechtlichen Ersatzansprüche.[122]

Die teilweise Einbeziehung der konzernrechtlichen Ersatzansprüche durch § 147 I 1 AktG erscheint als Ungleichbehandlung von im Wesentlichen gleichgelagerten Fällen. Sowohl im Vertragskonzern als auch im faktischen Konzern besteht jeweils ein Gesamtschuldverhältnis zwischen

[117] OLG München, ZIP 2008, 73, 75; 1916, 1918; LG München, ZIP 2007, 2420, 2425; *Kropff*, in: FS Bezzenberger, 233, 245; *Müller*, Der Konzern 2006, 725, 728.

[118] Siehe zur Haftung des herrschenden Unternehmens bei Bestehen eines Beherrschungsvertrags Fn. 113.

[119] *Hüffer*, AktG, § 117 Rn. 14. Zu einer Verdrängung des § 117 I 1 AktG kommt es nach § 117 VII Nr. 1 AktG im Rahmen eines Beherrschungsvertrags nicht, wenn die Ausübung der Leitungsmacht unzulässig ist, vgl. *Spindler*, in: MünchKomm AktG, § 117 Rn. 89. Ferner findet § 117 AktG auch im faktischen Konzern Anwendung, wenn die Zufügung eines Nachteils nicht gemäß § 311 I AktG angemessen ausgeglichen wird, vgl. *Hommelhoff/Witt*, in: Schmidt/Lutter, AktG, § 117 Rn. 34.

[120] *Kropff*, in: FS Bezzenberger, 233, 245; *Vetter*, in: Schmidt/Lutter, AktG, § 317 Rn. 26.

[121] Vgl. *Spindler*, in: MünchKomm AktG, § 117 Rn. 92.

[122] *Kort*, in: Großkomm AktG, § 117 Rn. 266.

dem herrschenden Unternehmen, dessen gesetzlichen Vertretern sowie den Vorstands- und Aufsichtsratsmitgliedern der abhängigen Gesellschaft.[123] Dementsprechend ist die Interessenlage hinsichtlich der Anspruchsverfolgung identisch. Daher wäre es inkonsistent, wenn die Haftung des herrschenden Unternehmens und dessen gesetzlicher Vertreter teilweise dem Anwendungsbereich des § 147 I 1 AktG entzogen wäre, wohingegen die Haftung des Vorstands und des Aufsichtsrats der abhängigen Gesellschaft vollständig erfasst wäre.[124]

Zudem stehen prozessökonomische Erwägungen der teilweisen Erfassung der konzernrechtlichen Ersatzansprüche entgegen. Verfolgte eine Aktionärsminderheit im Wege der Aktionärsklage oder ein Sondervertreter einen Ersatzanspruch nach § 117 I 1 AktG, wäre eine Klage selbst dann abzuweisen, wenn der Beweis des Vorsatzes nicht gelänge, aber nach dem bewiesenen Vortrag ein Anspruch nach § 317 III AktG bestünde. Dem Sondervertreter fehlte nämlich für die Geltendmachung dieses Ersatzanspruchs die organschaftliche Vertretungsmacht und der Aktionärsminderheit mangelte es an der Prozessführungsbefugnis. Dann könnte lediglich die Gesellschaft vertreten durch den Vorstand oder ein Aktionär in Prozessstandschaft gemäß den §§ 317 III, IV, 309 IV 1 AktG erneut klagen.[125] Aus prozessökonomischer Sicht kann es aber nicht überzeugen, trotz der Identität des Antrags und des zugrundeliegenden Lebenssachverhalts zwei Prozesse mit ähnlich gelagerten Fragen anstrengen zu müssen.

Mithin gebietet die Interessenlage eine einheitliche Behandlung der konzernrechtlichen Ersatzansprüche dergestalt, dass sie dem Anwendungsbereich des § 147 I 1 AktG entweder vollständig unterfallen oder die konzernrechtlichen Ersatzansprüche sowie damit konkurrierende Ansprüche aus anderen Anspruchsgründen gänzlich dem Anwendungsbereich entzogen sind.[126]

---

[123] OLG München, ZIP 2008, 73, 75; 1916, 1918; LG München, ZIP 2007, 2420, 2425, woraus die Einbeziehung aller konzernrechtlicher Ersatzansprüche zu schließen sei. Vgl. zudem *Bernau*, AG 2011, 894, 897 f.

[124] Vgl. *Kropff*, in: FS Bezzenberger, 233, 245.

[125] Dieser Klage stünde trotz der Identität von Antrag und zugrundeliegendem Lebenssachverhalt nicht die Rechtskraft des klageabweisenden Urteils nach § 322 I ZPO, § 148 V 1 AktG entgegen, weil das Gericht den Rechtsstreit nur unter dem Gesichtspunkt des § 117 I 1 AktG unter Ausschluss der konzernrechtlichen Ersatzansprüche entscheiden würde, vgl. *Vollkommer*, in: Zöller, ZPO, Vor § 322 Rn. 42 f. Diese Fallgestaltung ist mit der beschränkten Rechtskraft vergleichbar, die vor der Rechtsprechungsänderung durch BGHZ 153, 173, 176 ff. Urteile am örtlichen Gerichtsstand der unerlaubten Handlung hatten. Danach erfasste die Rechtskraft lediglich die deliktischen Ersatzansprüche.

[126] A.A. *Hüffer*, AktG, § 147 Rn. 2a.

b) Erfassung der konzernrechtlichen Ersatzansprüche von § 147 AktG

Die Verfolgung der konzernrechtlichen Ersatzansprüche ist nach der Rechtsprechung[127] und dem ganz überwiegenden Schrifttum[128] nicht auf die konzernrechtliche Aktionärsklage beschränkt, sondern auch im Wege eines Geltendmachungsbeschlusses nach § 147 I 1 AktG sowie einer Aktionärsklage nach § 148 AktG möglich. Hierfür werden im Wesentlichen die folgenden Argumente angeführt:[129]

Zunächst bestehe ein enger dogmatischen Zusammenhang zwischen den konzernrechtlichen Ersatzansprüchen, die § 147 I 1 AktG erfasst, und solchen, die nicht unter den Wortlaut fallen, nämlich die Haftung des herrschenden Unternehmens und dessen gesetzlicher Vertreter. Einer Ansicht zufolge liegt dieser dogmatische Zusammenhang darin, dass es in beiden Fällen um die Haftung für eine unzulässige Einflussnahme geht.[130] Nach anderer Auffassung ist die Haftung des herrschenden Unternehmens und dessen gesetzlicher Vertreter organschaftsähnlich,[131] so dass ein Zusammenhang mit den von § 147 I 1 AktG erfassten Haftungstatbeständen der §§ 93, 116 AktG besteht.[132]

---

[127] KG, BeckRS 2011, 25736, OLG München, ZIP 2008, 73, 75; 1916, 1918f.; LG München, ZIP 2007, 2420, 2425.

[128] *Bernau*, AG 2011, 894, 900; *Bezzenberger*, in: Großkomm AktG, § 147 Rn. 13; *Bungert*, in: Krieger/Schneider, Handbuch Managerhaftung, § 13 Rn. 52; *Fuchs/Rozynski*, WUB II A. § 147 AktG 2.09; *Holzborn/Jänig*, in: Bürgers/Körber, HeidelbergerKomm AktG, § 147 Rn. 3; *Karrer*, NZG 2008, 206, 209; *Mock*, DB 2008, 393, 394f.; *ders.*, in: Spindler/Stilz, AktG, § 147 Rn. 11; *Nietsch*, ZGR 2011, 589, 599; *Priester*, JbFSt 2008/2009, 378; *Schröer*, in: MünchKomm AktG, § 147 Rn. 18; *Spindler*, in: Schmidt/Lutter, AktG, § 147 Rn. 4.

Für § 309 AktG: *Altmeppen*, in: MünchKomm AktG, § 309 Rn. 121; *Hirte*, in: Großkomm AktG, § 309 Rn. 41; wohl auch *Langebucher*, in: Schmidt/Lutter, AktG, § 309 Rn. 33; *Veil*, in: Spindler/Stilz, AktG, § 309 Rn. 34.

Für § 317 AktG: *Altmeppen*, in: MünchKomm AktG, § 317 Rn. 66; *Lochner*, in: Heidel, Aktienrecht und Kapitalmarktrecht, § 147 Rn. 4; *Müller*, in: Spindler/Stilz, AktG, § 317 Rn. 19; *Vetter*, in: Schmidt/Lutter, AktG, § 317 Rn. 26; a.A. *Hüffer*, AktG, § 147 Rn. 2a; *Kling*, ZGR 2009, 190, 202f.; *Koppensteiner*, in: KölnerKomm AktG, § 309 Rn. 45; § 317 Rn. 35; nicht festlegend *Westermann*, AG 2009, 237, 242f.

[129] Methodisch handelt es sich nach *Müller*, Der Konzern 2006, 725, 728 um eine teleologische Extension.

[130] OLG München, ZIP 2008, 73, 75; 1916, 1918f.; LG München, ZIP 2007, 2420, 2425; *Kropff*, in: FS Bezzenberger, 233, 245.

[131] Für § 309 AktG allgemein anerkannt, *Hüffer*, AktG, § 309 Rn. 1 m.w.N.; für § 317 AktG: *Altmeppen*, in: MünchKomm AktG, § 317 Rn. 8; *Koppensteiner*, in: KölnerKomm AktG, 317 Rn. 5; *Voigt*, Haftung aus Einfluss, 305; 342ff.; a.A. *Habersack*, in: Emmerich/Habersack, Konzernrecht, § 317 Rn. 11; *Schürnbrand*, Organschaft im Recht der privaten Verbände, 188f.

Auch der Zweck des § 147 I 1 AktG gebiete dieses Verständnis. Die §§ 147–149 AktG dienten gerade dazu, die Durchsetzung von Ersatzansprüchen zu erleichtern, deren effektive Verfolgung durch das zuständige Organ zweifelhaft ist. Da die Gefahr einer Interessenkollision bei Organmitgliedern einer abhängigen Gesellschaft im Hinblick auf die Verfolgung von konzernrechtlichen Ersatzansprüchen ungleich größer sei, müssten die §§ 147–149 AktG erst recht gelten.[133]

Ferner stünden Vorteil und Kosten der konzernrechtlichen Aktionärsklage in keinem angemessenen Verhältnis.[134] Im Falle des Obsiegens profitiere der Aktionär nur anteilsmäßig und mittelbar, weil lediglich die Gesellschaft einen unmittelbaren Vermögensvorteil erlange. Im Falle der Klageabweisung trage der Aktionär hingegen unmittelbar und ungeteilt die gesamten Kosten des Rechtsstreits. Ein ökonomischer Anreiz zur Anspruchsgeltendmachung bestehe daher – in Abhängigkeit von der Höhe seines Anteils – erst bei einer sehr hohen Erfolgswahrscheinlichkeit der Klage.[135] Dieses prohibitiv hohe Kostenrisiko wird als Hauptgrund[136] dafür erachtet, dass die konzernrechtliche Aktionärsklage in der Praxis nahezu keine Anwendung[137] gefunden hat.[138]

Die Einbeziehung der konzernrechtlichen Ersatzansprüche in den Anwendungsbereich des § 147 I 1 AktG und der Aktionärsklage nach § 148 AktG eröffne den außenstehenden Aktionären hingegen eine kostengünstigere und

---

[132] *Müller*, Der Konzern 2006, 725, 729; vgl. für § 317 AktG *Vetter*, in: Schmidt/Lutter, AktG, § 317 Rn. 26.

[133] OLG München, ZIP 2008, 73, 75; 1916; 1919; LG München, ZIP 2007, 2420, 2425; *Bernau*, AG 2011, 894, 898 f.; *Kropff*, in: FS Bezzenberger, 233, 246; *Müller*, Der Konzern 2006, 725, 729.

[134] *Bernau*, AG 2011, 894, 899; *Kropff*, in: FS Bezzenberger, 233, 240; *Müller*, Der Konzern 2006, 725, 727; *Ulmer*, ZHR 163 (1999), 290, 300.

[135] *Müller*, Der Konzern 2006, 725, 727.

[136] Ein weiterer Grund liegt darin, dass sich eine Klage im Falle eines Beherrschungsvertrags nur insoweit lohnt, als dessen Vorteile das ohnehin bestehende Recht der außenstehenden Aktionäre auf einen angemessenen Ausgleich nach § 304 AktG übersteigen. Ferner könnten Informationsdefizite der Erhebung einer Klage entgegenstehen. Nach *Müller*, Der Konzern 2006, 725, 726 f. bestehen allerdings keine Informationsdefizite zu Lasten der außenstehenden Aktionäre, weil sie eine Sonderprüfung nach den §§ 142 II, 315 AktG veranlassen können, ein Auskunftsrecht in der Hauptversammlung haben und schließlich zu ihren Gunsten die im TBB-Urteil entwickelten Erleichterungen der Darlegungs- und Beweislast Anwendung finden.

[137] *Habersack*, in: Emmerich/Habersack, Konzernrecht, § 317 Rn. 27: „praktische Bedeutungslosigkeit"; *Ulmer*, ZHR 163 (1999), 290, 300: „völlige Funktionslosigkeit".

[138] *Kropff*, in: FS Bezzenberger, 233, 240; *Müller*, Der Konzern 2006, 725, 727.

damit effektivere Möglichkeit der Anspruchsverfolgung.[139] Dies gelte auch im Falle der Hauptversammlungszuständigkeit nach § 147 AktG, obwohl das herrschende Unternehmen regelmäßig über eine Mehrheit der stimmberechtigten Aktien verfüge. Das herrschende Unternehmen unterliege nämlich einem Stimmverbot im Falle der Geltendmachung eines Ersatzanspruchs gegen dieses oder dessen gesetzliche Vertreter, § 136 I 1 AktG.[140]

Schließlich streite die historische Auslegung für die Einbeziehung der konzernrechtlichen Ersatzansprüche in den Anwendungsbereich des § 147 I 1 AktG.[141] Dies ergebe sich aus den Gesetzesmaterialien zum Aktiengesetz 1965, wonach die Schaffung einer konzernrechtlichen Aktionärsklage den bestehende Minderheitenschutz in § 147 AktG a.F. lediglich erweitern, nicht aber ersetzen sollte.[142] In der amtlichen Begründung zum Aktiengesetz 1965 heißt es: „Für die Ersatzansprüche nach § 309 erscheint es notwendig, über die sonst bei der Geltendmachung von Ersatzansprüchen der Gesellschaft bestehenden Minderheitsrechte (§ 147) hinauszugehen, weil der Einfluss des herrschenden Unternehmens häufig so stark sein wird, dass die erforderliche Minderheit nicht zustande kommt.“[143]

Die Regierungsbegründung kann zwar so gedeutet werden, dass § 147 I 1 AktG a.F. bei konzernrechtlichen Ersatzansprüchen ohnehin Anwendung findet. Da der Gesetzgeber aber keinen Verweis in § 147 I 1 AktG auf § 309 AktG aufnahm, erscheint die Lesart naheliegender, dass sich das „Hinausgehen über § 147 I 1 AktG“ lediglich auf die Höhe des Quorums bezieht.[144] Dementsprechend soll jeder Aktionär zur Klage berechtigt sein und nicht nur ein Quorum in Höhe von 10% des Grundkapitals. Trotz eines Hinweises von Kropff[145] hat der Gesetzgeber bei den Überarbeitungen[146] des § 147

---

139 *Kropff*, in: FS Bezzenberger, 233, 248ff.; für § 248 AktG: *Müller*, Der Konzern 2006, 725, 730; *Vetter*, in: Schmidt/Lutter, AktG, § 317 Rn. 26.

140 *Kropff*, in: FS Bezzenberger, 233, 248f., 251. Näher zum Stimmverbot siehe für den Geltendmachungsbeschluss vorstehend C. III. 3. und für den Beschluss zur Bestellung eines besonderen Vertreters nachstehend D. III. 2. a).

141 *Bezzenberger*, in: Großkomm AktG, § 147 Rn. 13; *Kropff*, in: FS Bezzenberger, 233, 244; *Mock*, in: Spindler/Stilz, AktG, § 147 Rn. 11; *Spindler*, in: Schmidt/Lutter, AktG, § 147 Rn. 4; a.A. *Kling*, ZGR 2009, 190, 202f.; *Koppensteiner*, in: KölnerKomm AktG, § 317 Rn. 35; LG München, ZIP 2007, 2420, 2425; demgegenüber aber OLG München, ZIP 2008, 73, 75; 1916; 1918, wonach die Gesetzesmotive nicht eindeutig sind.

142 *Bezzenberger*, in: Großkomm AktG, § 147 Rn. 13.

143 Begr. RegE zu § 309 AktG bei *Kropff*, Aktiengesetz 1965, 405.

144 *Kling*, ZGR 2009, 190, 203 (Fn. 70); *Langenbucher*, in: Schmidt/Lutter, AktG, § 309 Rn. 33; *Müller*, Der Konzern 2006, 725, 729.

145 *Kropff*, in: Verhandlungen des 63. DJT, Band 2/1, O 186 mit der Anregung, die konzernrechtliche Ersatzansprüche in § 147 AktG klarstellend aufzunehmen.

146 Dies gilt insbesondere für das KonTraG und das UMAG.

AktG die konzernrechtlichen Ersatzansprüche bis heute nicht in den Anwendungsbereich einbezogen.[147]

c) Eigene Ansicht

Entgegen der überwiegenden Ansicht sind die konzernrechtlichen Ersatzansprüche dem Anwendungsbereich der §§ 147, 148 AktG vollumfänglich entzogen. Ihre Geltendmachung regelt die konzernrechtliche Aktionärsklage im dritten Buch des Aktiengesetzes abschließend.

aa) Wertungswiderspruch

Entgegen der herrschenden Meinung spricht die gesetzliche Wertung nicht eindeutig für die Einbeziehung der konzernrechtlichen Ersatzansprüche in den Anwendungsbereich der §§ 147 I 1, 148 AktG. Auf der einen Seite erscheint es zwar wertungswidersprüchlich, dass die besonders schutzbedürftigen außenstehenden Aktionäre die Aktionärsklage nach § 148 AktG mit ihrer günstigeren Kostensituation nicht erheben können. Dies beruht freilich darauf, dass der Gesetzgeber die Rechte der Aktionärsminderheit in den §§ 147 f. AktG in den letzten Jahrzehnten zunehmend gestärkt hat und insbesondere das Kostenrisiko der Aktionäre gesenkt hat, während die Aktionärsklage nach § 309 IV 1 AktG ein Relikt des Aktiengesetzes von 1965 ist.

Auf der anderen Seite würde die Erfassung der konzernrechtlichen Ersatzansprüche durch die §§ 147, 148 AktG jedoch zu unangemessenen Ergebnissen in Bezug auf die Hauptversammlungskompetenz nach § 147 AktG führen. Ausgangspunkt dieser Überlegung ist, dass das herrschende Unternehmen vom Stimmrecht ausgeschlossen ist, wenn die Hauptversammlung die Geltendmachung eines Ersatzanspruchs gegen das herrschende Unternehmen beschließt. In diesem Fall liegt die Entscheidungsbefugnis im Ergebnis bei den außenstehenden Aktionären, die typischerweise nur einen geringen Anteil am Grundkapital halten.

In dieser Konstellation wird § 147 AktG zweckentfremdet, weil dieser ein Mehrheitsrecht beinhaltet, welches das Spannungsverhältnis zwischen den Organen der Gesellschaft, insbesondere zwischen der Hauptversammlung und der Geschäftsleitung, adressiert. Aufgrund des Stimmrechtsausschlusses

[147] Vgl. *Vetter*, in: Schmidt/Lutter, AktG, § 317 Rn. 26. Einzuräumen ist freilich, dass dies nicht zwingend als bewusste Entscheidung gegen die Einbeziehung der konzernrechtliche Ersatzansprüche zu verstehen ist, vgl. *Müller*, Der Konzern 2006, 725, 729.

würde das Verfolgungsrecht nach § 147 AktG faktisch zum Minderheitsrecht, das aber gleichwohl mit den Privilegien eines Mehrheitsrechts ausgestattet wäre. Dem lässt sich auch nicht mit Kropff entgegenhalten, dass dies bloß die Folge des Stimmrechtsausschlusses nach § 136 I 1, 3. Fall AktG sei.[148] Bei konzernrechtlichen Ersatzansprüchen gegen das herrschende Unternehmen ist selbiges nämlich zwangsläufig von der Mitwirkung an der Willensbildung der Hauptversammlung ausgeschlossen.

Dies widerspricht dem Willen des Gesetzgebers. Bis zum UMAG sah § 147 I 1 Alt. 2 AktG ein unbeschränktes Verfolgungsrecht einer zehnprozentigen Minderheit vor. Da der Gesetzgeber ein Verfolgungsrecht ohne gerichtliches Vorprüfungsverfahren und ohne die Möglichkeit der Berücksichtigung entgegenstehender Belange der Gesellschaft als zu weitgehend erachtete, hob er das Minderheitenrecht nach § 147 I 1 Alt. 2 AktG zugunsten der Aktionärsklage nach § 148 AktG auf.[149] Über ein solch unbeschränktes Verfolgungsrecht würden die außenstehenden Aktionäre aber gerade verfügen, würde § 147 AktG die konzernrechtlichen Ersatzansprüche erfassen.

bb) Prozessuale Waffengleichheit

Ferner würde die Einbeziehung der konzernrechtlichen Ersatzansprüche in den Anwendungsbereich des § 147 AktG regelmäßig zu einer Beeinträchtigung des Gebots der prozessualen Waffengleichheit führen. Dieses Gebot fordert insbesondere die Schaffung einer vergleichbaren Kostensituation beider Prozessparteien.[150] Kostengerechtigkeit ist zwar zwischen der abhängige Gesellschaft und dem herrschenden Unternehmen gewahrt. Jedoch bezieht sich die Waffengleichheit auf die nach wirtschaftlicher Betrachtungsweise Beteiligten,[151] also den außenstehenden Aktionären und dem herrschenden Unternehmen. In diesem Verhältnis ist das herrschende Unternehmen erheblich benachteiligt, weil es selbst bei der Klageabweisung einen Schaden erleidet. In diesem Fall trägt nämlich die Gesellschaft die Kosten des Rechtsstreits und, hierdurch vermittelt, typischerweise zum größten Teil das herrschende Unternehmen.[152]

---

148 *Kropff*, in: FS Bezzenberger, 233, 249.

149 Begr. RegE zum UMAG, BT-Drucks. 15/5092, S. 20.

150 BVerfG, NJW-RR 1991, 1134; vgl. BGHZ 93, 12, 16.

151 Vgl. LG Karlsruhe, NZG 2001, 169, 171.

152 Vgl. *Joost*, in: Großkomm AktG, 96. Dies führt aber nicht zu ökonomischen Fehlanreizen auf Seiten der außenstehenden Aktionäre. Der Vermögensvorteil im Falle eines Prozesserfolgs und die anfallenden Kosten im Falle des Unterliegens wirken sich nämlich über die Gesellschaft vermittelt proportional auf die außenstehenden Aktionäre aus.

Es ist zwar einzuräumen, dass die Kostengerechtigkeit nach der Gesetzeslage ohnehin nicht durchgehend gewahrt ist, wie zum Beispiel im Falle der Geltendmachung eines Ersatzanspruchs gegen einen Organwalter, der auch Aktionär ist, oder gegen einen nach § 117 AktG haftenden Aktionär. Diese Konstellationen sind bei abstrakter, typisierender Betrachtung jedoch die Ausnahme. Bei der Einbeziehung der konzernrechtlicher Ersatzansprüche treten diese Fälle hingegen regelmäßig auf und führen zu einer erheblichen Beeinträchtigung der Kostengerechtigkeit aufgrund der typischerweise hohen Beteiligung des herrschenden Unternehmens.

Schließlich kann auch eine für das GmbH-Recht entwickelte Lösung keine Abhilfe schaffen. Danach ist ein erfolglos verklagter Gesellschaftergeschäftsführer im Innenverhältnis nicht an den Kosten des Rechtsstreits zu beteiligen.[153] Für einen solchen Innenausgleich fehlt es im Aktienrecht an einer Rechtsgrundlage.[154]

cc) Missbrauchsgefahr

Weiterhin würde die Einbeziehung der konzernrechtlichen Ersatzansprüche Missbrauchsgefahren schaffen. Das Missbrauchspotential rührt aus der Kostensituation für die außenstehenden Aktionäre und dem herrschenden Unternehmen. Verfolgten die außenstehenden Aktionäre einen Ersatzanspruch über § 147 AktG, trügen diese im Falle der Klageabweisung kein unmittelbares Kostenrisiko, sondern beteiligten sich nur anteilsmäßig über die Gesellschaft an den Kosten. Demgegenüber hat der Gesetzgeber des Aktiengesetzes von 1965 dem Aktionär, der eine konzernrechtliche Aktionärsklage nach § 309 IV 1 AktG erhebt, die vollständige Kostenlast auferlegt, um der Gefahr des Missbrauchs zu begegnen.[155] Dies erscheint zwar als regelungstechnisch überholt, aber auch bei der Aktionärsklage nach § 148 AktG besteht ein gewisses Kostenrisiko. Die Aktionärsminderheit hat nämlich keinen unbedingten Kostenerstattungsanspruch nach § 148 VI AktG, sondern muss zunächst die Hürde des Zulassungsverfahrens nehmen.

Das herrschende Unternehmen träfe eine sehr missliche Kostensituation. Erstens verursacht eine Ersatzklage unabhängig vom Ausgang des Rechts-

---

153 LG Karlsruhe, GmbHR 1998, 687, 690 f., wonach die Gewinn- und Verlustkonten der Gesellschafter, die für den Beschluss stimmten, verschuldensunabhängig mit den Prozesskosten zu belasten sind. Alternativ bestehe ein verschuldensunabhängiger Kostenerstattungsanspruch der Gesellschaft gegen die genannten Gesellschafter.

154 Kritisch zu diesem Ansatz *Schwab*, Das Prozeßrecht gesellschaftsinterner Streitigkeiten, 232 ff.

155 Begr. RegE zu § 309 AktG bei *Kropff*, Aktiengesetz 1965, 405; vgl. hierzu *Kling*, ZGR 2009, 190, 206.

streits einen Vermögensnachteil für das herrschende Unternehmen. Zweitens sind im Falle der Klageabweisung die erlittenen Vermögenseinbußen der außenstehenden Aktionäre typischerweise geringer als die Verluste des herrschenden Unternehmens. Diese beiden Effekte können zu einer Situation führen, in welcher es für das herrschende Unternehmen günstiger ist, den außenstehenden Aktionären die durch eine erfolgreiche Ersatzklage erzielbaren mittelbaren Vermögensvorteilen direkt auszuzahlen statt sich gegen eine aussichtlose Ersatzklage erfolgreich zu verteidigen. Der Grund hierfür liegt darin, dass im Falle der Abweisung der Ersatzklage die zu ersetzenden Kosten der Gesellschaft (§ 91 ZPO) – die mittelbar auf das herrschende Unternehmen entfielen[156] – mitunter höher wären als der mittelbare Vorteil, den die außenstehenden Aktionäre im Falle des Obsiegens erlangen würden.[157]

Daher bestünde für außenstehende Aktionäre die Möglichkeit, das herrschende Unternehmen zu schädigen[158] oder sich gegebenenfalls ein Vorgehen nach § 147 AktG „abkaufen" zu lassen[159]. Freilich ist das Missbrauchspotential dadurch erheblich gemindert, dass es einer Absprache der außenstehenden Aktionäre bedürfte. Gleichwohl ist aber denkbar, dass ein Aktionär oder eine Gruppe von Aktionären damit drohen, sich um die Fassung eines Beschlusses nach § 147 AktG zu bemühen.[160]

Kropff führt gegen die Missbrauchsgefahr an, dass ein missbräuchlich gefasster Geltendmachungsbeschluss anfechtbar sei und zudem die Aktionä-

---

156 Die tatsächlichen Vermögensnachteile der Gesellschaft dürften zudem weitaus höher liegen.

157 Beispiel: Das herrschende Unternehmen hält 95% der Anteile der abhängigen Gesellschaft. Die außenstehenden Aktionäre, die 5% der Kapitalanteile halten, veranlassen die Erhebung einer Ersatzklage der abhängigen Gesellschaft gegen das herrschende Unternehmen gerichtet auf Schadensersatz in Höhe von Euro 500.000. Unter Zugrundelegung der gesetzlichen Gebühren lägen die Kosten des Rechtsstreits in der ersten Instanz mindestens bei etwa Euro 26.700. Hiervon entfielen auf das herrschende Unternehmen mittelbar etwa Euro 25.400. Bei Erfolg der Klage läge der mittelbare Vermögensvorteil der außenstehenden Aktionäre bei Euro 25.000 (5% von Euro 500.000). Mithin ist es unabhängig vom Ausgang des Rechtsstreits und ohne Berücksichtigung übriger Schäden für das herrschende Unternehmen wirtschaftlich sinnvoller, den außenstehenden Aktionären den begehrten Vermögensvorteil – unter der Bedingung der Aufhebung des Geltendmachungsbeschlusses – direkt auszuzahlen, anstatt sich gegen eine Klage zu verteidigen.

158 Vgl. zur Anfechtungsklage *Hüffer*, in: MünchKomm AktG, § 245 Rn. 55; vgl. zu § 148 AktG *Kiethe*, ZIP 2003, 707, 709 für § 148 AktG.

159 Vgl. zum Missbrauch bei der Anfechtungsklage *Dörr*, in: Spindler/Stilz, AktG, § 245 Rn. 56; *Hüffer*, AktG, § 245 Rn. 23.

160 Hierzu bedürfte es eines einschlägigen Tagesordnungspunkts und eines entsprechenden Antrags. Aktionäre, die 5% des Grundkapitals oder den anteiligen Betrag von Euro 500.000 halten, können nach § 122 II AktG die Tagesordnung ergänzen.

re, die für den Beschluss stimmten, nach § 826 BGB die Kosten des Rechtsstreits zu ersetzen hätten.[161] Dieser Einwand kann nicht überzeugen, weil das herrschende Unternehmen nur schwerlich die Missbräuchlichkeit des Geltendmachungsbeschlusses oder im Rahmen des § 826 BGB den Vorsatz bezüglich der Schädigung nachweisen könnten.

dd) Ergebnis

Resümierend ist ein klares Spannungsverhältnis zu konstatieren.[162] Auf der einen Seite gebietet die Kostensituation, dass die §§ 147, 148 AktG die konzernrechtlichen Ersatzansprüche mit Blick auf die Aktionärsklage nach § 148 AktG erfassen. Zwar lässt sich die Kostenproblematik *de lege lata* zumindest zu einem gewissen Grad abmildern. Die von einer Auffassung[163] vorgeschlagene analoge Anwendung des Kostenerstattungsanspruchs nach § 148 VI 5 AktG in modifizierter Form sieht sich allerdings dem Einwand ausgesetzt, dass es mangels Zulassungsverfahrens an einem Kriterium dafür fehlt, welche Klagen trotz Abweisung eine Kostenerstattung rechtfertigten.[164] Mögliche Wege sind jedoch die analoge Anwendung der Streitwertspaltung nach § 247 II AktG oder die freie Bestimmung der Streitgegenstandshöhe nach § 3 ZPO.

Auf der anderen Seite führt die Einbeziehung der konzernrechtlichen Ersatzansprüche mit Blick auf § 147 AktG zu einem zu weit gehenden Verfolgungsrecht der Minderheit, welches zudem den Grundsatz der Kostengerechtigkeit im Prozess verletzt und missbrauchsanfällig ist. Vor diesem Hintergrund wiegt das unangemessene Kostenrisiko bei der konzernrechtlichen Aktionärsklage weniger schwer, so dass es überzeugender erscheint, die konzernrechtlichen Ersatzansprüche sowie damit konkurrierende Ansprüche aus anderen Anspruchsgründen aus dem Anwendungsbereich der §§ 147, 148 AktG auszuklammern.

---

161 *Kropff*, in: FS Bezzenberger, 233, 249.

162 Dieses Spannungsverhältnis ist *de lege ferenda* durch eine Stärkung der Aktionärsrechte in Bezug auf die Verfolgung konzernrechtlicher Ersatzansprüche aufzulösen.

163 Vgl. *Hüffer*, AktG, § 309 Rn. 21; *Weber*, Die konzernrechtliche abgeleitete Aktionärsklage, 262 ff.

164 Nach *Weber*, Die konzernrechtliche abgeleitete Aktionärsklage, 229 ff. ist auch das Zulassungsverfahren nach § 148 AktG auf die konzernrechtliche Aktionärsklage analog anwendbar.

II. Prüfung und Auswahl der zu verfolgenden Ersatzansprüche

Die Hauptversammlung kann nach § 147 I 1 AktG das Ausführungsorgan anweisen, einen Ersatzanspruch geltend zu machen. Von entscheidender praktischer Bedeutung ist die Frage, ob die Hauptversammlung nur die Verfolgung eines bestimmten Ersatzanspruchs beschließen kann oder ob sie sich auf die Benennung eines Schaden stiftenden Vorgangs sowie eines Kreises potentieller Schuldner[165] beschränken darf. Im letzteren Fall würde das Ausführungsorgan zunächst die möglichen Ersatzansprüche prüfen und sodann die erfolgversprechenden Ansprüche auswählen.

1. Geltendmachungsbeschluss

Nach ganz überwiegender Ansicht kann die Hauptversammlung den Geltendmachungsbeschluss weit fassen und damit das Ausführungsorgan zur Prüfung und Auswahl möglicher Ersatzansprüche anweisen.[166] Rechtsprechung und Literatur diskutieren diese Problematik zumeist im Zusammenhang mit der Sondervertretung und als eine Frage der ausreichenden Bestimmtheit des Beschlusses nach § 147 I 1 AktG.[167] Richtigerweise geht es aber weder um die Sondervertretung[168] noch um die formelle Bestimmtheit des Geltendmachungsbeschlusses. Vielmehr ist die vorgelagerte Frage betroffen, ob ein solcher Beschluss im Anwendungsbereich des § 147 I 1 AktG liegt.

Entgegen der überwiegenden Ansicht ist der Geltendmachungsbeschluss so bestimmt zu fassen, dass das Ausführungsorgan den zu verfolgenden Anspruch eindeutig identifizieren kann.[169] Nach wörtlicher und systemati-

165 Im HVB-Fall stellte sich diese Frage, weil der Geltendmachungsbeschluss rund 2.000 mögliche Anspruchsgegner einschloss, vgl. LG München, ZIP 2007, 2420, 2420; *Wirth*, in: FS Hüffer, 1129, 1148.

166 KG, BeckRS 2011, 25736; OLG München ZIP 2008, 73, 76; ZIP 2008, 1916, 1919 ff. mit ausführlicher Begründung; LG München, 2007, 1809, 1813; 2420, 2422; *Fuchs/Rozynski*, WUB II A. § 147 AktG 2.09; *Kling*, ZGR 2009, 190, 215; *Mock*, DB 2008, 393, 394; *ders.*, in: Spindler/Stilz, AktG, § 147 Rn. 61; *Spindler*, in: Schmidt/Lutter, AktG, § 147 Rn. 9; *Verhoeven*, ZIP 2008, 245, 251; offen gelassen vom KG, KGJ 21, A 80, 85 f.

167 Für die Zulässigkeit: KG, BeckRS 2011, 25736; OLG München ZIP 2008, 73, 76; LG München, 2007, 1809, 1813; LG München, ZIP 2007, 2420, 2422; AG München, AG 1959, 24, 25; *Fuchs/Rozynski*, WUB II A. § 147 AktG 2.09; *Mock*, DB 2008, 393, 394; *Verhoeven*, ZIP 2008, 245, 251; gegen die Zulässigkeit: *Wirth*, in: FS Hüffer, 1129, 1148 f.

168 Hierauf hinweisend OLG München, ZIP 2008, 1916, 1920.

169 AG München, AG 1959, 24, 25; *Fabritius*, in: GS Gruson, 133, 146 ff.; *Hüffer*, ZHR 175 (2010), 642, 666; *Wirth*, in: FS Hüffer, 1129, 1142 f.; 1148 f.; *Wirth/*

schen Auslegung erlaubt es § 147 I 1 AktG nicht, das Ausführungsorgan zur Prüfung und Auswahl möglicher Ersatzansprüche anzuweisen (unter a)). Dieses Verständnis hat entgegen der Ansicht des Oberlandesgerichts München auch nicht die weitgehende Bedeutungslosigkeit des § 147 I 1 AktG zur Folge (unter b)).

a) Wörtliche und systematische Auslegung

Nach § 147 I 1 AktG müssen die beschlossenen Ersatzansprüche geltend gemacht werden. Dem Oberlandesgericht München zufolge steht die – nach dem Wortlaut des § 147 I 1 AktG – zwingende Geltendmachung einer Prüfung und Auswahl der Ersatzansprüche durch das Ausführungsorgan nicht entgegen. Das Ausführungsorgan habe nämlich keinen Entscheidungsspielraum hinsichtlich des von der Hauptversammlung beschlossenen „Ob" der Geltendmachung, sondern nur hinsichtlich des „Wie".[170] Mit anderen Worten beschließe die Hauptversammlung die Verfolgung eines Ersatzanspruchs, während das Ausführungsorgan diesen Anspruch lediglich konkretisiere. Wenn keiner der Ersatzansprüche Aussicht auf Erfolg habe, müsse das Ausführungsorgan versuchen, eine Aufhebung des Geltendmachungsbeschlusses herbeizuführen.[171]

Entgegen der Ansicht des Oberlandesgerichts München hat das Ausführungsorgan danach aber nicht nur ein Auswahlermessen, sondern letztlich ein Entscheidungsermessen, wie folgende Überlegung zeigt. Verfügt kein Ersatzanspruch über Erfolgsaussichten, würde das Ausführungsorgan zur Anspruchsverfolgung verpflichtet bleiben, solange die Hauptversammlung den Geltendmachungsbeschluss noch nicht aufgehoben hat. Sachgerecht kann der Geltendmachungsbeschluss dann aber nur dahin auszulegen sein, dass das Ausführungsorgan von jeglicher Anspruchsverfolgung absehen soll.[172] Ansonsten müsste nämlich das Ausführungsorgan den am wenigsten aussichtslosen Ersatzanspruch geltend machen und damit gegebenenfalls der Gesellschaft einen Schaden zufügen.

Die hierin letztlich liegende Einräumung eines Entscheidungsermessens ist mit dem Wortlaut des § 147 I 1 AktG aber eindeutig nicht vereinbar.

Pospiech, DB 2008, 2471, 2475; der Tendenz nach auch OLG Stuttgart, AG 2009, 169, 170; LG Stuttgart, AG 2008, 757, 758 f.

170 OLG München, ZIP 2008, 1916, 1919 f.; dem folgend KG, BeckRS 2011, 25736; FGPrax 2012, 76, 78.

171 OLG München, ZIP 2008, 1916, 1920.

172 Dementsprechend soll nach *Mock*, in: Spindler/Stilz, AktG, § 147 Rn. 62 der Sondervertreter von der Geltendmachung im Falle eines unvertretbar hohen Prozessrisikos Abstand nehmen.

Hiergegen spricht zudem der Umkehrschluss zu § 147 III AktG a.F. des KonTraG, der ausdrücklich ein solches Entscheidungsermessen des Sondervertreters vorsah.

Ferner lassen sich gegen eine Prüfungs- und Beurteilungskompetenz des Sondervertreters systematische Argumente anführen. Die Geltendmachungsfrist von sechs Monaten nach § 147 I 2 AktG erlaubt keine umfangreiche Prüfung der in Betracht kommenden Ansprüche.[173] Ferner bezieht sich auch die Aktionärsklage nach § 148 AktG auf die Verfolgung eines bestimmten Ersatzanspruchs, weil nur ein Anspruch Gegenstand der Klagezulassung sein kann. Eine einheitliche Auslegung der §§ 147, 148 AktG ist angezeigt, weil die Vorschriften in einem engen Zusammenhang stehen, einem vergleichbaren Zweck dienen und insbesondere einen identischen Anwendungsbereich haben.

b) Zweckmäßigkeitserwägung

Dem Oberlandesgericht München zufolge muss die Hauptversammlung die Möglichkeit haben, das Ausführungsorgan zur Prüfung und Beurteilung eine Reihe von Ersatzansprüchen anweisen zu können, weil andernfalls § 147 AktG weitgehend bedeutungslos wäre.[174] Ansonsten könnte die Hauptversammlung nämlich nur in einfachen Fällen mit einem nahezu vollständig geklärten Sachverhalt einen Geltendmachungsbeschluss fassen.[175] Für komplexe Fälle fehlten ihr hingegen die Mittel, sich die erforderliche Informationsgrundlage zu verschaffen.[176] Insbesondere könnten Sonderprüfer diese Aufgabe nicht erfüllen, weil sie primär die Vorgänge der Gründung und Geschäftsführung insbesondere mit Blick auf die Buchhaltung prüften.[177]

Entgegen der Ansicht des Oberlandesgerichts München führt die Ablehnung eines Prüfungs- und Beurteilungsrechts des Ausführungsorgans nicht zur Bedeutungslosigkeit des § 147 AktG. Der Hauptversammlung steht nämlich mit der Sonderprüfung ein wirksames Instrument zur Verfügung, um den Sachverhalt aufzuklären und die Erfolgsaussichten einer Anspruchsverfolgung einzuschätzen.

---

[173] Vgl. OLG München, ZIP 2008, 73, 77 mit Bezug auf den besonderen Vertreter.

[174] OLG München ZIP 2008, 1916, 1920f.; dem folgend KG, BeckRS 2011, 25736.

[175] Ebenda.

[176] OLG München ZIP 2008, 1916, 1921.

[177] OLG München ZIP 2008, 1916, 1916, 1921; vgl. auch *Mock*, DB 2008, 393, 394; *ders.*, in: Spindler/Stilz, AktG, § 147 Rn. 8 mit Hinweis darauf, dass die Sondervertretung kein Vorprüfungsverfahren zu § 147 AktG sei.

Zunächst hat die Sonderprüfung insbesondere den Zweck, Schadensersatzprozesse gegen Vorstands- und Aufsichtsratsmitglieder vorzubereiten.[178] Dies belegt die Entstehungsgeschichte, weil das ADHGB von 1884 das Recht der Minderheit zur Geltendmachung von Ersatzansprüchen (Art. 223 ADHGB) zusammen mit dem Recht auf Bestellung von Revisoren (Art. 222a ADHGB) einführte. Nach der Gesetzesbegründung dient die Revision der Durchführung des Verfolgungsrechts.[179] Dieser Zusammenhang besteht in selbiger Weise nach der aktuellen Gesetzeslage, wie die inhaltliche Bezugnahme in § 142 I 2 AktG auf die Verfolgung von Ersatzansprüchen sowie die Regelung von § 142 AktG und § 147 AktG in demselben Unterabschnitt[180] zeigen. Diese Funktion einer effektiven Vorbereitung eines Schadensersatzprozesses lässt sich auch nicht mit dem Hinweis relativieren, dass der Sonderpüfer im Wesentlichen auf eine buchhalterische Prüfung beschränkt sei.[181] Zwar fordert § 143 I AktG eine Vorbildung in der Buchführung, aber nur, soweit der Gegenstand keine anderen Kenntnisse fordert. Genau dies kann aber bei der Prüfung von Schadensersatzansprüchen der Fall sein, wie regelmäßig bei der Vorbereitung einer Anspruchsverfolgung nach § 147 AktG, die typischerweise wirtschaftsrechtliche Kenntnisse erfordert.

Die Sonderprüfung schafft auch die erforderliche Informationsgrundlage, um die Hauptversammlung in die Lage zu versetzen, einen Geltendmachungsbeschluss zu fassen. Der Sonderprüfer ist aufgrund von umfangreichen Einsichts- und Auskunftsrechten nach § 145 I–III AktG in der Lage, den Sachverhalt zu ermitteln. Die relevanten Informationen sind sodann in dem Prüfungsbericht nach § 145 VI 1 AktG derart aufzubereiten, dass ein Aktionär diese ohne besondere Vorkenntnisse erfassen kann.[182] Darüber hinaus hat der Sonderprüfer eine rechtliche Bewertung des Sachverhalts vorzunehmen,[183] in welcher insbesondere die Ersatzansprüche zu benennen und die Erfolgsaussichten ihrer Geltendmachung darzulegen sind.[184] Die

---

178 *Kirschner*, Sonderprüfung in der Praxis, 9 f.

179 Entwurf eines Gesetzes betreffend die KGaA und AG 1884, Allg. Begr., § 13 III B 2, abgedruckt bei *Schubert/Hommelhoff*, Hundert Jahre modernes Aktienrecht, 470.

180 *Habersack*, in: FS Wiedemann, 889, 893; *Wirth/Pospiech*, DB 2008, 2471, 2475.

181 So aber in der Tendenz OLG München ZIP 2008, 1916, 1921; *Verhoeven*, ZIP 2008, 245, 247.

182 *Kirschner*, Sonderprüfung in der Praxis, 295 f.

183 *Adler/Düring/Schmaltz*, Rechnungslegung und Prüfung der Unternehmen, Teilband 4, §§ 142–146 AktG Rn. 42; *Bezzenberger*, in: Großkomm AktG, § 145 Rn. 31; *Jänig*, Sonderprüfung, 395 f.; *Schröer*, in: MünchKomm AktG, § 145 Rn. 28; *Spindler*, in: Schmidt/Lutter, AktG, § 145 Rn. 23.

184 Vgl. *Kirschner*, Sonderprüfung in der Praxis, 283.

Aktionäre erlangen Kenntnis vom Prüfungsbericht, indem sie gemäß § 145 VI 4 AktG eine Abschrift des Berichts verlangen oder diesen beim Handelsregister einsehen, § 9 HGB.

Schließlich ist die Sonderprüfung auch nach der Wertung des Gesetzgebers ein taugliches Instrument, um die Verfolgung eines Schadensersatzanspruchs vorzubereiten. Dies ist aus der Einführung der Aktionärsklage nach § 148 AktG zu entnehmen, die der Aktionärsminderheit eine effektive Anspruchsverfolgung ermöglichen soll. Da der Aktionärsminderheit – neben den beschränkten individuellen Informationsansprüchen gegen die Aktiengesellschaft – lediglich die Sonderprüfung nach § 142 II 1 AktG als Informationsquelle zur Verfügung steht, schafft die Sonderprüfung der gesetzgeberischen Einschätzung zufolge eine ausreichende Informationsgrundlage.

2. Weisung und Kompetenzübertragung

Auch wenn § 147 AktG einen Geltendmachungsbeschluss erfordert, der den zu verfolgenden Anspruch eindeutig identifiziert, ist nicht ausgeschlossen, dass die Hauptversammlung jenseits von § 147 AktG das Ausführungsorgan anweisen kann, aus einem Kreis von potentiellen Schuldnern die aussichtsreichen Ersatzansprüche geltend zu machen.[185] Mit einem solchen Beschluss würde die Hauptversammlung das Ausführungsorgan zum einen anweisen, die Ersatzansprüche zu prüfen, und zum andere überließe sie diesem die Auswahl der zu verfolgenden Ersatzansprüche. Im Ergebnis ist ein solcher Hauptversammlungsbeschluss unzulässig, unabhängig davon, ob sich dieser an ein Geschäftsleitungsorgan oder den Sondervertreter richtet.

Ist der Vorstand beziehungsweise der Aufsichtsrat das Ausführungsorgan, könnte diesen zwar die Willensbildung hinsichtlich der Auswahl eines Ersatzanspruchs überlassen werden, weil sie ohnehin für die Geltendmachung der Ersatzansprüche zuständig sind. Allerdings kann die Hauptversammlung weder Vorstand noch Aufsichtsrat aufgeben, bestimmte Ersatzansprüche zu prüfen. Der Hauptversammlung steht nämlich kein allgemeines Weisungsrecht gegenüber den Geschäftsleitungsorganen zu.[186]

Handelt hingegen ein Sondervertreter als Ausführungsorgan, mag zwar ein allgemeines Weisungsrecht der Hauptversammlung bestehen, wie noch näher zu untersuchen ist. Jedoch kann die Hauptversammlung dem Sondervertreter nicht die Befugnis erteilen, aus einem Kreis von Ersatzansprüchen die erfolgversprechenden Ansprüche auszuwählen. Da nach § 147 AktG die Hauptversammlung den geltend zu machenden Ersatzanspruch bestimmt,

---

185 Vgl. *Verhoeven*, ZIP 2008, 245, 251; a.A. *Wirth*, in: FS Hüffer, 1129, 1149f.

186 Hierzu nachstehend C. VI.

läge hierin eine Kompetenzübertragung auf den Sondervertreter. Die Kompetenzordnung der Aktiengesellschaft erlaubt solche Übertragungen aber nur, wenn sie ausdrücklich zugelassen sind,[187] wie zum Beispiel in § 221 II 1 AktG.

3. Ergebnis

Die Hauptversammlung kann sich nicht darauf beschränken, lediglich einen Schaden stiftenden Vorgang sowie einen Kreis potentieller Schuldner zu benennen und dem Ausführungsorgan die Prüfung und Auswahl der Ersatzansprüche aufzugeben. Vielmehr hat die Hauptversammlung den zu verfolgenden Ersatzanspruch eindeutig im Geltendmachungsbeschluss zu identifizieren.

III. Hauptversammlungsbeschluss

Die Hauptversammlung beschließt mit einfacher Stimmenmehrheit über die Geltendmachung eines Ersatzanspruchs, § 147 I 1 AktG. Nachfolgend werden zunächst die formellen Aspekte des Beschlusses (unter 1.–3.) mit dem Schwerpunkt auf mögliche Stimmrechtausschlüsse untersucht. In materieller Hinsicht stellt sich die Frage, inwieweit der Gesellschaftszweck die Hauptversammlung bei der Beschlussfassung bindet und welche Anforderungen an den Beschluss hieraus folgen (unter 4.). Daran schließt sich eine Untersuchung möglicher Verstöße gegen die Treuepflicht und den Gleichbehandlungsgrundsatz an (unter 5.). Abschließend wird beleuchtet, ob bei der Beschlussfassung nach § 147 I 1 AktG positive Stimmpflichten bestehen können (unter 6.).

1. Tagesordnung

Ein Geltendmachungsbeschluss setzt einen einschlägigen Tagesordnungspunkt sowie einen Antrag auf Verfolgung eines Ersatzanspruchs voraus. Das Recht zur Bestimmung der Tagesordnung hat der Einberufende, also regelmäßig der Vorstand, aber gegebenenfalls auch eine Aktionärsminderheit, die 5% des Grundkapitals hält, § 122 I 1 AktG. Darüber hinaus kann eine Aktionärsminderheit, die 5% des Grundkapitals oder einen anteiligen Betrag von Euro 500.000 hält, die Tagesordnung ergänzen, § 122 II AktG.

Einen Antrag zu einem Gegenstand der Tagesordnung kann jeder Aktionär stellen, § 124 IV 2 AktG. Als Grundlage für einen Antrag auf Geltend-

[187] *Lutter/Leinekugel*, ZIP 1998, 805, 811; vgl. *Mülbert*, in: Großkomm AktG, § 119 Rn. 67f.

machung eines Ersatzanspruchs kommt nicht nur ein Tagesordnungspunkt in Betracht, der die Anspruchsverfolgung ausdrücklich zum Gegenstand hat. Vielmehr genügt auch ein Tagesordnungspunkt, der einen ausreichenden Bezug zur Geltendmachung eines Ersatzanspruchs hat. Dies ist im Wege der Auslegung zu ermitteln, wobei insbesondere der Schutzzweck des § 124 AktG zu berücksichtigen ist. Danach soll die Bindungswirkung[188] der Tagesordnung gewährleisten, dass Aktionäre die Beschlussgegenstände im Vorhinein absehen können.

Dies ist bei dem Tagesordnungspunkt „Sonderprüfungsbericht" der Fall, wenn die Sonderprüfung gerade auf die Einleitung eines Rechtsstreits gegen ein Verwaltungsmitglied gerichtet war oder der Bericht Ersatzansprüche gegen Verwaltungsmitglieder hinreichend deutlich erkennen lässt.[189] Demgegenüber kann zwar der Tagesordnungspunkt „Entlastung" eine taugliche Grundlage für einen Antrag auf Sonderprüfung bilden.[190] Ein Antrag auf Geltendmachung eines Ersatzanspruchs ist hiervon jedoch nicht gedeckt.[191] Während nämlich die Sonderprüfung der Erlangung von Informationen dient und damit in einem funktionalen Zusammenhang mit der Entlastungsfrage steht, ist die Geltendmachung von Ersatzansprüchen eine Maßnahme, die über eine etwaige Verweigerung der Entlastung hinausgeht[192]. Aus selbigem Grund deckt ein Tagesordnungspunkt, der sich lediglich auf die Durchführung einer Sonderprüfung bezieht, nicht einen Antrag auf die weitergehende Geltendmachung von Ersatzansprüchen.

Ferner stellt sich die Frage, wie konkret ein Tagesordnungspunkt zu § 147 AktG zu fassen ist. Nicht erforderlich ist, dass der Tagesordnungspunkt den Gegenstand bereits nach der Person des Ersatzpflichtigen und dem zugrundeliegenden Lebenssachverhalt so konkret wie ein Geltendmachungsbeschluss bestimmt. Vielmehr sind auch weiter gefasste Tagesordnungspunkte zulässig, die sich auf eine gröbere Umschreibung des Sachverhalts und die Nennung eines Personenkreises beschränken, soweit ein sachlicher Zusammenhang besteht.[193] Denn auch ein solcher Tagesordnungspunkt provoziert

---

188 *Kubis*, in: MünchKomm AktG, § 124 Rn. 4.

189 Ähnlich *Hüffer*, AktG, § 147 Rn. 3; *Mock*, in: Spindler/Stilz, AktG, § 147 Rn. 25; *Butzke*, Die Hauptversammlung der Aktiengesellschaft, M 40; *Spindler*, in: Schmidt/Lutter, AktG, § 147 Rn. 8.

190 Vgl. *Hüffer*, AktG, § 142 Rn. 9; *Spindler*, in: Schmidt/Lutter, AktG, § 142 Rn. 25.

191 Vgl. *Hüffer*, AktG, § 147 Rn. 3; *Butzke*, Die Hauptversammlung der Aktiengesellschaft, M 40.

192 Vgl. *Bezzenberger*, in: Großkomm AktG, § 147 Rn. 18.

193 *Schröer*, in: MünchKomm AktG, § 147 Rn. 29 verlangt demgegenüber, dass die Tagesordnung bereits konkret den Ersatzanspruch und den Anspruchsgegner bezeichnet.

keine unkalkulierbaren Beschlussinhalte, sondern lässt hinreichend deutlich erkennen, worüber verhandelt und entschieden werden soll. Ist der Tagesordnungspunkt sehr eng gefasst, eröffnet er auch nur ein begrenztes Spektrum an zulässigen Anträgen. Bezieht sich ein Antrag auf einen nicht genannten Ersatzpflichtigen oder einen verschiedenen Lebenssachverhalt, ist dieser Antrag nämlich auch bei Bestehen eines sachlichen Zusammenhangs wegen materieller Abweichung unzulässig.

Fehlt es an einem Tagesordnungspunkt als Grundlage für einen Geltendmachungsbeschluss, ist der Beschluss wegen Verstoßes gegen § 124 IV AktG anfechtbar.[194] Eine Ausnahme besteht nur für den Fall der Vollversammlung nach § 121 VI AktG.

2. Beschlussinhalt und Bestimmtheit

Der Beschluss nach § 147 I 1 AktG muss inhaltlich den Ersatzanspruch bezeichnen und die Weisung enthalten, diesen geltend zu machen. Nach § 147 I 1 AktG bezieht sich der Ersatzanspruch auf die materiellen Ansprüche aus Gründung und Geschäftsführung sowie die Ansprüche nach § 117 AktG gegen die jeweils genannten Personen. Hieraus ist aber nicht zu schließen, dass der Geltendmachungsbeschluss bestimmte Anspruchsgrundlagen angeben müsste. Vielmehr sind – vergleichbar zum zivilprozessualen Streitgegenstand – der Anspruchsgegner, der zugrundeliegende Lebenssachverhalt sowie gegebenenfalls die Anspruchsart zu benennen.[195] Ferner bedarf es nach herrschender Meinung[196] nicht der genauen Bezeichnung der Höhe des geltend zu machenden Anspruchs. Neben Praktikabilitätserwägungen spricht hiergegen, dass die Höhe eines Schadensersatzanspruchs aufgrund einer etwaigen Schadensentwicklung und möglicher Wertschwankungen[197] jeweils nur zu einem bestimmten Zeitpunkt berechenbar ist.

Liegt der Geltendmachungsbeschluss außerhalb dieses rechtlichen Rahmens, etwa weil der Ersatzanspruch nicht unter § 147 I 1 AktG fällt, überschreitet die Hauptversammlung ihre Kompetenz. Denn die Hauptversamm-

---

[194] *Hüffer*, AktG, § 124 Rn. 18; *Kubis*, in: MünchKomm AktG, § 124 Rn. 62; *Würthwein*, in: Spindler/Stilz, AktG, § 243 Rn. 105.

[195] Vgl. OLG Stuttgart, AG 2008, 757, 758 f.; OLG Frankfurt, NZG 2004, 95, 96; AG München, AG 1959, 24, 24 f.; vgl. KG, NZG 2005, 319, 319; *Bezzenberger*, in: Großkomm AktG, § 147 Rn. 19; *Böbel*, Besonderer Vertreter, 77; *Schröer*, in: MünchKomm AktG, § 147 Rn. 30.

[196] KGJ 21, A 80, A 86; AG München, AG 1959, 24, 24; *Bezzenberger*, in: Großkomm AktG, § 147 Rn. 19; *Böbel*, Besonderer Vertreter, 77; *Schröer*, in: MünchKomm AktG, § 147 Rn. 30; *Spindler*, in: Schmidt/Lutter, AktG, § 147 Rn. 9.

[197] *Oetker*, in: MünchKomm BGB, § 249 Rn. 311.

lung hat außerhalb des § 119 II AktG[198] keine Befugnis, die Geschäftsleitungsorgane zur Anspruchsverfolgung anzuweisen. Kompetenzüberschreitende Geschäftsführungsbeschlüsse sind nach ganz überwiegender Meinung gemäß § 241 Nr. 3 AktG[199] nichtig, sei es aufgrund der Unvereinbarkeit mit dem Wesen der Aktiengesellschaft,[200] sei es aufgrund der Verletzung einer Vorschrift des öffentlichen Interesses[201]. Ein solcher Beschluss ließe sich auch nicht auf eine unverbindliche Meinungsäußerung der Hauptversammlung reduzieren.[202]

Ferner stellt sich die Frage, welchen Bestimmtheitsgrad die Bezeichnung des Anspruchsgegners und des zugrunde liegenden Lebenssachverhalts aufweisen muss. Nach § 147 AktG ist der Geltendmachungsbeschluss so bestimmt zu fassen, dass das Ausführungsorgan den Anspruchsgegner und den zugrunde liegenden Lebenssachverhalt ohne weitere Ermittlungen identifizieren kann.[203] Daher ist beispielsweise ein Beschluss, der den Lebenssachverhalt oder die Anspruchsgegner nicht konkret bezeichnet, sondern lediglich einen zeitlich gestreckten oder komplexen Vorgang[204] oder einen Personenkreis angibt, nicht ausreichend bestimmt. In jedem Einzelfall ist aber zu prüfen, ob die Auslegung des Beschlusses zur hinreichenden Bestimmtheit führt.[205] Hierbei findet das Prinzip der objektiven Auslegung Anwendung,[206] wonach der Beschluss nach dem objektivem Empfängerhorizont eines Außenstehenden auszulegen ist. Begleitende Umstände sind insoweit zur Auslegung heranzuziehen, als diese nach außen hervortreten.[207] Beispielweise könnte ein Sonderprüfungsbericht, der den Anstoß für einen Beschluss nach § 147 I 1 AktG gab, als Auslegungshilfe dienen.

Fasst die Hauptversammlung einen nicht ausreichend bestimmten Geltendmachungsbeschluss, verletzt dieser das Bestimmtheitsgebot und ist damit anfechtbar. Das Bestimmtheitsgebot ist ein ungeschriebener Rechtssatz, ein „Gesetz“ im Sinne des § 243 I AktG, der rechtsformübergreifend Gel-

---

198 Dem Aufsichtsrat steht ein solches Anrufungsrecht nicht zu, *Kubis*, in: MünchKomm AktG, § 119 Rn. 20.

199 Vgl. OLG Stuttgart, NZG 2004, 1002, 1002.

200 *K. Schmidt*, in: Großkomm AktG, § 241 Rn. 57; *Schwab*, in: Schmidt/Lutter, AktG, § 241 Rn. 15.

201 *Hüffer*, AktG, *§* 241 Rn. 20; *ders.*, in: MünchKomm AktG, § 241 Rn. 62; *Würthwein*, in: Spindler/Stilz, AktG, § 241 Rn. 223.

202 *Mülbert*, in: Großkomm AktG, § 119 Rn. 60.

203 Hierzu vorstehend C. II. 1.

204 Vgl. AG München, AG 1959, 24, 25.

205 Vgl. LG München, ZIP 2007, 1809, 1812; 2420, 2422.

206 *Hüffer*, AktG, § 133 Rn. 4.

207 *Grundmann*, in: Großkomm AktG, § 133 Rn. 50; vgl. BGH, AG 1995, 227, 227 zur Heranziehung eines Vorstandsberichts.

tung beansprucht.[208] Hiervon zu unterscheiden ist der Fall, dass die Hauptversammlung das Ausführungsorgan zur Prüfung und Auswahl von Ersatzansprüchen anweist.[209] Ein solcher Beschluss liegt außerhalb des Anwendungsbereichs des § 147 I 1 AktG, verstößt gegen die Kompetenzordnung und ist daher nichtig, wie vorstehend erläutert.

3. Stimmrechtsausschluss

Ein Aktionär ist bei der Beschlussfassung über die Geltendmachung eines Ersatzanspruchs gegen ihn vom Stimmrecht ausgeschlossen, § 136 I 1 AktG. In diesem Fall kann auch kein Vertreter sein Stimmrecht ausüben, § 136 I 2 AktG. Darüber hinaus unterliegt ein Stimmrechtsvertreter auch dann einem Stimmverbot, wenn er selbst Anspruchsgegner des zu verfolgenden Ersatzanspruchs ist.

Über § 136 AktG hinaus diskutieren Rechtsprechung und Literatur weitere Fallgruppen, in denen Aktionäre einem Stimmverbot unterliegen. Im Folgenden werden die Fälle beleuchtet, die typischerweise in der Aktiengesellschaft bei der Fassung eines Geltendmachungsbeschlusses auftreten können. Dies betrifft den Ausschluss des Stimmrechts eines Aktionärs, weil der Anspruchsgegner maßgeblichen Einfluss auf den Aktionär ausüben kann (unter a)), weil die Interessen von Aktionär und Anspruchsgegner verknüpft sind (unter b)) und weil Aktionär und Anspruchsgegner eine gemeinschaftliche Verfehlung begehen (unter c)).

a) Maßgeblicher Einfluss

Ein Aktionär unterliegt nach ganz überwiegender Meinung einem Stimmverbot, wenn sein Abstimmungsverhalten dem maßgeblichen Einfluss des Anspruchsgegners unterliegt.[210] Hierbei kommt es auf die Aktionärsstellung des Anspruchsgegners nicht an. Methodisch geht es in dieser Konstellation um eine Zurechnung[211] des tatbestandlichen Interessenkonflikts des Anspruchsgegners.[212]

---

208 *Emde*, ZIP 2000, 59, 59.

209 Hierzu vorstehend C. II.

210 *Grundmann*, in: Großkomm AktG, § 136 Rn. 24; *Hüffer*, AktG, § 136 Rn. 10; *Spindler*, in: Schmidt/Lutter, AktG, § 136 Rn. 14, 16; *Rieckers*, in: Spindler/Stilz, AktG, § 136 Rn. 26ff.; vgl. RGZ 146, 385, 391.

211 Eine analoge Anwendung setzt demgegenüber voraus, dass für den Aktionär eine vergleichbare Interessenlage im Sinne eines Interessenkonflikts besteht, an welchem es aber auf Seiten des Aktionärs in dieser Konstellation gänzlich fehlen kann. Beispielsweise mag die vom Anspruchsgegner beherrschte Gesellschaft indifferent

aa) Anspruchsgegner ist Organwalter des Aktionärs

Ein maßgeblicher Einfluss des Anspruchsgegners kann aus der Stellung als Organwalter der Geschäftsleitung des Aktionärs rühren.[213] Extremfälle werden in dieser Fallgruppe von Literatur und Rechtsprechung einheitlich beantwortet. So verfüge der Alleingeschäftsführer einer GmbH oder das einzige Vorstandsmitglied einer Aktiengesellschaft[214] über maßgeblichen Einfluss, während dies grundsätzlich für ein einzelnes Aufsichtsratsmitglied[215] zu verneinen sei. Im Übrigen ist jedoch streitig, welcher Grad von Einfluss erforderlich ist, um die Maßgeblichkeitsschwelle zu überschreiten.

Nach einer extensiven Ansicht begründet bereits die Mitgliedschaft in einem mehrköpfigen Leitungsorgan eine Zurechnung.[216] Eine derartige Ausdehnung des Stimmverbots im Wege der Zurechnung ist aber mit dem bewusst eng gefassten Anwendungsbereich des § 136 AktG nicht vereinbar. Führt nämlich gerade nicht jedwede Interessenkollision zu einem Stimmverbot, sondern nur bei Bestehen eines besonders starken verbandsfremden Sonderinteresses, kann auf der Ebene der Zurechnung nicht jedwede Einflussmöglichkeit des Anspruchsgegners auf einen Aktionär ausreichen.[217] Eine Zurechnung ist vielmehr nur dann gerechtfertigt und geboten, wenn der Anspruchsgegner das Abstimmungsverhalten lenken kann.[218] Dies ist

---

gegenüber der Anspruchsgeltendmachung sein. Siehe zur Abgrenzung von Zurechnung und Analogie sowie kritisch zum daraus zu ziehenden Erkenntnisgewinn, *Bork*, BGB AT, Rn. 1330 ff.

212 Vgl. für das GmbH-Recht: *K. Schmidt*, in: Scholz, GmbHG, § 47 Rn. 160.

213 *Grundmann*, in: Großkomm AktG, § 136 Rn. 24; *Hüffer*, AktG, § 136 Rn. 14; *Schröer*, in: MünchKomm AktG, § 136 Rn. 42; *Spindler*, in: Schmidt/Lutter, AktG, § 136 Rn. 16.

214 RGZ 146, 385, 391; OLG Karlsruhe, NZG 2001, 30, 31; OLG Düsseldorf, AG 1968, 19, 20; *K. Schmidt*, in: Scholz, GmbHG, § 47 Rn. 160.

215 *Schröer*, in: MünchKomm AktG, § 136 Rn. 42; *Zöllner*, in: KölnerKomm AktG, § 136 Rn. 48; vgl. OLG Hamburg, DB 1981, 76, 80 f.

216 *Zöllner*, Schranken mitgliedschaftlicher Stimmrechtsmacht, 281; *ders.*, in: KölnerKomm AktG, § 136 Rn. 47; zum GmbH-Recht: *ders.*, in: Baumbach/Hueck, GmbHG, § 47 Rn. 100; *K. Schmidt*, in: Scholz, GmbHG, § 47 Rn. 160 (Fn. 631).

217 Vgl. *Fischer*, NZG 1999, 192, 193 mit weiteren Argumenten; vgl. *Schneider*, ZHR 150 (1986), 609, 621.

218 RGZ 146, 385, 391; OLG Düsseldorf, AG 1968, 19, 20; OLG Karlsruhe, NZG 2001, 30, 31; *Fischer*, NZG 1999, 192, 193; *Schröer*, in: MünchKomm AktG, § 136 Rn. 43. Einer Auffassung zufolge ist das Stimmrecht allerdings nicht ausgeschlossen, wenn der Anspruchsgegner keinen Gebrauch von seinem maßgeblichen Einfluss macht, beispielsweise weil er sich der Stimme bei der Willensbildung zum Abstimmungsverhalten enthält, vgl. OLG Karlsruhe, NZG 2001, 30, 32; *Schröer*, in: MünchKomm AktG, § 136 Rn. 43.

der Fall, wenn beispielsweise die überwiegende Zahl der Vorstandsmitglieder Anspruchsgegner sind.[219]

Zudem bedarf dieser maßgebliche Einfluss einer rechtlichen Grundlage. Ein rein faktischer Einfluss des Anspruchsgegners ist grundsätzlich unzureichend, da sich dessen Stärke vielfach kaum bestimmen lässt und andernfalls erhebliche Abgrenzungsschwierigkeiten bestünden.[220] Dementsprechend begründet eine etwaige Solidarität von Organmitgliedern mit einem Kollegen, dem gegenüber die Geltendmachung eines Ersatzanspruchs droht, keinen Stimmrechtsausschluss für die Gesellschaft.

bb) Anspruchsgegner ist Gesellschafter des Aktionärs

Eine weitere Quelle maßgeblichen Einflusses kann die Stellung des Anspruchsgegners als Gesellschafter des Aktionärs sein. Ein maßgeblicher Einfluss besteht jedenfalls dann, wenn der Anspruchsgegner der Alleingesellschafter oder ein nach § 17 AktG herrschender Gesellschafter des Aktionärs ist. Im Übrigen verbieten sich aber schematische Lösungen dergestalt, dass eine maßgebliche Beteiligung[221], eine Komplementärstellung in einer KG oder eine Gesellschafterstellung in einer OHG[222] per se die Schwelle des Mindesteinflusses überschreiten würde. Vielmehr ist im Einzelfall zu prüfen, ob die Gesellschafterstellung dem Anspruchsgegner einen solchen Einfluss gewährt, dass er das Verhalten des Aktionärs lenken kann.

b) Interessenverknüpfung

Ferner kommt ein Stimmrechtsausschluss eines Aktionärs nach überwiegender Ansicht in Betracht, wenn seine Interessen mit denjenigen des Anspruchsgegners verknüpft sind. Methodisch liegt dieser Erweiterung des persönlichen Anwendungsbereichs des § 136 AktG eine analoge Anwendung zugrunde.

Gegen eine solche Analogie zu § 136 AktG bestehen grundsätzlich keine Bedenken. Zwar hat der Gesetzgeber das Stimmrechtsverbot im Interesse der Rechtssicherheit auf wenige Fälle beschränkt, in denen er das verbands-

---

[219] Vgl. *Surminski*, DB 1971, 417, 419.

[220] Vgl. BGHZ 36, 296, 308; *Spindler*, in: Schmidt/Lutter, AktG, § 136 Rn. 17; vgl. *Schröer*, in: MünchKomm AktG, § 136 Rn. 44 mit der Ausnahme, dass ein Stimmrechtsausschluss dann eintritt, wenn der ausgeschlossene Aktionär offensichtlich das Abstimmungsverhalten der Drittgesellschaft maßgeblich beeinflusst hat.

[221] Für das GmbH-Recht: *K. Schmidt*, in: Scholz, GmbHG, § 47 Rn. 160.

[222] *Hüffer*, AktG, § 136 Rn. 10; *Spindler*, in: Schmidt/Lutter, AktG, § 136 Rn. 14.

fremde Sonderinteresse von Aktionären so hoch einstufte, dass er dessen Stimmrecht im Interesse einer am Verbandsinteresse ausgerichteten Willensbildung ausschloss. Hieraus ist allerdings lediglich zu schließen, dass der Anwendungsbereich des § 136 AktG nicht mittels einer Gesamtanalogie auf ganze Fallgruppen ausgeweitet werden kann,[223] während sich Einzelanalogien zu § 136 AktG nicht verbieten[224].

Die Interessenverknüpfung zwischen Aktionär und Anspruchsgegner begründet eine vergleichbare Interessenlage. Der Zweck des Stimmverbots[225] gründet im Falle der Anspruchsverfolgung nämlich nicht nur darauf, dass Aktionäre bei der Entscheidung über die Verfolgung von Ansprüchen gegen sich selbst ihr eigenes Handeln nicht objektiv beurteilen können, sondern als Richter in eigener Sache voreingenommen sind. Vielmehr beruht der Stimmrechtsausschluss auch darauf, dass Aktionäre typischerweise die Geltendmachung eines Ersatzanspruchs gegen sich selbst ablehnen, um Vermögensnachteile von sich abzuwenden.[226] Dieser Gesichtspunkt bildet die Grundlage für einen analogen Ausschluss des Stimmrechts von Aktionären, deren wirtschaftliche Interessen mit denen des Anspruchsgegners verknüpft sind. Diese Interessenverknüpfung kann nämlich ein verbandsfremdes Sonderinteresse begründen, welches mit demjenigen eines Anspruchsgegners vergleichbar ist.

Welche Intensität die Interessenverknüpfung zwischen Anspruchsgegner und Aktionär für eine analoge Anwendung des § 136 AktG im Einzelnen aufweisen muss, ist im Folgenden herauszuarbeiten.

aa) Aktionär ist Gesellschafter des Anspruchsgegners

Nach überwiegender Meinung sind die Interessen eines Aktionärs hinreichend mit denjenigen des Anspruchsgegners verknüpft, wenn beide eine wirt-

---

[223] Beispielsweise ist das Stimmverbot für den Fall der Vornahme eines Rechtsgeschäfts zwischen Aktionär und Gesellschaft mit der Aktienrechtsreform 1937 weggefallen, vgl. die Amtl. Begr. zu §§ 113, 114 bei *Klausing*, Gesetz über Aktiengesellschaften und Kommanditgesellschaften auf Aktien (1937), 101.

[224] *Schröer*, in: MünchKomm AktG, § 136 Rn. 18f.; vgl. BGHZ, 97, 28, 33.

[225] Die dogmatische Fundierung des Stimmrechtsverbots ist umstritten. Während teilweise der Gedanke des Insichgeschäfts herangezogen wird, ist einer anderen Ansicht zufolge zwischen den Fallgruppen des Insichgeschäfts und des Richtens in eigener Sache zu differenzieren. Nach einer dritten Auffassung handelt es sich bei den genannten Fällen lediglich um ausgewählte Interessenkonflikte. Siehe zum Meinungsstand *Hüffer*, in: Ulmer/Habersack/Winter, GmbHG, § 47 Rn. 123 m.w.N.

[226] Soweit die Entscheidung des Anspruchsgegners über die Geltendmachung des Anspruchs keine Bewertung eigenen Handelns beinhaltet, kommt nur dieser Gesichtspunkt zum Tragen.

schaftliche Einheit bilden.[227] Eine solche Einheit bestehe zum Beispiel, wenn der Aktionär persönlich haftender Gesellschafter oder Alleingesellschafter des Anspruchsgegners ist,[228] und einigen Stimmen in der Literatur zufolge auch, wenn der Aktionär den Anspruchsgegner nach § 17 AktG beherrscht[229].

Dieses Verständnis kann nicht überzeugen. Zwar mag es auf den ersten Blick naheliegend erscheinen, die gesetzliche Interessenlage auf die Beteiligungssituation derart abzubilden, dass eine Interessenverknüpfung insbesondere für den Fall einer sehr hohen Beteiligung am Anspruchsgegner anzunehmen ist. Bei näherer Betrachtung zeigt sich aber, dass dieses Kriterium teils zu weit[230] und teils zu kurz[231] greift. Für die Anreizsituation ist nämlich die absolute Höhe der Beteiligung am Anspruchsgegner unerheblich. Entscheidend ist vielmehr der Vergleich der Anteilshöhe am Anspruchsgegner mit derjenigen am Anspruchsinhaber.[232] Verallgemeinernd gesagt besteht ein negativer Anreiz zur Anspruchsverfolgung jedenfalls stets[233] dann, wenn die Beteiligungshöhe[234] an dem Anspruchsgegner diejenigen an

---

[227] Vgl. BGHZ 68, 107, 109 f.; OLG Hamburg, AG 2001, 91, 92.

[228] *Rieckers*, in: Spindler/Stilz, AktG, § 136 Rn. 31 f.

[229] *Hüffer*, AktG, § 136 Rn. 13; *Spindler*, in: Schmidt/Lutter, AktG, § 136 Rn. 15; für die GmbH: *Hüffer*, in: Ulmer/Habersack/Winter, GmbHG, § 47 Rn. 138; nach *K. Schmidt*, in: Scholz, GmbHG, § 47 Rn. 164 genügt eine erhebliche Beteiligung an dem Anspruchsgegner.

[230] Zu weit greift es in solchen Fällen, in denen ein Gesellschafter beispielsweise eine Beteiligung von 70 % an dem Anspruchsgegner und 80 % an dem Anspruchssteller hält. Nach obigem Kriterium würde das Stimmrecht des Aktionärs ausgeschlossen sein, obwohl er keine Anreize hat, die Geltendmachung eines Ersatzanspruchs zu verhindern. Diese Aussage gilt in dieser Allgemeinheit nur unter Vernachlässigung von sonstigen Einflussfaktoren, wie den Prozesskosten oder dem Prozessrisiko.

[231] Zu kurz greift diese Lösung insoweit, als sie solche Fälle nicht erfasst, in denen ein Gesellschafter beispielsweise an dem Anspruchssteller mit 1 % und an dem Anspruchsinhaber mit 5 % beteiligt ist und daher einen starken Anreiz hat, eine Geltendmachung abzulehnen.

[232] *Koppensteiner*, in: FS Schönherr, 205, 211 f.; ähnlich, aber nur für den Fall eines unternehmerischen Interesses am Anspruchsgegner *Schröer*, in: MünchKomm AktG, § 136 Rn. 38; der herrschenden Meinung im Interesse der Rechtsklarheit folgend *Hüffer*, in: Ulmer/Habersack/Winter, GmbHG, § 47 Rn. 135.

[233] Ein negativer Anreiz kann allerdings auch in dem Fall einer höheren Beteiligung an dem Anspruchsinhaber aufgrund von anderen negativen Anreizfaktoren, wie den Prozesskosten oder dem Prozessrisiko, bestehen. Beispiel: Der Aktionär hält Anteile am Anspruchsinhaber in Höhe von 10 % und am Anspruchsgegner in Höhe von 8 %. Die Anspruchshöhe beträgt 100 und die Prozesskosten liegen bei 20, während ein Prozessrisiko von 25 % für den Anspruchsinhaber besteht. Im Falle der Anspruchsgeltung wäre das zu erwartende Ergebnis für den Aktionär negativ (–0,2), so dass er die Verfolgung ablehnen würde.

[234] Für den Kommanditisten ist auf seinen verhältnismäßigen Gewinn- und Verlustanteil abzustellen.

dem Anspruchsinhaber übersteigt. In diesem Fall unterliegt der Aktionär einem Stimmverbot nach § 136 I AktG analog.

Gegen diese Lösung bestehen auch letztlich keine durchschlagenden Einwände. Die Annahme, dass sich ein Aktionär in seinem Stimmverhalten überhaupt nur dann tatsächlich beeinflussen lasse, wenn er ein unternehmerisches Interesse am Anspruchsgegner habe,[235] wird dem Verhalten eines wirtschaftlich denkenden Aktionärs nicht gerecht. Denn dieser wird sein Stimmverhalten unabhängig von einem unternehmerischen Interesse an der Maximierung der Rendite seines Portfolios ausrichtet.[236]

In gleicher Weise kann auch der Einwand nicht überzeugen, dass eine tatsächliche Beeinflussung des Stimmverhaltens zweifelhaft sei, wenn die Beteiligungsquoten in den Nachkommastellen voneinander abweichen.[237] Nach der gesetzlichen Regelung ist nämlich bereits ein geringes Differieren der Anreize ausreichend, um ein Stimmverbot zu begründen. Auch der Aktionär, der nahezu alle Anteile an der Gesellschaft hält, ist nämlich vom Stimmrecht ausgeschlossen, wenn die Hauptversammlung ein Beschluss über die Verfolgung eines Anspruchs gegen diesen fasst. Für diesen Aktionär besteht dieselbe Anreizsituation wie für einen Aktionär, dessen Anteile am Anspruchsgegner diejenigen am Anspruchsinhaber marginal übersteigen.

Ferner könnte man einwenden wollen, dass die Anreizsituation des Aktionärs höchst unvollkommen erfasst werde. Anderweitige Anreizquellen finden nämlich keine Berücksichtigung, obwohl sie bei wirtschaftlicher Betrachtungsweise zu einer gleichwertigen Interessenverknüpfung führen können wie eine Stellung als Gesellschafter. Hierunter fallen beispielsweise Kaufoptionen auf Aktien des Anspruchsgegners oder sonstige Ansprüche gegen den Anspruchsgegner. Darüber hinaus wären neben positiven Anreizen auch negative im Wege der Subtraktion zu berücksichtigen, wie etwa aufgrund des Haltens von Verkaufsoptionen oder der Beteiligung an bestimmten Swap-Geschäften[238]. Jedoch würde die Berücksichtigung aller Anreize zu erheblichen Bewertungsschwierigkeiten führen und wäre aufgrund des damit verbundenen Aufwands nicht praktikabel. Ferner enthält die gesetzliche Regelung einen Anhaltspunkt für die ausschließliche Berücksichtigung von Anreizen aufgrund einer Beteiligung als Gesellschafter.

---

[235] *Schröer*, in: MünchKomm AktG, § 136 Rn. 38; *Zöllner*, Schranken mitgliedschaftlicher Stimmrechtsmacht, 279 f.

[236] Ähnlich *Koppensteiner*, in: FS Schönherr, 205, 212.

[237] *Schröer*, in: MünchKomm AktG, § 136 Rn. 38.

[238] Der Inhaber der Short-Position eines Cash-Settled Equity Swaps ist verpflichtet, eine etwaige Dividende sowie eine Kurssteigerung an den Vertragspartner zu zahlen, während er im Falle eines Kursverlustes Zahlung in Höhe der Kursdifferenz verlangen kann.

Bei wirtschaftlicher Betrachtung ist die Stellung als Gesellschafter des Anspruchsgegners nämlich mit derjenigen, selbst Anspruchsgegner zu sein, am nächsten verwandt.

Einzuräumen ist schließlich, dass der Vergleich der Beteiligungshöhe in der praktischen Anwendung bisweilen umständlich ist. Allerdings hat diese Methode den Vorzug, dass sie wesentlich stärker dem Bedürfnis nach Rechtsklarheit und Rechtssicherheit gerecht wird als das unbestimmte Kriterium der wirtschaftlichen Einheit.

Nach überzeugender Sichtweise findet § 136 I 1 AktG daher entsprechende Anwendung auf Aktionäre, die einen höheren Anteil am Anspruchsgegner als an der Aktiengesellschaft halten, die Inhaberin der Forderung ist.

bb) Aktionär ist Organwalter des Anspruchsgegners

Ferner diskutiert die Literatur ein Stimmrechtsverbot nach § 136 I AktG analog für Aktionäre, die Organwalter in einem Geschäftsleitungsorgan des Anspruchsgegners sind. Zöllner zufolge sollen Vorstandsmitglieder und Geschäftsführer vom Stimmverbot grundsätzlich erfasst sein.[239] Die überwiegende Ansicht sieht bei Vorstandsmitgliedern und Geschäftsführern lediglich ein Indiz für eine unzulässige Interessenverknüpfung, während die bloße Mitgliedschaft im Aufsichtsrats typischerweise nicht ausreicht.[240]

Richtigerweise begründet die Stellung als Organwalter keine hinreichende Interessenverknüpfung, so dass sie keinem Stimmrechtsverbot nach § 136 I 1 AktG analog unterliegen. Organwalter sind im Gegensatz zu Gesellschaftern nicht uneingeschränkt von Vermögenseinbußen der Gesellschaft betroffen. Zwar haben Organwalter generell ein hohes Interesse an dem wirtschaftlichen Erfolg ihrer Gesellschaft. Gründe hierfür sind etwa, dass der wirtschaftlichen Erfolg der Gesellschaft die Bewertung seiner Leistung und regelmäßig die Bemessung seiner Entlohnung bestimmt. Auch sind die Organwalter als Geschäftsbesorger selbst Gläubiger der Gesellschaft. Doch reichen die in diesem Bündel enthaltenen Anreizquellen, also die Gläubigerstellung, das Halten von Finanzinstrumenten oder die Aussichten auf Wiederbestellung, entsprechend vorstehenden Ausführungen[241] nicht aus, um eine vergleichbare Interessenlage zu begründen.

---

[239] *Zöllner*, Schranken mitgliedschaftlicher Stimmrechtsmacht, 281.

[240] *Schröer*, in: MünchKomm AktG, § 136 Rn. 41; *Spindler*, in: Schmidt/Lutter, AktG, § 136 Rn. 16.

[241] Hierzu vorstehend C. III. 3. b) aa).

cc) Gesamtschuldverhältnis zwischen Aktionär und Anspruchsgegner

Schließlich kommt eine Interessenverknüpfung in Betracht, wenn der Aktionär zusammen mit dem Anspruchsgegner gesamtschuldnerisch haftet. Aktionäre haben zwar als Gesamtschuldner in der Regel starke Anreize, die Inanspruchnahme des Anspruchsgegners zu verhindern, weil sie Regressansprüchen nach § 426 BGB ausgesetzt sein könnten. Dieses Risiko schafft aber der Intensität nach keine vergleichbare Interessenlage mit einer unmittelbare Inanspruchnahme nach § 136 I 1 AktG. Selbiges gilt für die Erwägung, dass ein Aktionär die Geltendmachung ablehnt, weil sich im Zuge der Geltendmachung des Ersatzanspruchs der Sachverhalt weiter aufklären könnte und eine Inanspruchnahme durch die Gesellschaft wahrscheinlicher würde. In beiden Fällen besteht nämlich allenfalls das Risiko einer zukünftigen Inanspruchnahme. Daher finden lediglich die beweglichen Stimmrechtsschranken Anwendung.

dd) Ergebnis

Ein Aktionär unterliegt einem Stimmrechtsausschluss nach § 136 I AktG analog, wenn seine wirtschaftlichen Interessen hinreichend mit denjenigen des Anspruchsgegners verknüpft sind. Dies ist insbesondere dann der Fall, wenn der Aktionär als Gesellschafter des Anspruchsgegners einen höheren Anteil an diesem hält als an der Aktiengesellschaft. Hingegen kann weder die Stellung als Organwalter eines Geschäftsleitungsorgans des Anspruchsgegners noch ein Gesamtschuldverhältnis mit dem Anspruchsgegner eine hinreichende Interessenverknüpfung begründen.

c) Gemeinschaftliche Verfehlung

Eine weitere Fallgruppe betrifft Sachverhalte, in denen der Aktionär an der – den Ersatzanspruch begründenden – Handlung des Anspruchsgegners beteiligt war, wie etwa bei einer gemeinschaftlichen Pflichtverletzung von Vorstandsmitgliedern. In diesen Fällen kommt eine analoge Anwendung des § 136 AktG nicht aufgrund einer wirtschaftlichen Interessenverknüpfung, sondern unter dem Gesichtspunkt des Richtens in eigener Sache in Betracht. Danach kann der Anspruchsgegner eines Ersatzanspruchs nicht unbefangen beurteilen, ob das ihm vorgeworfene Handeln pflichtwidrig war.[242]

---

[242] Hierzu vorstehend C. III. 3. b).

Für den mit dem Anspruchsgegner gemeinschaftlich handelnden Aktionär gilt das Stimmverbot analog.[243] Denn er müsste bei der Entscheidung über die Geltendmachung eines Ersatzanspruchs gegen den Anspruchsgegner sein eigenes Handeln beurteilen. Daher mangelt es ihm an der erforderlichen Unbefangenheit in gleicher Weise wie dem Anspruchsgegner. Auf selbiger Überlegung stützt sich die anerkannte Ausweitung des Stimmverbots bei einer Einzelentlastung von Organwaltern, wenn bei diesen der Verdacht einer gemeinschaftlich begangenen Verfehlung besteht.[244]

Die Extension des Stimmverbots gilt unabhängig davon, ob die Hauptversammlung einen Beschluss für mehrere Anspruchsgegner fasst[245] oder für jeden Anspruchsgegner getrennt abstimmt. Der Abstimmungsmodus berührt nämlich nicht die – den Stimmrechtsausschluss rechtfertigende – vergleichbare Interessenlage.[246] Für den Analogieschluss ist es auch irrelevant, ob die Hauptversammlung über die Geltendmachung eines Ersatzanspruchs gegen den gemeinschaftlich handelnden Aktionär überhaupt abstimmt. Dieser Aktionär sieht sich nämlich auch einer Situation des Richtens in eigener Sache und dem damit einhergehenden Verlust der Unbefangenheit ausgesetzt. Die Ausweitung des Stimmrechtsausschlusses ist aber nur bei einem zumindest begründeten Verdacht einer gemeinschaftlichen Verfehlung gerechtfertigt.[247]

d) Ergebnis

Über die gesetzlich bestimmten Fällen des § 136 I AktG hinaus, unterliegen Aktionäre insbesondere in folgenden Situationen einem Stimmrechtsausschluss: das Stimmverhalten des Aktionärs kann der Anspruchsgegner als Organwalter oder Gesellschafter lenken, der Aktionär ist Gesellschafter des Anspruchsgegners und hält einen höheren Anteil an diesem als an der Aktiengesellschaft und der Aktionär handelt gemeinschaftlich mit dem Anspruchsgegner.

---

[243] Vgl. für die GmbH: *K. Schmidt*, in: Scholz, GmbHG, § 47 Rn. 153.

[244] *Grundmann*, in: Großkomm AktG, § 136 Rn. 32; *Hüffer*, AktG, § 136 Rn. 20; *Nietsch*, ZGR 2011, 589, 606; *Spindler*, in: Schmidt/Lutter, AktG, § 136 Rn. 24; für die GmbH: BGHZ 97, 28, 34; 108, 21, 25.

[245] Sind trotz Mangels an einem einheitlichen Beschlussgegenstand mehrere Beschlüsse zusammengefasst, haben die Betroffenen einen Anspruch auf getrennte Abstimmung.

[246] BGHZ 97, 28, 34.; *K. Schmidt*, NJW 1986, 2018, 2019; *ders.*, in: Scholz, GmbHG, § 47 Rn. 153.

[247] Vgl. *Mock*, in: Spindler/Stilz, AktG, § 147 Rn. 26.

4. Erfolgsaussichten der Anspruchsverfolgung

Der Geltendmachungsbeschluss unterliegt nach § 147 AktG keinen über den erforderlichen Beschlussinhalt hinausgehenden Anforderungen. Insbesondere verlangt der Wortlaut des § 147 I 1 AktG weder hinreichende Erfolgsaussichten der Anspruchsverfolgung noch den Verdacht einer Pflichtverletzung des Anspruchsgegners. Nachfolgend wird untersucht, ob die Rechtmäßigkeit des Geltendmachungsbeschlusses gleichwohl von den Erfolgsaussichten des geltend zu machenden Ersatzanspruchs abhängt.

Zu dieser Frage finden sich in Rechtsprechung und Literatur nur vereinzelt Stellungnahmen. Das Landgericht Stuttgart hat die Auffassung vertreten, dass der im Geltendmachungsbeschluss benannte Ersatzanspruch nicht hinreichend konkretisiert sei, wenn es an einem Anfangsverdacht fehle.[248] Dem scheint das Verständnis zugrunde zu liegen, dass die Verfolgung des geltend zu machenden Ersatzanspruchs zumindest Aussicht auf Erfolg haben muss.[249] Demgegenüber hat das Landgericht Karlsruhe für die GmbH entschieden, dass die Erfolgsaussichten der Geltendmachung die Rechtmäßigkeit eines Geltendmachungsbeschlusses nach § 46 Nr. 8 GmbHG nicht berührten, soweit nicht ein eindeutiger Missbrauch vorliege.[250] Schließlich hing nach ganz überwiegender Ansicht auch die Wirksamkeit des Minderheitsverlangens nach § 147 I 1 AktG a.F. nicht von den Erfolgsaussichten der Anspruchsverfolgung ab.[251]

Auszuschließen ist zunächst, dass der Geltendmachungsbeschluss einer sachlichen Rechtfertigung bedarf. Rechtsprechung und Literatur[252] diskutieren das Erfordernis einer solchen Rechtfertigung bei grundlegenden oder mitgliedschaftsrelevanten[253] Beschlussgegenstände. Da die Entscheidung über die Geltendmachung eines Ersatzanspruchs ersichtlich nicht hierunter fällt, unterliegen Geltendmachungsbeschlüsse keiner materiellen Beschlusskontrolle,[254] sondern tragen ihre Rechtfertigung vielmehr in sich[255].

---

248 LG Stuttgart, ZIP 2010, 329, 330f. In dieser Entscheidung war die Durchsetzung eines Informationsanspruchs durch einen Sondervertreter streitgegenständlich.

249 Nach dem LG Stuttgart, ZIP 2010, 329, 330f. ist ein Anfangsverdacht Minimalvoraussetzung für einen Beschluss nach § 147 I 1 AktG.

250 LG Karlsruhe, NJOZ 2001, 1023, 1028.

251 OLG Frankfurt, NJW-RR 2004, 686, 686; KG, NZG 2005, 319, 319; *Mock*, in: Spindler/Stilz, AktG, § 147 Rn. 24.

252 Ausführlich *Hüffer*, in: MünchKomm AktG, § 243 Rn. 50.

253 *Hüffer*, in: MünchKomm AktG, § 243 Rn. 63; *Würthlein*, in: Spindler/Stilz, AktG, § 243 Rn. 165. Es besteht kein trennscharfes Kriterium dafür, ob ein Beschluss einer sachlichen Rechtfertigung bedarf, *Hüffer*, AktG, § 243 Rn. 23; *K. Schmidt*, in: Großkomm AktG, § 243 Rn. 46.

Jedoch folgen Anforderungen an die Erfolgsaussichten des geltend zu machenden Ersatzanspruchs daraus, dass die Hauptversammlung bei der Entscheidung über die Verfolgung eines Anspruchs an den satzungsmäßigen Gesellschaftszweck gebunden ist. Zur Begründung ist zunächst die Bindung der Hauptversammlung an den Gesellschaftszweck bei der Beschlussfassung nach § 147 I 1 AktG (unter a)) und die Justiziabilität dieser Bindung (unter b)) zu entfalten. Im Anschluss wird erörtert, welcher Kontrollmaßstab bei der Prüfung der Vereinbarkeit des Geltendmachungsbeschlusses mit dem Gesellschaftszweck anzulegen ist (unter c)).

a) Bindung an den Gesellschaftszweck

Die Gesellschaft ist ihrer Natur nach zweckbestimmt und an die Verfolgung ihres Verbandszwecks[256] als der „normativen Leitlinie des Verbandslebens"[257] gebunden.[258] Dementsprechend müssen die Organe der Gesellschaft ihr Handeln an dem Gesellschaftszweck ausrichten. Eine Ausnahme von der Zweckbindung besteht nur dann, wenn der Gegenstand des Handelns jenseits der Zweckbindung liegt, weil er zweckneutraler oder zweckändernder Natur ist,[259] wie beispielsweise der zweckändernde Auflösungsbeschluss der Hauptversammlung[260].

aa) Geltendmachungsbeschluss als zweckgebundene Entscheidung

Da es sich bei der Verfolgung von Ersatzansprüchen um eine Geschäftsführungsangelegenheit handelt,[261] die sich durch eine vollumfängliche Bin-

---

254 *Kling*, ZGR 2009, 190, 194; *Lochner*, in: Heidel, Aktienrecht und Kapitalmarktrecht, § 147 Rn. 9; *Mock*, in: Spindler/Stilz, AktG, § 147 Rn. 24; *Spindler*, in: Schmidt/Lutter, AktG, § 147 Rn. 6.

255 *Bezzenberger*, in: Großkomm AktG, § 147 Rn. 20.

256 Zum Verhältnis von Zweck, Gegenstand und Ziel der Gesellschaft näher *Pentz*, in: MünchKomm AktG, § 23 Rn. 70 ff. Eines näheren Eingehens auf diesen Streit bedarf es vorliegend nicht. Im Folgenden wird unter dem Begriff Gesellschafts-/Verbandszweck der finale Sinn des Zusammenschlusses der Gesellschafter verstanden.

257 *Mülbert*, Aktiengesellschaft, Unternehmensgruppe und Kapitalmarkt, 321.

258 *Hadding*, in: Soergel, BGB, §§ 21, 22 Rn. 9 f.; *Mülbert*, Aktiengesellschaft, Unternehmensgruppe und Kapitalmarkt, 233 f.

259 *Mülbert*, Aktiengesellschaft, Unternehmensgruppe und Kapitalmarkt, 233, 313 ff.

260 *Lutter*, ZGR 1981, 171, 177; *Zöllner*, AG 2000, 145, 155.

261 Vgl. OLG Düsseldorf, DB 1996, 974, 974 für die Beschlussfassung über die Geltendmachung von Schadensersatzansprüchen in einer GmbH.

dung an den Gesellschaftszweck auszeichnet,[262] ist der Geltendmachungsbeschluss am Gesellschaftszweck auszurichten. Dem steht auch nicht entgegen, dass die Hauptversammlung Entscheidungsträgerin ist. Die Hauptversammlung ist nämlich wie die übrigen Organe an den Gesellschaftszweck gebunden, insbesondere wenn sie ausnahmsweise zur Geschäftsführung berufen ist, wie etwa nach den §§ 111 IV 4, 119 II AktG.[263] Insoweit besteht außerdem eine Parallele zum Personengesellschaftsrecht, wonach die Gesellschafter die Ausübung uneigennütziger Rechte am Gesellschaftszweck auszurichten haben.[264]

bb) Konkretisierung der Zweckbindung

Die Bindung der Hauptversammlung bei der Entscheidung über die Geltendmachung eines Ersatzanspruchs lässt sich auf der Grundlage des – nachfolgend zugrunde gelegten – typischen Gesellschaftszwecks[265] einer Aktiengesellschaft, der Gewinnmaximierung,[266] wie folgt konkretisieren: Es sind nur solche Ansprüche geltend zu machen, deren Verfolgung *ex ante* einen Gewinn verspricht. Die Verfolgung eines Anspruchs führt mit Blick auf die unmittelbar mit einer Prozessführung verbundenen Erlöse und Kosten – stark vereinfacht – dann zu einem Gewinn, wenn das Produkt aus Erfolgswahrscheinlichkeit und betreibbarer Forderung größer ist als das Produkt aus Misserfolgswahrscheinlichkeit und Kosten des Rechtsstreits.[267] Da die Höhe des verfolgten Anspruchs regelmäßig erheblich über den Pro-

---

262 Vgl. BGHZ 129, 136, 159 (Girmes); *Schürnbrand*, Organschaft im Recht der privaten Verbände, 148.

263 *Henze*, BB 1996, 489, 493; *Immenga*, Die personalistische Kapitalgesellschaft, 267 f.; *Lutter*, AcP 180 (1980), 84, 116; *Marsch-Barner*, ZHR 157 (1993), 172, 175; *Mülbert*, Aktiengesellschaft, Unternehmensgruppe und Kapitalmarkt, 322; *Säcker*, in: FS Lukes, 547, 553; *Schürnbrand*, Organschaft im Recht der privaten Verbände, 148; *Schwab*, in: Schmidt/Lutter, AktG, § 243 Rn. 3; *Wiedemann*, Gesellschaftsrecht I, 434 f.; *Zöllner*, Schranken mitgliedschaftlicher Stimmrechtsmacht, 322 ff.; *ders.*, in: KölnerKomm AktG, § 243 Rn. 180; für die GmbH: OLG Düsseldorf DB 1996, 974, 974; LG Düsseldorf, DB 1994, 1028, 1029.

264 *Lutter*, AcP 180 (1980), 84, 102 f.; *Mülbert*, Aktiengesellschaft, Unternehmensgruppe und Kapitalmarkt, 322; für die GmbH: *M. Winter*, Mitgliedschaftliche Treubindungen im GmbH-Recht, 96 f.

265 *Lutter*, in: Schmidt/Lutter, AktG, § 3 Rn. 3.

266 Siehe *Paefgen*, Unternehmerische Entscheidungen, 39 ff., und *Verse*, Gleichbehandlungsgrundsatz, 256 ff. m.w.N. zum Streit, ob der Gesellschaftszweck die Maximierung des Gesellschaftsvermögens oder des Marktwerts verlangt.

267 Unberücksichtigt bleiben nach dieser Gleichung insbesondere die – mitunter hohen – Kosten, die nach § 91 ZPO nicht erstattungsfähig sind und damit unabhängig vom Prozessausgang von der Gesellschaft zu tragen sind.

zesskosten liegt, kann eine Anspruchsverfolgung selbst dann wirtschaftlich sinnvoll sein, wenn die Erfolgswahrscheinlichkeit deutlich die Schwelle von 50% unterschreitet.[268]

Darüber hinaus sind mittelbaren Kosten und Erlöse einzubeziehen, auch wenn ihre präzise Bezifferung kaum möglich ist. Zu solchen Kosten zählen nach *ARAG/Garmenbeck* beispielsweise „negative Auswirkungen auf die Geschäftstätigkeit und Ansehen der Gesellschaft in der Öffentlichkeit, Behinderung der Vorstandsarbeit und Beeinträchtigung des Betriebsklimas."[269] Ferner sind hierzu Fälle zu rechnen, in denen die Anspruchsverfolgung dazu führt, dass Unternehmensgeheimnissen aufgedeckt werden,[270] Dritte Ansprüche gegen die Gesellschaft geltend machen oder Behörden Bußgelder verhängen[271]. Auf der anderen Seite bestehen Erlöse zum Beispiel in der Form, dass die erkennbare Bereitschaft der Gesellschaft zur Anspruchsverfolgung zu einem stärkeren Haftungsdruck für Vorstandsmitglieder führt,[272] was einen Anreiz zur Einhaltung der Sorgfaltspflichten schafft.[273] Ferner kann die Geltendmachung von Ansprüchen gegen Vorstandsmitglieder gegenüber den Kapitalmarktteilnehmern eine effektive Kontrolle der Geschäftsleitung demonstrieren und somit beispielsweise die Aufnahme von neuem Kapital begünstigen. Schließlich mögen Behörden, wie zum Beispiel die Börsenaufsicht, die Verfolgung von Ersatzansprüchen als Willen zur Bekämpfung von Missständen interpretieren und daher mildere Sanktionen für Gesetzesverletzungen verhängen.

Unmittelbare und mittelbare Erlöse und Kosten sind in die Kosten-Nutzen-Analyse einzustellen. Übersteigt die Summe der Kosten die Summe der Erlöse, verstößt der Geltendmachungsbeschlusses gegen das Gesellschaftsinteresse[274] und ist damit satzungswidrig.[275]

---

[268] Betragen die Kosten des Rechtsstreits beispielweise 25% des streitgegenständlichen Anspruchs, ist eine Anspruchsgeltendmachung nach vorstehender Formel sinnvoll, wenn die Erfolgswahrscheinlichkeit größer als 20% ist.

[269] BGHZ 135, 244, 255 (ARAG/Garmenbeck).

[270] *Spindler*, in: Spindler/Stilz, AktG, § 116 Rn. 48.

[271] *Paefgen*, AG 2008, 761, 768.

[272] In der Folge würden allerdings die Vorstandsmitglieder gegebenenfalls eine höhere Vergütung verlangen, weil sie nunmehr einem höheren Haftungsrisiko ausgesetzt sind.

[273] Vgl. *Hopt/Roth*, in: Großkomm AktG, § 111 Rn. 352.

[274] In Ermangelung einer Satzungsbestimmung zum Gesellschaftszweck ist dieser durch Auslegung zu ermitteln, vgl. *Röhricht*, in: Großkomm AktG, § 23 Rn. 92; für die GmbH: *M. Winter*, Mitgliedschaftliche Treubindungen im GmbH-Recht, 97.

[275] Vgl. *Mertens*, in: FS K. Schmidt, 1183, 1187.

b) Justiziabilität

Ein Verstoß des Geltendmachungsbeschlusses gegen das Gesellschaftsinteresse ist auch justiziabel.[276] Nach § 243 I AktG führt die Verletzung des Gesellschaftsinteresses als Satzungsverstoß zur Anfechtbarkeit des Beschlusses. Dies gilt nicht nur für Fälle, in denen die Hauptversammlungsmehrheit absichtlich einen vom Gesellschaftszweck verschiedenen Zweck verfolgt,[277] sondern auch, wenn die Aktionäre mit einer objektiv zweckwidrigen Maßnahme den Gesellschaftszweck fördern wollen. Die Rechtmäßigkeitskontrolle von Hauptversammlungsbeschlüssen hat nämlich nicht das Verhalten oder die Intention der Aktionäre, sondern die objektive Vereinbarkeit mit dem Gesetz und der Satzung zum Maßstab.[278] Die Hauptversammlung kann diese Zweckbindung auch nicht punktuell durch einen Geltendmachungsbeschluss durchbrechen,[279] weil sie den Gesellschaftszweck grundsätzlich nur einstimmig im Rahmen einer Satzungsänderung[280] gemäß § 33 I 2 BGB ändern kann.[281]

Denkbare Einwände gegen die Justiziabilität der Bindung an den Gesellschaftszweck können im Ergebnis nicht überzeugen. Zunächst ist aus den Voraussetzungen an die Aktionärsklage nicht der Umkehrschluss zu ziehen, dass der Geltendmachungsbeschluss keinerlei inhaltlichen Kontrolle auf die Vereinbarkeit mit dem Verbandszweck unterliege, weil § 147 I 1 AktG im Gegensatz zu § 148 AktG keine Anforderungen an das Bestehen eines Verdachts vorsieht. Die Aktionärsklage ist nämlich an weitaus strengere Voraus-

---

276 Rechtsprechung und Literatur haben diese Frage bisher kaum beleuchtet. Weitgehend Einigkeit bestand allerdings insoweit, als die Wirksamkeit eines Geltendmachungsverlangens der Minderheit nach § 147 I 1 Alt. 2 AktG a. F. nicht von den Erfolgsaussichten der Anspruchsgeltendmachung abhängt, siehe BGHZ 97, 28, 36; KG, NZG 2005, 319, 319; OLG Frankfurt, NZG 2004, 95, 96; LG Düsseldorf, DB 1994, 1029, 1029.

277 So liegt es beispielsweise, wenn ein Mehrheitsgesellschafter in Bereicherungsabsicht einem Geschäft der Gesellschaft mit sich selbst nach § 119 II AktG zustimmt, welches für die Gesellschaft nachteilig ist.

278 Allerdings kann die Intention eines Aktionärs mittelbar die Rechtmäßigkeitskontrolle beeinflussen, wenn seine Stimmabgabe treuwidrig und damit nichtig ist, vgl. *Henze/Notz*, in: Großkomm AktG, Anh § 53a Rn. 135.

279 Vgl. *Zöllner*, in: KölnerKomm AktG, § 243 Rn. 177.

280 *Holzborn*, in: Spindler/Stilz, AktG, § 179, Rn 58 ff.; *Stein*, in: MünchKomm AktG, § 179 Rn. 129. Zu der umstrittenen Frage, ob und unter welchen Voraussetzungen eine punktuelle Satzungsdurchbrechung zulässig ist, siehe *Hüffer*, AktG, § 179 Rn. 7 f. m. w. N.

281 *Holzborn*, in: Spindler/Stilz, AktG, § 179 Rn. 60; *Hüffer*, AktG, § 179 Rn. 33; *Röhricht*, in: Großkomm AktG, § 23 Rn. 91; *Stein*, in: MünchKomm AktG, § 179 Rn. 132; *Zöllner*, in: KölnerKomm AktG, § 179 Rn. 113; a. A. *Timm*, Konzernspitze, 31 ff.; *Wiedemann*, in: Großkomm AktG, § 179 Rn. 55.

setzungen gebunden, als es die Vereinbarkeit mit dem Gesellschaftsinteresse gebietet. Dies wird insbesondere daran deutlich, dass die Aktionärsklage nur bei Unredlichkeit oder grober Verletzung des Gesetzes oder der Satzung nach § 148 I 2 Nr. 1 AktG zulässig ist.

Ferner könnte der Justiziabilität der Grundsatz der Prozessökonomie entgegenstehen, weil die Gerichte den geltend zu machenden Schadensersatzanspruchs unter Umständen zweimal prüfen müssten: inzident bei der Anfechtung des Geltendmachungsbeschlusses und – mangels Rechtskrafterstreckung – nochmals im Rahmen des sich anschließenden Schadensersatzprozesses.[282] Da der Geltendmachungsbeschluss mit Blick auf einen Verstoß gegen das Gesellschaftsinteresse lediglich einem – nachfolgend noch zu erörternden – beschränkten Kontrollmaßstab unterliegt, kommt es zu keiner vollständigen gerichtlichen Inzidentprüfung des Ersatzanspruchs. Zudem würde diese prozessökonomische Erwägung auch nicht rechtfertigen, die widersprechenden Aktionären in Bezug auf den Geltendmachungsbeschluss rechtsschutzlos zu stellen.

Schließlich kann auch der Einwand nicht überzeugen, dass im Falle eines Beschlusses, der die Geltendmachung eines Ersatzanspruchs gegen ein Vorstandsmitglied anordnet, der Vorstand seine Anfechtungsbefugnis missbrauchen könnte, um das Vorstandsmitglied zu verschonen. Der Vorstand kann den Geltendmachungsbeschluss auch wegen anderweitiger (vermeintlicher) Fehler anfechten, so dass die Möglichkeit des Missbrauchs der Anfechtungsbefugnis ohnehin bestünde. Zudem dürfte eine aussichtlose Anfechtungsklage die Anspruchsverfolgung letztlich nicht behindern, weil mangels aufschiebender Wirkung der Anfechtungsklage[283] das Ausführungsorgan zur Anspruchsverfolgung verpflichtet bleibt.

c) Kontrollmaßstab

Schließlich gilt es, den Maßstab zu entfalten, anhand dessen sich ein Verstoß gegen das Gesellschaftsinteresse bei einem Geltendmachungsbeschluss bemisst.

Beschlüsse in Angelegenheiten der gesellschaftlichen Zweckverfolgung unterliegen nach ganz herrschender Ansicht keiner „Zweckmäßigkeitskontrolle" im Sinne einer inhaltlichen Prüfung der Sachentscheidung.[284] Dieser

---

282 Vgl. BGHZ 97, 28, 36; LG Düsseldorf, DB 1994, 1029, 1029.

283 *Schwab*, Das Prozeßrecht gesellschaftsinterner Streitigkeiten, 537 m.w.N.

284 *Paefgen*, Unternehmerische Entscheidungen, 28f. m.w.N.; für die GmbH: *Bayer*, in: Lutter/Hommelhoff, GmbHG, Anh zu § 47 Rn. 53; *Römermann*, in: Michalski, GmbHG, Anh. § 47 Rn. 360; *Roth*, in: Roth/Altmeppen, GmbHG, § 47

Auffassung ist zuzustimmen, soweit es sich um unternehmerische Entscheidungen handelt, da dem BGH zufolge unternehmerisches Handeln ohne einen weiten Handlungsspielraum schlechthin nicht denkbar ist.[285] Dementsprechend steht auch der Hauptversammlung bei unternehmerischen Entscheidungen ein weites Ermessen zu, welches sie nur im Falle evidenter Zweckwidrigkeit überschreitet.[286]

Ohne die Beschlusskontrolle im Allgemeinen zu untersuchen, wird nachfolgend der Kontrollmaßstab für den Geltendmachungsbeschluss anhand der *ARAG/Garmenbeck*-Entscheidung entwickelt (unter aa)). Danach steht der Hauptversammlung bei der Fassung des Geltendmachungsbeschlusses grundsätzlich ein eingeschränktes unternehmerisches Ermessen zu. Die Anerkennung dieses Ermessens setzt allerdings voraus, dass die Hauptversammlung den Geltendmachungsbeschluss auf einer angemessenen Informationsgrundlage fasst (unter bb)).

aa) ARAG/Garmenbeck

Der Kontrollmaßstab für den Geltendmachungsbeschluss lässt sich anhand der *ARAG/Garmenbeck*-Entscheidung[287] zum Ermessen des Aufsichtsrats bei der Entscheidung über die Verfolgung von Ansprüchen gegen Vorstandsmitglieder bestimmen.

Für die Übertragung der Grundsätze der *ARAG/Garmenbeck*-Entscheidung auf den Geltendmachungsbeschluss der Hauptversammlung sind zwei

---

Rn. 119; *K. Schmidt*, in: Scholz, GmbHG, § 45 Rn. 115, § 47 Rn. 30; demgegenüber betont *Zöllner*, Schranken mitgliedschaftlicher Stimmrechtsmacht, 322 ff.; *ders.*, in: KölnerKomm AktG, § 243 Rn. 180 ff., dass auch die Vereinbarkeit mit dem Gesellschaftszweck der Kontrolle unterliegt, wenngleich auch er der Hauptversammlung ein unternehmerisches Ermessen einräumt, vgl. *Zöllner*, Schranken mitgliedschaftlicher Stimmrechtsmacht, 331 f.; *ders.*, in: KölnerKomm AktG, § 243 Rn. 182.

[285] BGHZ 135, 244, 253 (ARAG/Garmenbeck) mit Bezug auf den Vorstand; OLG Düsseldorf, DB 1996, 974, 975 mit Bezug auf die Gesellschafterversammlung der GmbH.

[286] *Henze/Notz*, in: Großkomm AktG, Anh § 53a Rn. 98; für die GmbH: OLG Düsseldorf, DB 1996, 974, 975; LG Karlsruhe, NZG 2001, 160, 172; *Bayer*, in: Lutter/Hommelhoff, GmbHG, Anh zu § 47 Rn. 53; *Römermann*, in: Michalski, GmbHG, Anh. § 47 Rn. 360; *Roth*, in: Roth/Altmeppen, GmbHG, § 47 Rn. 119; *K. Schmidt*, in: Scholz, GmbHG, § 45 Rn. 115, § 47 Rn. 26, 30; demgegenüber betont *Zöllner*, in: Baumbach/Hueck, GmbHG, Anh § 47 Rn. 96, dass es nicht einer evidenten Überschreitung bedürfe, sondern jegliche Unvereinbarkeit mit dem Gesellschaftszweck zur Rechtswidrigkeit führe.

[287] BGHZ 135, 244 ff. (ARAG/Garmenbeck); BGH, DStR 2009, 1157, 1159 f.; hierzu *Götz*, NJW 1997, 3275, 3276 f.; *Habersack*, in: MünchKomm AktG, § 111 Rn. 35 f.; *Schneider*, DB 2005, 707, 711; *Spindler*, in: Spindler/Stilz, AktG, § 116 Rn. 47 ff.

Aussagen des BGH von zentraler Bedeutung. Erstens verfüge der Aufsichtsrat bei der Prüfung von Ersatzansprüchen gegen Vorstandsmitglieder nicht über einen unternehmerischen Ermessensspielraum.[288] Die Einschätzung des Aufsichtsrats hinsichtlich der Erfolgswahrscheinlichkeit einer Anspruchsverfolgung unterliege der vollen gerichtlichen Nachprüfung; dem Aufsichtsrat stehe allenfalls ein begrenzter Beurteilungsspielraum zu.[289] Der Grund hierfür liege darin, dass die Entscheidung über die Anspruchsgeltendmachung nicht den Handlungsbereich, sondern den Erkenntnisbereich betreffe.[290] Zweitens ist nach dem BGH der Aufsichtsrat grundsätzlich verpflichtet, voraussichtlich begründete Schadensersatzansprüche gegen Vorstandsmitglieder geltend zu machen.[291] Von der Geltendmachung des Anspruchs könne der Aufsichtsrat nur dann ausnahmsweise absehen, wenn gewichtige Interessen der Gesellschaft einer Anspruchsgeltendmachung entgegenstehen, wobei der Aufsichtsrat bei dieser Entscheidung über ein gewisses Ermessen verfügt.[292]

Eine Übertragung auf den Geltendmachungsbeschluss hieße erstens, dass die Einschätzung der Hauptversammlung zum Bestehen des Ersatzanspruchs und zur Prozessrisikoanalyse der vollen gerichtlichen Überprüfung unterliegt, mit Ausnahme eines beschränkten Beurteilungsspielraums. Zweitens müsste die Hauptversammlung – in Umkehrung der zweiten Aussage der

---

[288] BGHZ 135, 244; 254 (ARAG/Garmenbeck); a.A. die Vorinstanz OLG Düsseldorf, DB 1995, 1500, 1503, wonach dem Aufsichtsrat eine Entscheidungsprärogative zukommt, weil die Einschätzung der Erfolgsaussicht zwangsläufig Prognoseelemente beinhaltet; ähnlich auch *Drygala*, in: Schmidt/Lutter, AktG, § 111 Rn. 17; *Mertens/Cahn*, in: KölnerKomm AktG, § 93 Rn. 20.

[289] BGHZ 135, 244, 254 (ARAG/Garmenbeck); kritisch *Mertens*, in: FS K. Schmidt, 1183, 1188; *Mertens/Cahn*, in: KölnerKomm AktG, § 93 Rn. 20.

[290] BGHZ 135, 244, 254 (ARAG/Garmenbeck).

[291] BGHZ 135, 244, 254 (ARAG/Garmenbeck); BGH, DStR 2009, 1157, 1159f.

[292] BGHZ 135, 244, 255 (ARAG/Garmenbeck); nach *Koch*, AG 2009, 93, 98ff. steht dem Aufsichtsrat bei der Einschätzung und Abwägung der Gründe, die einer Geltendmachung entgegenstehen, kein unternehmerisches Ermessen zu, selbst nicht im Rahmen eines Regel-Ausnahme-Verhältnisses. Dies folge aus der durch das UMAG eingeführten Aktionärsklage, wonach die Beurteilung des Aufsichtsrats über die mittelbaren Kosten (§ 148 I 2 Nr. 4 AktG) einer uneingeschränkten gerichtlichen Kontrolle unterliegt. Überzeugender ist demgegenüber *Paefgen*, AG 2008, 761, 765f., wonach die Einschätzung des Aufsichtsrats nur bei der Aktionärsklage uneingeschränkt gerichtlich überprüft wird, aber es im Übrigen bei dem unternehmerischen Ermessen verbleibt. *Paefgen*, AG 2008, 761, 762ff. ist darüber hinaus der Ansicht, dass die Entscheidung über die Anspruchsverfolgung insgesamt unternehmerischer Art sei und nicht einem Regel-Ausnahme-Verhältnis unterliege. Kritisch zum eingeschränkten Ermessen mit Blick auf die durch das UMAG eingeführte Business Judgment Rule und die Aktionärsklage auch *Hopt/Roth*, in: Großkomm AktG, § 111 Rn. 358ff. Vgl. ferner auch *Dreher*, ZHR 158 (1994), 614, 641.

ARAG/Garmenbeck-Entscheidung – von der Verfolgung eines Ersatzanspruchs grundsätzlich dann absehen, wenn die Anspruchsverfolgung keine ausreichende Aussicht auf Erfolg hat, soweit nicht ausnahmsweise gewichtigere Interessen die Anspruchsverfolgung gebieten.

(1) Volle gerichtliche Kontrolle

Aus der vollen gerichtlichen Überprüfbarkeit der Einschätzung des Aufsichtsrats ist zu schließen, dass auch der Geltendmachungsbeschluss der Hauptversammlung bezüglich der Erfolgsaussichten der Anspruchsverfolgung der vollen gerichtlichen Kontrolle unterliegt.

Der Übertragung der gerichtlichen Kontrolle auf die Hauptversammlung kann nicht entgegengehalten werden, dass der Hauptversammlung aufgrund ihrer Stellung in der Aktiengesellschaft bei der Entscheidung über die Anspruchsverfolgung ein größeres Ermessen als dem Kontrollorgan Aufsichtsrat zustehen müsse.[293] Diesem Verständnis steht nämlich die funktionale Austauschbarkeit der Organkompetenz[294] entgegen. Haben Organe die Willensbildungskompetenz über denselben Gegenstand inne und sind in gleicher Weise an das Gesellschaftsinteresse gebunden, müssen sie auch einer kongruenten Pflichtenbindung und einem kongruenten Ermessens-

293 A.A. *Krieger*, VGR 1998, Band 1, 111, 118f., wonach der Gesellschafterversammlung der GmbH bei der Entscheidung über die Anspruchsverfolgung ein größeres unternehmerisches Ermessen zusteht als einem Aufsichtsrat in einer Aktiengesellschaft, weil die Gesellschafterversammlung als oberstes Geschäftsführungsorgan über einen autonomen unternehmerischen Ermessenspielraum verfügt. Hierfür spreche, dass der BGH in der *ARAG/Garmenbeck*-Entscheidung die Pflicht des Aufsichtsrats zur Anspruchsverfolgung aussprach, während er eine Entscheidung mit selbiger Fragestellung bezogen auf die Pflicht einer Gesellschafterversammlung einer GmbH zur Anspruchsverfolgung nicht zur Revision annahm, vgl. *Krieger*, VGR 1998, Band 1, 111, 118. In diese Richtung auch OLG Köln, NZG 2000, 1135, 1137, wonach im Gegensatz zum Aufsichtsrat einer Aktiengesellschaft die Gesellschafterversammlung einer GmbH eine unternehmerische Entscheidung trifft, wenn sie über die Anspruchsverfolgung befindet. Vgl. ferner *Oltmanns*, Geschäftsleiterhaftung und unternehmerisches Ermessen, 236f., wonach die Aktionäre im Gegensatz zur Verwaltung ihre eigenen Interessen geltend machen und daher eine gerichtliche Inhaltskontrolle einer besonderen Begründung bedarf.

294 Die funktionale Austauschbarkeit von Organkompetenzen wird typischerweise in der Diskussion um die Zielbestimmung von Vorstand und Aufsichtsrat verwendet. Aus ihr wird hergeleitet, dass die Bindung der Hauptversammlung an den Verbandszweck auch für die Geschäftsleitungsorgane geltend müsse, insbesondere anstatt einer Bindung an ein vermeintliches Unternehmensinteresse. Vgl. *Dreher*, ZHR 158 (1994), 614, 634; *Mülbert*, ZGR 1997, 129, 146f.; *Paefgen*, Unternehmerische Entscheidungen, 44f. In gleicher Weise ist der umgekehrte Schluss zulässig, nämlich die Bindung der Geschäftsleitungsorgane an den Verbandszweck auf die Hauptversammlung zu übertragen.

spielraum unterliegen.[295] Andernfalls wäre es möglich, dass dieselbe Entscheidung zur Verfolgung eines Ersatzanspruchs rechtwidrig ist, wenn der Aufsichtsrat der Entscheidungsträger ist, und rechtmäßig ist, wenn die Hauptversammlung die Geltendmachung beschließt. In der Folge könnten sich die (überstimmten) Aktionäre nicht gegen den Beschluss wehren.

Klarzustellen ist allerdings, dass sich die Identität der Pflichtenbindung von Aufsichtsrat und Hauptversammlung nur auf die objektive Vereinbarkeit mit dem Gesellschaftsinteresse bezieht. Hieraus ist demgegenüber nicht zu folgern, dass Aufsichtsratsmitglieder und Aktionäre bei der Entscheidung denselben Verhaltenspflichten, insbesondere Sorgfaltspflichten, unterliegen.

Ferner steht der Übertragung der vollen gerichtlichen Kontrolle auch nicht entgegen, dass die *ARAG/Garmenbeck*-Entscheidung die Pflicht zur Anspruchsverfolgung betrifft, während es sich vorliegend um die umgekehrte Frage handelt, wann die Hauptversammlung einen Geltendmachungsbeschluss nicht fassen darf. Dieser Unterschied wirkt sich nicht auf die gerichtliche Prüfungsdichte aus, weil in beiden Konstellationen dieselbe Pflichtenlage besteht: während das Gesellschaftsinteresse im Falle eines voraussichtlichen Erfolgs der Anspruchsverfolgung die Geltendmachung gebietet, verlangt es von einer Geltendmachung abzusehen, wenn die Anspruchsverfolgung keine Aussicht auf Erfolg hat und damit die Gesellschaft schädigen würde. Soweit die Einschätzung der Erfolgsaussichten überprüfbar ist, muss dies unabhängig davon gelten, ob der Prüfungsgegenstand das voraussichtliche Bestehen oder Nichtbestehen von Ansprüchen ist.

(2) Pflicht von aussichtsloser Anspruchsverfolgung abzusehen

Eine Übertragung der hier untersuchten zweiten Aussage der *ARAG/Garmenbeck*-Entscheidung ist demgegenüber abzulehnen. Danach ist der Aufsichtsrat grundsätzlich zur Geltendmachung begründeter Schadensersatzansprüche gegen Vorstandsmitglieder verpflichtet. Übertragen auf die Hauptversammlung im umgekehrten Fall, müsste sie grundsätzlich von der Anspruchsverfolgung absehen, wenn diese aussichtslos erscheint.

Das vom BGH entwickelte Regel-Ausnahme-Verhältnis ist eine grobmaschige, vorweggenommene Abwägung der unmittelbaren Erlöse gegenüber den mittelbaren Kosten. Die Überzeugungskraft dieses Regel-Ausnahme-Verhältnisses begegnet erheblichen Bedenken, weil unmittelbare finanzielle Folgen nicht stärker wiegen als mittelbare Auswirkungen.[296] Es erscheint daher naheliegend, dass das Regel-Ausnahme-Verhältnis der *ARAG/Garmen-*

---

[295] Vgl. *Paefgen*, Unternehmerische Entscheidungen, 44f.

[296] Kritisch hierzu *Mertens*, in: FS K. Schmidt, 1183, 1187.

beck-Entscheidung ausschließlich der typischen „Bissperre"[297] des Aufsichtsrats geschuldet ist. Für den Aufsichtsrat bestehen nämlich strukturelle und soziologische Anreize, Ersatzansprüche gegen Vorstandsmitglieder nicht zu verfolgen.[298] Demgegenüber ist aber nicht zu befürchten, dass der Aufsichtsrat oder die Hauptversammlung aus sachfremden Erwägungen die Verfolgung von aussichtlosen Ansprüchen gegen Vorstandsmitglieder veranlassen.

(3) Ergebnis

Entsprechend der *ARAG/Garmenbeck*-Entscheidung unterliegt der Geltendmachungsbeschluss mit Blick auf die Erfolgsaussichten der Anspruchsverfolgung einer vollen gerichtlichen Kontrolle. Dies gilt unabhängig davon, ob die Anspruchsgegner – wie in der *ARAG/Garmenbeck*-Entscheidung – Vorstandsmitglieder sind, weil die Gründe für die volle gerichtliche Kontrolle auf die Prüfung von Ersatzansprüchen im Allgemeinen Anwendung finden.

Demgegenüber ist das Regel-Ausnahme-Verhältnis der *ARAG/Garmenbeck*-Entscheidung nicht auf den Geltendmachungsbeschluss übertragbar. Da die Gewichtung der mittelbaren Erlöse und Kosten und deren Abwägung mit den finanziellen Folgen einer Anspruchsgeltendmachung unternehmerische Qualität hat,[299] steht der Hauptversammlung insoweit ein unternehmerisches Ermessen zu.

Mithin verfügt die Hauptversammlung bei der Entscheidung über die Geltendmachung eines Ersatzanspruchs zumindest über ein beschränktes unternehmerisches Ermessen. Dieses Ermessen überschreitet die Hauptversammlung wohl insbesondere bei evident fehlender Erfolgsaussicht, da mittelbaren Erlöse in diesem Fall kaum denkbar sind. In der Praxis wird ein solcher Fall aber wohl nur selten auftreten. Denkbar wäre beispielsweise, dass das in Anspruch zu nehmende Vorstandsmitglied offensichtlich im Rahmen der Business Judgment Rule nach § 93 I 2 AktG gehandelt hat.

bb) Angemessene Informationsgrundlage

Wenn der Geltendmachungsbeschluss der Hauptversammlung nicht auf einer angemessenen Informationsgrundlage beruht, unterliegt die Entscheidung über die Verfolgung eines Ersatzanspruchs der vollen gerichtlichen Kontrolle.[300]

---

297 *Peltzer*, WM 1981, 346, 348.

298 Hierzu vorstehend B. III. 1.

299 *Paefgen*, AG 2008, 761, 763.

300 Für eine volle gerichtliche Kontrolle vgl. *Paefgen*, Unternehmerische Entscheidungen, 67 f.; 237 ff.; vgl. für die GmbH: *Krieger*, VGR 1998, Band 1, 111,

(1) Erfordernis einer angemessenen Informationsgrundlage

Die Fassung eines Geltendmachungsbeschlusses bedarf einer angemessenen Informationsgrundlage, um eine sachgerechte Willensbildung zu gewährleisten. Hierfür finden sich verschiedene Stützen im Gesetz und in der Rechtsprechung.[301]

Zahlreiche Vorschriften sehen vor, dass der Vorstand eine ausreichende Informationsbasis für die Beschlussfassung der Hauptversammlung zu schaffen hat, wie etwa der Bericht über den Ausschluss des Bezugsrechts nach § 184 IV 2 AktG oder der Verschmelzungsbericht nach § 8 I UmwG. Selbst wenn es an einer solchen Regelung fehlt, nimmt die herrschende Meinung bei einigen Zuständigkeiten der Hauptversammlung an, dass der Vorstand verpflichtet ist, die Hauptversammlung ausreichend zu informieren.[302] Dies ist zum Beispiel der Fall bei Entscheidungsverlangen nach § 119 II AktG.[303] Diese Informationspflichten dienen dem Interesse an einer sachgerechten Entscheidung, die nur auf der Grundlage ausreichender Informationen möglich ist.

Ferner ist der Aufsichtsrat nach der *ARAG/Garmenbeck*-Entscheidung zur Vorbereitung seiner Entscheidung über die Anspruchsverfolgung verpflichtet, den Tatbestand in tatsächlicher und rechtlicher Sicht zu ermitteln und das Prozessrisiko sowie die Betreibbarkeit der Forderungen zu analysieren. Diese Pflichten belegen das Erfordernis einer angemessenen Informationsgrundlage für eine sachgerechte Entscheidungsfindung und beanspruchen unabhängig vom Entscheidungsträger Geltung.[304]

Zudem ist nach der Business Judgment Rule gemäß § 93 I 2 AktG eine Pflichtverletzung nur dann ausgeschlossen, wenn der Vorstand oder Aufsichtsrat eine unternehmerische Entscheidung auf der Grundlage angemessener Informationen fassen. Die Business Judgment Rule findet zwar auf die Hauptversammlung weder direkt noch analog Anwendung, weil sie sich auf die Verhaltenspflicht von Mitgliedern des Vorstands und Aufsichtsrats bezieht. Demgegenüber hängt die Rechtmäßigkeit eines Hauptversammlungsbeschlusses nicht von der Einhaltung der Sorgfaltspflicht der einzelnen

---

119, wonach das Ermessen ohne eine ordnungsgemäße Entscheidungsvorbereitung nicht sachgerecht ausgeübt werden kann.

[301] Ausführlich *Paefgen*, Unternehmerische Entscheidungen, 233 ff.

[302] Weitere Beispiele finden sich bei *Paefgen*, Unternehmerische Entscheidungen, 234 f.

[303] BGHZ 146, 288, 294; *Hüffer*, AktG, § 119 Rn. 13 m. w. N.; a. A. *Mülbert*, in: Großkomm AktG, § 119 Rn. 51.

[304] Vgl. für die GmbH: *Krieger*, VGR 1998, Band 1, 111, 119.

Aktionäre ab,[305] sondern richtet sich nach objektiven Kriterien[306]. Ferner liegt der Zweck der Business Judgment Rule zumindest auch darin, eine risikoaverse Haltung der Vorstandsmitglieder zu vermeiden,[307] während die Haftung von Aktionären ohnehin sehr hohen Anforderungen unterliegt. Allerdings lässt sich der Business Judgment Rule die gesetzgeberische Wertung entnehmen, dass eine angemessene Informationsgrundlage für eine sachgerechte Willensbildung erforderlich ist.[308]

Dem Erfordernis einer angemessenen Informationsgrundlage kann auch nicht entgegengehalten werden, dass das zur Ausführung verpflichtete Organ die erforderlichen Informationen nach Fassung des Geltendmachungsbeschlusses, also im Laufe der Anspruchsverfolgung, ermitteln könnte. Dieses Argument ist unabhängig von etwaigen Informationsrechten dieser Organe untauglich.[309] Die Hauptversammlung beschließt nämlich nach § 147 I 1 AktG abschließend über die Geltendmachung. Danach ist das Ausführungsorgan selbst dann zur Anspruchsverfolgung verpflichtet,[310]

---

[305] So aber *Zöllner*, Schranken mitgliedschaftlicher Stimmrechtsmacht, 320 f. 326; *ders.*, in: KölnerKomm AktG, § 243 Rn. 180; für die GmbH: *ders.*, in: Baumbach/Hueck, GmbHG, Anh § 47 Rn. 95; *Immenga*, GmbHR 1973, 5, 9, wonach der Beschluss nur dann fehlerhaft ist, wenn die Aktionäre ihre Pflicht schuldhaft verletzt haben. Diese Ansicht kann nicht überzeugen, denn Gegenstand der Beschlusskontrolle ist nicht das Verhalten der Aktionäre, sondern der gebildete Verbandswille selbst gemäß § 243 I AktG.

[306] *Henze/Notz*, in: Großkomm AktG, Anh § 53a Rn. 135; *Kindler*, ZHR 162 (1998), 101, 116; *Kunze*, Positive Stimmpflichten, 212; für die GmbH: *Martens*, GmbHR 1984, 265, 267.

[307] *Göppert*, Die Reichweite der Business Judgment Rule bei unternehmerischen Entscheidungen des Aufsichtsrats der Aktiengesellschaft, 124 f.; *Schlimm*, Das Geschäftsleiterermessen des Vorstands einer Aktiengesellschaft, 47 ff., 53; *Spindler*, in: MünchKomm AktG, § 93 Rn. 35. Zu den hier nicht näher beleuchteten weiteren Zwecken der Business Judgment Rule vgl. *Fleischer*, ZIP 2004, 685 f.; *Paefgen*, AG 2004, 245, 247 f.; *Schneider*, DB 2005, 707, 708 f.

[308] Vgl. Begr. RegE zum UMAG, BT-Drucks. 15/5092, S. 12: „Der Grundgedanke eines Geschäftsleiterermessens im Bereich unternehmerischer Entscheidungen ist nicht auf den Haftungstatbestand des § 93 AktG und nicht auf die Aktiengesellschaft beschränkt, sondern findet sich auch ohne positivrechtliche Regelung in allen Formen unternehmerischer Betätigung. Das für das Aktiengesetz zu § 93 gefundene Regelungsmuster und die Literatur und Rechtsprechung dazu können aber als Anknüpfungs- und Ausgangspunkt für die weitere Rechtsentwicklung dienen.“ Ferner *Paefgen*, Unternehmerische Entscheidungen, 183 f., wonach für alle Organe der Aktiengesellschaft eine einheitliche richterliche Kontrolle von Ermessensentscheidungen erfolgen sollte; ferner *Zöllner*, AG 2000, 145, 153 (Fn. 85).

[309] Zu den Informationsrechten des Sondervertreters siehe nachstehend D. VI. 3.

[310] Zu den Grenzen der Ausführungspflicht bei nachträglicher Änderung der Beschlussgrundlage siehe nachstehend C. IV. 1. b).

wenn sich nachträglich herausstellen sollte, dass die Verfolgung des Ersatzanspruchs aussichtslos ist.

(2) Schaffung der Informationsgrundlage, Rechtsfolge ihres Fehlens

Die Schaffung einer angemessenen Informationsgrundlage für die Fassung eines Geltendmachungsbeschlusses ist nicht Aufgabe des Vorstands, sondern die Hauptversammlung verfügt selbst über die erforderlichen Mittel hierfür.[311] Die Hauptversammlung kann nämlich nach § 142 I 1 AktG einen Sonderprüfer zur Prüfung von Ersatzansprüchen[312] bestellen, der sie über den Tatbestand informiert. Ferner kann der Sonderprüfer auch eine Einschätzung der Rechtslage und der Prozessrisiken der Hauptversammlung unterbreiten.[313]

Eine angemessene Informationsgrundlage besteht dann, wenn der tatsächliche und rechtliche Tatbestand, die Prozessrisiken sowie anderweitige Auswirkungen einer Anspruchsverfolgung soweit ermittelt sind, dass die Hauptversammlung auf dieser Grundlage die unmittelbaren und mittelbaren Erlöse gegen die jeweiligen Kosten sachgerecht abwägen kann. Hieran dürfen aber keine überzogenen Anforderungen gestellt werden.[314] Wenn die Sach- und Rechtslage hinreichend klar sind, kann die Hauptversammlung einen Geltendmachungsbeschluss auch ohne eine vorherige Sonderprüfung fassen. Nicht hinreichend bekannte oder komplexe Sachverhalte bedürfen demgegenüber einer Aufklärung durch einen Sonderprüfer.

Als Rechtsfolge einer mangelnden Informationsgrundlage ist der Geltendmachungsbeschluss nicht etwa aufgrund der Verletzung einer Informations- oder Auskunftspflicht anfechtbar nach § 243 IV AktG. Hierfür mangelt es insbesondere an einer Informationspflicht des Vorstands im Rahmen der Fassung eines Geltendmachungsbeschlusses. Vielmehr unterliegt die Hauptversammlung einer Informationsobliegenheit. Verletzt sie diese Obliegenheit, ist der Geltendmachungsbeschluss mangels Verletzung des Gesetzes oder der Satzung nicht rechtswidrig. Da aber keine angemessene Informationsgrundla-

---

311 Zur Widerlegung des Einwands der mangelnden Sachverständigkeit der Hauptversammlung im Allgemeinen siehe *Zöllner*, Schranken mitgliedschaftlicher Stimmrechtsmacht, 326f.; a.A. für die GmbH: LG Karlsruhe, NZG 2001, 169, 171, wonach von den Gesellschaftern nicht verlangt werden kann, „dass sie sich vor der Beschlussfassung über die Erhebung der Klage im Einzelnen rechtlich beraten lassen […].“

312 Vgl. § 142 I 2 AktG, woraus zu entnehmen ist, dass die Sonderprüfung gerade auch der Einleitung eines Rechtsstreits dient.

313 Hierzu nachstehend unter D. VI. 3. c) bb).

314 Vgl. LG Düsseldorf, DB 1994, 1028, 1029.

ge besteht, fehlt es an den Voraussetzungen für eine sachgerechte Willensbildung. In der Folge verliert auch das Ermessen der Hauptversammlung bei der Entscheidung über die Anspruchsverfolgung seine Rechtfertigung und an dessen Stelle tritt die volle gerichtliche Überprüfung dieser Entscheidung.[315]

Diese Rechtsfolge ist sachgerecht, weil der Beschluss durchaus im Gesellschaftsinteresse liegen kann, auch wenn die Hauptversammlung dies nicht abschließend bewerten konnte.[316] In gleicher Weise hat die Verletzung der Business Judgment Rule nicht die Rechtswidrigkeit, sondern lediglich die volle gerichtliche Kontrolle des Handelns des Vorstands- oder Aufsichtsratsmitglieds zur Folge, § 93 I 1 AktG.[317] Hat die Hauptversammlung den Geltendmachungsbeschluss zum Beispiel „ins Blaue hinein" gefasst,[318] sprich im Falle einer völlig unzureichenden Informationsgrundlage, ist die Vereinbarkeit des Geltendmachungsbeschlusses mit dem Gesellschaftszweck voll gerichtlich überprüfbar.[319] Mithin kontrolliert das Gericht im Einzelnen, ob die unmittelbaren und mittelbaren Erlöse die unmittelbaren und mittelbaren Kosten überwiegen.

d) Ergebnis

Die Hauptversammlung ist bei der Fassung des Geltendmachungsbeschlusses an das Gesellschaftsinteresse gebunden. Dieses gebietet nur solche Ansprüche zu verfolgen, bei denen die Summe der unmittelbaren und mittelbaren Erlöse die entsprechenden Kosten übersteigt. Verletzt der Geltendmachungsbeschluss das Gesellschaftsinteresse, ist dieser aufgrund einer Satzungsverletzung anfechtbar.

Bei der Fassung des Geltendmachungsbeschlusses verfügt die Hauptversammlung über ein beschränktes unternehmerisches Ermessen, das sie ins-

---

315 Vgl. hierzu ausführlich *Paefgen*, Unternehmerische Entscheidungen, 237 ff.

316 *Paefgen*, Unternehmerische Entscheidungen, 243.

317 *Lutter*, ZIP 2007, 841, 845; da Vorstands- und Aufsichtsratsmitglieder nach § 93 AktG eine Verhaltenspflicht trifft, verstoßen sie aber bereits dann gegen ihre Sorgfaltspflicht, wenn sie eine Entscheidung auf einer unzureichenden Informationsgrundlage stützen, vgl. *Schäfer*. ZIP 2005, 1253, 1257. Dies gilt aber nicht für Hauptversammlungsbeschlüsse, weil insoweit nicht das Verhalten der Aktionäre, sondern die objektive Vereinbarkeit mit Gesetz und Satzung Gegenstand der Rechtmäßigkeitskontrolle ist.

318 Nach *Wirth*, in: FS Hüffer, 1129, 1143 ist ein solcher Beschluss missbräuchlich.

319 Vgl. *Paefgen*, Unternehmerische Entscheidungen, 241 f.; weitergehend zur Umkehr der Darlegungs- und Beweislast *ders.*, Unternehmerische Entscheidungen, 251 ff. Vgl. für den Fall von Eigeninteressen der Hauptversammlungsmehrheit *Zöllner*, AG 2000, 145, 153.

besondere im Falle evident fehlender Erfolgsaussicht der Anspruchsverfolgung überschreitet. Das Ermessen der Hauptversammlung entfällt allerdings, wenn der Geltendmachungsbeschluss nicht auf einer angemessenen Informationsgrundlage beruht. In diesem Fall unterliegt der Beschluss der vollen gerichtlichen Kontrolle.

5. Treuepflicht und Gleichbehandlungsgrundsatz

Ein Verstoß gegen die Treuepflicht[320] kommt bei einem Geltendmachungsbeschluss unter zwei Gesichtspunkten in Betracht: als Pflichtverstoß im Verhältnis zwischen den Aktionären oder zwischen Aktionären und Gesellschaft[321]. Letztere vertikale Treuepflicht erschöpft sich – wie bereits dargestellt[322] – in der Pflicht zur Förderung des Gesellschaftszwecks. Ein Verstoß gegen die horizontale Treuepflicht[323] ist demgegenüber schon nicht denkbar. Diese verpflichtet die Aktionäre nämlich, auf die mitgliedschaftlichen Interessen der anderen Aktionäre angemessen Rücksicht zu nehmen.[324] Private Belange sind hingegen nicht vom Schutzbereich der Treuepflicht erfasst.[325] Als Anspruchsgegner eines Geltendmachungsbeschlusses sind die Aktionäre aber lediglich als Schuldner eines deliktischen beziehungsweise vertraglichen Anspruchs betroffen. Ihre mitgliedschaftlichen Belange sind daher nicht berührt.

Eine Treuepflichtverletzung auf der Ebene der Stimmrechtsabgabe ist demgegenüber möglich. Dies ist zum Beispiel der Fall, wenn ein Aktionär für die Geltendmachung eines Anspruchs stimmt, um die Gesellschaft durch negative Presse und Behinderung der Vorstandsarbeit zu stören. Da der Treueverstoß nach herrschender Meinung[326] zur Nichtigkeit der Stimmabgabe führt, ist der Geltendmachungsbeschluss fehlerhaft, wenn die Stimme bei der Beschlussfeststellung Berücksichtigung fand und kausal für das Beschlussergebnis war.[327]

---

320 Die Treuepflicht ist allgemein anerkannt, wenngleich die dogmatische Einordnung streitig ist, vgl. *Bungeroth*, in: MünchKomm AktG, Vor § 53a Rn. 19; *Wiesner*, in: MünchHdB AG, § 17 Rn. 15.

321 *Hüffer*, AktG, § 53a Rn. 14.

322 Hierzu vorstehend C. III. 4. a).

323 Vgl. hierzu BGHZ 103, 184, 194 f. (Linotype).

324 *Bungeroth*, in: MünchKomm AktG, Vor § 53a Rn. 25; *Cahn/v. Spannenberg*, in: Spindler/Stilz, AktG, § 53a Rn. 48.

325 *Cahn/v. Spannenberg*, in: Spindler/Stilz, AktG, § 53a Rn. 50; *Zöllner*, AG 2000, 145, 154.

326 BGHZ 102, 172, 176; BGH, AG 1993, 514; *Zöllner*, Schranken mitgliedschaftlicher Stimmrechtsmacht, 366; a.A. *Schwab*, Das Prozeßrecht gesellschaftsinterner Streitigkeiten, 331 ff.; *ders.*, in: Schmidt/Lutter, AktG, § 243 Rn. 5.

327 *K. Schmidt*, in: Großkomm AktG, § 243 Rn. 39.

Ein Verstoß gegen das Gleichbehandlungsverbot ist bei einem Beschluss nach § 147 I 1 AktG ausgeschlossen. Das Gleichbehandlungsgebot verpflichtet die Aktiengesellschaft, die Aktionäre in ihrer mitgliedschaftlichen Beziehung zu der Aktiengesellschaft unter gleichen Voraussetzungen gleich zu behandeln.[328] Wiederum sind Anspruchsgegner eines Geltendmachungsbeschlusses nicht in ihrer Eigenschaft als Aktionäre betroffen.

6. Durchsetzbare positive Stimmpflicht

Ob Aktionäre einer durchsetzbaren positiven Stimmpflicht[329] gerichtet auf Fassung eines Geltendmachungsbeschlusses unterliegen können, wird im Folgenden untersucht.

a) Gesellschaftsinteresse

Eine positive Stimmpflicht ist in Rechtsprechung[330] und Literatur[331] anerkannt und besteht dann, wenn einzig eine bestimmte Entscheidung im Gesellschaftsinteresse liegt, weil jede andere Entscheidung die Gesellschaft schädigen würde.[332] Dementsprechend besteht ausnahmsweise eine Pflicht zur Fassung eines Geltendmachungsbeschlusses, wenn das Gesellschaftsinteresse einzig und allein die Anspruchsverfolgung gebietet.[333] Eine positive Stimmpflicht ist entsprechend vorstehenden Ausführungen vereinfacht dann

---

328 *Bungeroth*, in: MünchKomm AktG, § 53a Rn. 7; *Fleischer*, in: Schmidt/Lutter, AktG, § 53a Rn. 18.

329 Diese Pflicht ist grundsätzlich nicht auf eine positive Mitwirkung gerichtet, sondern lediglich darauf, nicht gegen einen Geltendmachungsbeschluss zu stimmen, weil Stimmenthaltungen bei der Zahl der abgegebenen Stimmen nicht mitzuzählen sind, vgl. zu Mitwirkungspflichten *Brändel*, in: Großkomm AktG, § 1 Rn. 88.

330 BGHZ 129, 136, 152f. (Girmes); OLG Stuttgart, AG 2003, 588, 590.

331 *Bungeroth*, in: MünchKomm AktG, Vor § 53a Rn. 38; *Hüffer*, AktG, § 53a Rn. 22.

332 Vgl. *Henze/Notz*, in: Großkomm AktG, Anh § 53a Rn. 58f. mit Einzelfällen, in denen eine positive Stimmpflicht in Betracht kommt.

333 Die Möglichkeit einer positiven Stimmpflicht bei Geltendmachungsbeschlüssen nach § 147 AktG befürwortend: *Henze/Notz*, in: Großkomm AktG, Anh § 53a Rn. 59; *Ihlas*, D & O, 229; *K. Schmidt*, in: Großkomm AktG, § 243 Rn. 50; *Mock*, in: Spindler/Stilz, AktG, § 147 Rn. 27; vgl. *Trescher*, DB 1995, 661, 662. Für den ähnlich gelagerten Fall der Sonderprüfung: OLG Stuttgart, AG 2003, 588, 590; *Semler*, in: MünchHdB AG, § 42 Rn. 11; kritisch demgegenüber *Krieger*, RWS-Forum, Gesellschaftsrecht 1995, 149, 171, und *Windbichler*, RWS-Forum, Gesellschaftsrecht 1995, 23, 38, die mit Blick auf den Minderheitenschutz des § 147 AktG a.F. allenfalls Einzelfälle erfassen wollen.

anzunehmen, wenn die Summe der unmittelbaren und mittelbaren Erlöse die Kosten der Anspruchsverfolgung übersteigt.[334]

Dem könnte allerdings entgegengehalten werden, dass die Aktionäre schon die Willensbildungskompetenz über die Anspruchsverfolgung nicht an sich ziehen müssten und daher erst recht nicht zur Fassung eines bestimmten Beschlusses verpflichtet seien. Ferner sei ein ablehnender Beschluss der Hauptversammlung nicht bindend für den Vorstand oder Aufsichtsrat, sondern diese seien weiterhin zur Anspruchsverfolgung verpflichtet, wenn es im Gesellschaftsinteresse liege. Schließlich diene ein Beschluss nach § 147 I AktG primär dazu, eine pflichtvergessene Geschäftsleitung zur Anspruchsgeltendmachung anzuhalten, nicht aber, wie im GmbH-Recht,[335] die Anspruchsverfolgung erst zu ermöglichen.

Alle angeführten Bedenken vermögen aber nicht zu begründen, dass die Aktionäre, die zur Förderung des Gesellschaftszwecks verpflichtet sind, eine durch das Gesellschaftsinteresse gebotene Maßnahme ablehnen dürfen. Vielmehr müssen die Aktionäre ihre Stimmrechtausübung am Gesellschaftsinteresse ausrichten, soweit sie von ihrer Stimme Gebrauch machen. Eine positive Stimmpflicht ist mithin bei Geltendmachungsbeschlüssen denkbar.

b) Durchsetzbarkeit der Stimmpflicht

Kann eine positive Stimmpflicht zur Fassung eines Geltendmachungsbeschlusses bestehen, stellt sich in einem zweiten Schritt die Frage nach der Durchsetzbarkeit dieser Pflicht. Grundsätzlich sind Stimmpflichten im Wege der Anfechtung eines ablehnenden Beschlusses in Verbindung mit einer positiven Beschlussfeststellungsklage durchsetzbar.[336] Dieser Weg ist jedoch für die Pflicht zur Fassung eines Beschlusses nach § 147 I 1 AktG versperrt,[337]

---

[334] Hierzu vorstehend C. III. 4. a) bb).

[335] Im GmbH-Recht kommt nach überwiegender Meinung eine positive Stimmpflicht bei der Entscheidung über die Anspruchsverfolgung nach § 46 Nr. 8 GmbHG in Betracht, vgl. *Kallmeyer*, GmbH-Handbuch, Lieferung 109 (Juni 2004), Rn. I 1473; *Kowalski*, ZIP 1995, 1315, 1316; *Krieger*, VGR 1998, Band 1, 111, 120; *Römermann*, in: Michalski, GmbHG, § 46 Rn. 438; *K. Schmidt*, in: Scholz, GmbHG, § 46 Rn. 153; *ders.*, KTS 2005, 261, 262 f.

[336] Die treuwidrigen Stimmen sind nicht mitzuzählen, vgl. *Dörr*, in: Spindler/Stilz, AktG, § 246 Rn. 58; *Trescher*, DB 1995, 661, 662; weitergehend im Sinne einer beschlussersetzenden Gestaltungsklage *Schwab*, in: Schmidt/Lutter, AktG, § 246 Rn. 38 m.w.N.; für die GmbH: BGH, ZIP 1991, 23, 24; OLG Stuttgart, DB 1999, 2256, 2257.

[337] Demgegenüber kommt nach OLG Stuttgart, AG 2003, 588, 590 bei der Sonderprüfung trotz des Minderheitsrechts nach § 142 II AktG eine Anfechtungsklage gegen die Ablehnung der Bestellung in Betracht.

weil der Gesetzgeber mit der Aktionärsklage nach § 148 AktG ein abschließendes Verfahren für die Anspruchsverfolgung einer Minderheit geschaffen hat.[338]

Die Aktionärsklage sieht nämlich detaillierte Regelungen für die Anspruchsverfolgung vor, die Ausfluss eines sorgfältig abgewogenen Kompromisses zwischen den Interessen der Mehrheit und der Minderheit sind. Käme daneben der allgemeine Rechtsbehelf zur Durchsetzung positiver Stimmpflichten zur Anwendung, führte dies zu erheblichen Inkonsistenzen. Auf der einen Seite reicht beispielsweise für die Aktionärsklage nach § 148 I 2 Nr. 3 AktG der Verdacht einer Pflichtverletzung aus, während ein bloßer Verdacht eine positive Stimmpflicht nicht begründen kann. Auf der anderen Seite verlangt die Aktionärsklage eine qualifizierte Pflichtverletzung des Anspruchsgegners, während eine positive Stimmpflicht bereits bei einer einfachen Pflichtverletzung in Betracht kommt.

Eine Verdrängung des allgemeinen Rechtsbehelfs zur Durchsetzung der positiven Stimmpflicht hat praktisch auch keine Rechtsschutzverkürzung zu Lasten der Minderheit zur Folge. Zunächst bietet die Aktionärsklage einen umfassenderen Rechtsschutz. Während die Durchsetzung der positiven Stimmpflicht lediglich eine Pflicht zur Anspruchsverfolgung begründet, schließt die Aktionärsklage die Betreibung der Geltendmachung ein. Ferner kann zwar jeder Aktionär eine positive Stimmpflicht geltend machen, während die Aktionärsklage nur eine Minderheit betreiben kann, die 1% oder Euro 100.000 am Grundkapital hält. Einzelne Aktionäre haben aber bei Erfolg einer positiven Beschlussfeststellungsklage praktisch kein Mittel, um eine effektive Anspruchsverfolgung gegen den Willen der Geschäftsleitungsorgane und der Hauptversammlung durchzusetzen. Wie noch zu zeigen ist,[339] kommt nämlich eine positive Stimmpflicht zur Bestellung eines Sondervertreters nicht in Betracht und für eine gerichtliche Bestellung nach § 147 II 2 AktG fehlt es an dem erforderlichen Quorum.

c) Ergebnis

Aktionäre unterliegen einer positiven Stimmpflicht zur Fassung eines Geltendmachungsbeschlusses, wenn das Gesellschaftsinteresse einzig und allein die Anspruchsverfolgung gebietet. Diese Stimmpflicht ist nicht im

---

[338] Die fehlende prozessuale Durchsetzbarkeit dieser Stimmpflicht im Wege der Anfechtungsklage steht ihrer Anerkennung nicht entgegen. Dies folgt bereits daraus, dass diese Pflicht andere Rechtsfolgen auslösen kann, wie zum Beispiel einen Schadensersatzanspruch der Gesellschaft gegen einen Aktionär im Falle der vorsätzlichen Verletzung der Stimmpflicht.

[339] Hierzu nachstehend D. III. 2. d) bb).

Wege der Anfechtungsklage in Verbindung mit einer positiven Beschlussfeststellungsklage durchsetzbar, weil die Aktionärsklage nach § 148 AktG das Verfahren zur Anspruchsverfolgung einer Minderheit abschließend regelt.

IV. Ausführungspflicht

Der Geltendmachungsbeschluss begründet die Pflicht zur Verfolgung des Ersatzanspruchs. Adressat dieser Pflicht ist entgegen vereinzelter Stimmen in der Literatur[340] nicht die Gesellschaft, sondern das zuständige Ausführungsorgan[341]. Dies folgt aus dem § 83 II AktG, wonach das zuständige Organ[342] zur Ausführung des Hauptversammlungsbeschlusses verpflichtet ist. Die Gesellschaft ist Inhaberin dieses Ausführungsanspruchs.

Vorstand und Aufsichtsrat sind an den Geltendmachungsbeschluss jeweils gebunden und können die Anspruchsverfolgung nicht aus Zweckmäßigkeitserwägungen ablehnen,[343] etwa weil sie die Erfolgsaussichten der Anspruchsverfolgung als gering einstufen oder negative Auswirkungen der Geltendmachung als Hinderungsgrund ansehen.[344] Mit der Fassung des Geltendmachungsbeschlusses hat die Hauptversammlung ihre Willensbildungskompetenz bindend ausgeübt. Der Vorstand beziehungsweise der Aufsichtsrat führen diesen Beschluss lediglich aus. Neben dem Wortlaut des § 147 I AktG spricht hierfür der Umkehrschluss zu dem durch das KonTraG eingeführten § 147 III 3 AktG a.F. Danach machte der gerichtlich bestellte besondere Vertreter den Ersatzanspruch nur dann geltend, wenn seiner Beurteilung nach eine hinreichende Erfolgsaussicht bestand.

---

340 *Hüffer*, AktG, § 147 Rn. 3; *Wirth*, in: FS Hüffer, 1129, 1137.

341 *Bezzenberger*, in: Großkomm AktG, § 147 Rn. 38; *Schröer*, in: MünchKomm AktG, § 147 Rn. 28; *Spindler*, in: Schmidt/Lutter, AktG, § 147 Rn. 6.

342 § 83 II AktG findet direkt nur auf den Vorstand Anwendung; für eine analoge Anwendung auf den Aufsichtsrat *Mertens/Cahn*, in: KölnerKomm AktG, § 83 Rn. 11.

343 Vgl. *Fleischer*, in: Spindler/Stilz, AktG, § 83 Rn. 10.

344 *Bezzenberger*, in: Großkomm AktG, § 147 Rn. 38; *Holzborn/Jänig*, in: Bürgers/Körber, HeidelbergerKomm AktG, § 147 Rn. 8; *Krieger*, RWS-Forum, Gesellschaftsrecht 1995, 149, 170; *Kronstein/Zöllner*, in: KölnerKomm AktG, § 147 Rn. 5; *Schröer*, in: MünchKomm AktG, § 147 Rn. 25; *Spindler*, in: Schmidt/Lutter, AktG, § 147 Rn. 6; vgl. KG, NZG 2005, 319, 320, für Minderheitsverlangen nach § 147 I 1 Alt. 2 AktG a.F.; a.A. für den Sondervertreter *Mock*, in: Spindler/Stilz, AktG, § 147 Rn. 62 im Falle eines unvertretbar hohen Prozessrisikos.

1. Grenzen

a) Rechtswidrigkeit des Geltendmachungsbeschlusses

Zur Klärung der Frage, ob das zuständige Organ im Falle eines rechtswidrigen Geltendmachungsbeschlusses verpflichtet ist, den Ersatzanspruch zu verfolgen, wird zunächst im Allgemeinen die Pflicht von Geschäftsleitungsorganen zur Ausführung rechtswidriger Beschlüsse untersucht. Insoweit ist zwischen nichtigen, anfechtbaren und bestandskräftigen Beschlüssen zu unterscheiden. Sodann wird beleuchtet, ob das gefundene Ergebnis auch für den Beschluss nach § 147 I 1 AktG Anwendung findet.

aa) Pflicht zur Ausführung rechtswidriger Hauptversammlungsbeschlüsse

Ein nichtiger Hauptversammlungsbeschluss hat keine Rechtswirkung und begründet daher keine Ausführungspflicht.[345] Ist ein Beschluss lediglich anfechtbar, ist er hingegen wirksam. In diesem Fall ist nach § 83 II AktG das Ausführungsorgan zur Ausführung verpflichtet,[346] soweit die beschlossene Maßnahme im Rahmen der Zuständigkeit der Hauptversammlung liegt.

Richtiger Ansicht nach begründet nur ein gesetzmäßiger[347] Beschluss eine Ausführungspflicht, wie aus den §§ 93 IV 1, 116 S. 1 AktG[348] zu folgern ist.[349] Ein rechtwidriger Beschluss befreit das zuständige Organ nämlich nicht von der Haftung. Das Ausführungsorgan kann nicht zu einer Handlung haftungsbewehrt verpflichtet sein, die ihrerseits eine Schadensersatzpflicht des Organwalters auslöst. Dem lässt sich auch nicht entgegenhalten, dass

---

[345] Vgl. *Haertlein*, ZHR 168 (2004), 437, 445; *Volhard*, ZGR 1996, 55, 59; zu den weiteren Kategorien von Beschlüssen, die ebenfalls keine Wirkungen entfalten, nämlich der unwirksame Beschluss und der Nichtbeschluss beziehungsweise Scheinbeschluss, *Semler*, in: MünchHdB AG, § 41 Rn. 3 f.

[346] Dies gilt auch im Falle einer erhobenen Anfechtungsklage, weil diese keine aufschiebende Wirkung hat, vgl. *Schwab*, Das Prozeßrecht gesellschaftsinterner Streitigkeiten, 537 m. w. N.

[347] Gesetzmäßigkeit liegt vor, wenn der Beschluss weder nichtig noch anfechtbar ist, vgl. die Amtl. Begr. zu § 84 bei *Klausing*, Gesetz über Aktiengesellschaften und Kommanditgesellschaften auf Aktien (1937), 72.

[348] Für den Sondervertreter gilt § 93 IV 1 AktG analog, hierzu nachstehend D. V. 1. a).

[349] Für den Vorstand: *Fleischer*, BB 2005, 2025, 2026; *ders.*, in: Spindler/Stilz, AktG, § 83 Rn. 8; *Habersack*, in: Großkomm AktG, § 83 Rn. 12; *Haertlein*, ZHR 168 (2004), 437, 445 ff.; *Spindler*, in: MünchKomm AktG, § 83 Rn. 17; a. A. *Semler*, in: MünchHdB AG, § 41 Rn. 85.

das zuständige Organ keine Kompetenz zur Prüfung der Rechtmäßigkeit des Beschlusses besitze, weil diese aus der etwaigen Haftung infolge der Ausführung eines rechtswidrigen Beschlusses folgt.

Anders stellt sich die Situation dar, wenn ein rechtswidriger Beschluss bestandskräftig geworden ist. Im Grundsatz besteht Einigkeit, dass der Beschluss in diesem Fall auszuführen ist, weil dieser nicht mehr für nichtig erklärt werden kann.[350] Er wird daher *ex nunc* gesetzmäßig im Sinne des § 93 IV 1 AktG.[351]

Trotz Bestandskraft des Beschlusses entfällt nach überwiegender Ansicht aber die Ausführungspflicht, wenn der Vorstand den Beschluss pflichtwidrig herbeigeführt hat oder es pflichtwidrig unterlassen hat, einen die Gesellschaft schädigenden[352] Beschluss anzufechten.[353] In beiden Fällen könne sich der Vorstand nicht auf die Haftungsprivilegierung nach § 93 IV 1 AktG berufen,[354] so dass wiederum im Falle der Beschlussausführung eine Pflichtenkollision bestehe, die der Ausführungspflicht entgegenstehe.

Hiergegen ist einzuwenden, dass diese Beschlüsse dann ebenso wie nichtige Beschlüsse wirkungslos wären, weil die Ausführungspflicht unabhängig von einer rechtzeitigen Anfechtung entfiele. Hierin läge eine unsachgemäße Beschränkung der Bestandskraft, die im Gesetz nicht angelegt ist. Ferner handelt es sich nur scheinbar um eine Pflichtenkollision. Denn die eigentliche Pflichtverletzung des Vorstands liegt nicht in der Ausführung des Beschlusses, sondern in der Beschlussherbeiführung beziehungsweise in der unterlassenen Anfechtung. Daher wäre es unschädlich, den Vorstand für die Ausführung nach § 93 IV 1 AktG zu enthaften, während die Beschlussherbeiführung beziehungsweise die unterlassene Anfechtung Anknüpfungspunkt einer Haftung nach § 93 II 1 AktG wären.[355]

---

[350] Für den Vorstand: *Fleischer*, BB 2005, 2025, 2027; *ders.*, in: Spindler/Stilz, AktG, § 83 Rn. 16; *Habersack*, in: Großkomm AktG, § 83 Rn. 12; *Hefermehl*, in: FS Schilling, 159, 167; *Spindler*, in: MünchKomm AktG, § 83 Rn. 20.

[351] Für den Vorstand: *Haertlein*, ZHR 168 (2004), 437, 441.

[352] Eine Pflicht zur Anfechtung bestehe nur, wenn dieser zu einer Schädigung der Gesellschaft führen würde, siehe *Spindler*, in: MünchKomm AktG, § 83 Rn. 22; § 93 Rn. 208 m. w. N.

[353] *Habersack*, in: Großkomm AktG, § 83 Rn. 13; *Krieger*, in: Krieger/Schneider, Handbuch Managerhaftung, § 3 Rn. 33; *Seibt*, in: Schmidt/Lutter, AktG, § 83 Rn. 12; *Spindler*, in: MünchKomm AktG, § 83 Rn. 20; a. A. wohl *Fleischer*, BB 2005, 2025, 2027; *ders.*, in: Spindler/Stilz, AktG, § 83 Rn. 16, § 93 Rn. 228; *Hopt*, in: Großkomm AktG, § 93 Rn. 324.

[354] *Fleischer*, BB 2005, 2025, 2028 f.; *ders.*, in: Spindler/Stilz, AktG, § 93 Rn. 272 f.; *Krieger/Sailer-Coceani*, in: Schmidt/Lutter, AktG, § 93 Rn. 49; *Mertens/Cahn*, in: KölnerKomm AktG, § 93 Rn. 154.

[355] Freilich führte die Beschlussausführung zur Entstehung des Schadens.

Demnach besteht eine Ausführungspflicht bei rechtmäßigen und bestandskräftigen Beschlüssen. Das zuständige Organ hat die Rechtslage selbst zu prüfen und sodann zu entscheiden, ob es den Beschluss ausführt. Schätzt es die Rechtslage falsch ein, haften die Organwalter, wenn sie sorgfaltswidrig handeln.[356]

bb) Übertragung auf den Geltendmachungsbeschluss

Angewandt auf den Geltendmachungsbeschluss sind das zuständige Geschäftsleitungsorgan beziehungsweise der Sondervertreter nur dann zur Verfolgung eines Ersatzanspruchs verpflichtet, wenn der Beschluss nach § 147 I 1 AktG rechtmäßig oder bestandskräftig ist. Dem könnte allerdings entgegengehalten werden, dass eine Prüfungskompetenz des Ausführungsorgans mit Sinn und Zweck des § 147 AktG nicht vereinbar sei. Insbesondere wären Vorstand und Aufsichtsrat dann nämlich in der Lage, sich der Pflicht zur Anspruchsverfolgung durch vorgeschobene rechtliche Bedenken zu entledigen.

Dieser Einwand überzeugt aber nicht, weil das Prüfungsrecht zwingend aus der drohenden Haftung nach § 93 IV 1 AktG folgt. Zudem ist die Anspruchsverfolgung durch andere Mechanismen ausreichend abgesichert. Zunächst machen sich die Organwalter des Ausführungsorgans ersatzpflichtig, wenn sie von der Beschlussausführung absehen, obwohl der Beschluss offensichtlich rechtmäßig ist. Ferner ist das zuständige Organ bei zweifelhafter Rechtslage verpflichtet, einstweilige Maßnahmen zu ergreifen, wie die Verjährung zu hemmen oder Beweise zu sichern, damit eine zukünftige Verfolgung des Anspruchs im Falle der Bestandskraft des Geltendmachungsbeschlusses nicht unmöglich wird. Schließlich kann die Hauptversammlung einen besonderen Vertreter bestellen, wenn Vorstand oder Aufsichtsrat nicht gewillt sind, den Anspruch ordnungsgemäß zu verfolgen.

b) Nachträgliche Änderung der Beschlussgrundlage

In dem Zeitraum zwischen der Fassung des Geltendmachungsbeschlusses und der Anspruchsverfolgung können sich die bei der Beschlussfassung bestehenden Umstände nachträglich verändern oder die zugrunde gelegten Annahmen als unrichtig erweisen. Beispielsweise könnte ein Schaden der Gesellschaft aufgrund des Zuflusses unmittelbarer Vermögensvorteile nachträglich entfallen, der dem Ersatzanspruch zugrunde gelegte Sachverhalt sich aufgrund neuer Erkenntnisse anders darstellen oder die Rechtsprechung

---

[356] Für den Vorstand: *Haertlein*, ZHR 168 (2004), 437, 447.

sich nachträglich ändern. In diesen Fällen stellt sich die Frage, ob die Pflicht zur Anspruchsverfolgung erlischt und ob die Hauptversammlung erneut mit der Geltendmachung des Ersatzanspruchs zu befassen ist.

aa) Erlöschen der Ausführungspflicht

Nach herrschender Meinung muss das zuständige Organ von der Ausführung des Beschlusses absehen, wenn sich die Verhältnisse grundlegend geändert haben.[357] Dies sei der Fall, wenn die Ausführung die Gesellschaft schädigte[358] beziehungsweise das Gesellschaftsinteresse ein Abweichen von der Weisung erforderte[359].

Dieser Sicht der herrschenden Meinung ist bereits im Ausgangspunkt zu widersprechen. Die Ausführungspflicht basiert auf einer Weisung der Hauptversammlung. Daher beurteilt sich ausschließlich nach dieser Weisung, ob die Ausführungspflicht aufgrund der veränderten Beschlussgrundlage erlischt. Entscheidend ist, ob der Geltendmachungsbeschluss auch noch für die veränderten Verhältnisse Geltung beansprucht, was durch Auslegung zu bestimmen ist.

Das Gesellschaftsinteresse dient demgegenüber nicht als Maßstab für den Geltungsbereich des Beschusses, sondern als Schranke für die Willensbildung der Hauptversammlung. Auf das objektive Kriterium des Gesellschaftsinteresses beziehungsweise einer Schädigung der Gesellschaft abzustellen, würde demgegenüber sowohl zu kurz als auch zu weit greifen. Zu kurz greift dieses Kriterium, wenn die nachträgliche Veränderung der Beschlussgrundlage eine Schädigung der Gesellschaft nicht befürchten lässt, aber gleichwohl nicht vom Beschluss erfasst ist.[360] Zu weit geht dieses, wenn der Geltendmachungsbeschluss eine veränderte Sachlage erfasst, obwohl die Gesellschaft bei der Ausführung einen Schaden[361] erleiden wür-

---

[357] *Seibt*, in: Schmidt/Lutter, AktG, § 83 Rn. 12; *Spindler*, in: MünchKomm AktG, § 83 Rn. 23.

[358] *Fleischer*, BB 2005, 2025, 2027; *ders.*, in: Spindler/Stilz, AktG, § 83 Rn. 17; *Habersack*, in: Großkomm AktG, § 83 Rn. 13; *Landwehrmann*, in: Heidel, Aktienrecht und Kapitalmarktrecht, § 93 Rn. 137.

[359] *Hopt*, in: Großkomm AktG, § 93 Rn. 328.

[360] Zum Beispiel könnte sich herausstellen, dass der Anspruchsgegner nicht vorsätzlich, sondern lediglich fahrlässig gehandelt hat, ohne hierbei die Erfolgsaussichten der Anspruchsverfolgung zu schmälern. Sollte die Auslegung des Geltendmachungsbeschlusses ergeben, dass der Anspruch lediglich im Falle vorsätzlichen Handelns zu verfolgen ist, würde die Ausführungspflicht erlöschen.

[361] Dies dürfte allerdings nur ausnahmsweise der Fall sein, weil der Geltendmachungsbeschluss regelmäßig derart auszulegen ist, dass eine Anspruchsverfolgung zum Nachteil der Gesellschaft nicht erfasst ist.

de.[362] In diesem Fall ist allerdings gegebenenfalls bereits der ursprüngliche Geltendmachungsbeschluss rechtswidrig. Wird dieser allerdings bestandskräftig, bleibt das zuständige Organ zur Ausführung verpflichtet.[363]

Mithin entfällt die Ausführungspflicht, wenn sich die Beschlussgrundlage so wesentlich verändert hat, dass der Geltendmachungsbeschluss die veränderten Verhältnisse nicht mehr erfasst.

bb) Befassung der Hauptversammlung

Erlischt die Ausführungspflicht, würde in der Folge die Entscheidung über die Geltendmachung des Ersatzanspruchs zurück in die Hände des Vorstands beziehungsweise Aufsichtsrats fallen. Nach herrschender Meinung darf das Ausführungsorgan den Beschluss aber nicht als inexistent behandeln, sondern muss der Hauptversammlung bei nächster Gelegenheit die Möglichkeit geben, einen neuen Beschluss hierüber zu fassen.[364] Dieser Ansicht ist im Wesentlichen zuzustimmen.

Die Hauptversammlung ist als nur punktuell handlungsfähiges Organ, das der Einberufung durch Dritte bedarf, selbst nicht in der Lage, einen Geltendmachungsbeschluss zu initiieren. Erledigt sich ein Geltendmachungsbeschluss aufgrund veränderter Umstände, kann die Hauptversammlung mitunter keine oder nur eine verspätete Entscheidung über die Verfolgung des Ersatzanspruchs treffen. Da die Hauptversammlung ursprünglich einen Geltendmachungsbeschluss gefasst hat, ist anzunehmen, dass sie ihre Willensbildungskompetenz auch unter den veränderten Umständen ausüben würde. Um der Hauptversammlung eine Entscheidung über die Verfolgung des Anspruchs zu ermöglichen, ist das zuständige Geschäftsleitungsorgan grundsätzlich verpflichtet, die Hauptversammlung hiermit erneut zu befassen.

Hiervon besteht nur dann eine Ausnahme, wenn eine erneute Befassung der Hauptversammlung zwecklos ist, weil die Verfolgung des Anspruchs ausgeschlossen ist, beispielweise weil der Ersatzanspruch zweifellos untergegangen ist. In diesem Fall erlangen der Vorstand beziehungsweise der

---

362 A.A. *Hopt*, in: Großkomm AktG, § 93 Rn. 328 mit ausführlicher Begründung.

363 Hierzu vorstehend C. IV. 1. a).

364 Vgl. *Habersack*, in: Großkomm AktG, § 83 Rn. 13; *Krieger/Sailer-Coceani*, in: Schmidt/Lutter, AktG, § 93 Rn. 51; *Landwehrmann*, in: Heidel, Aktienrecht und Kapitalmarktrecht, § 93 Rn. 137; vgl. zu § 119 II AktG *Mülbert*, in: Großkomm AktG, § 119 Rn. 54; differenzierend *Spindler*, in: MünchKomm AktG, § 83 Rn. 23, wonach es bei Beschlüssen nach § 119 II AktG keiner Vorlage an die Hauptversammlung bedarf, sondern der Vorstand selbständig darüber entscheidet; a.A. *Mertens/Cahn*, in: KölnerKomm AktG, § 93 Rn. 158.

Aufsichtsrat die Willensbildungskompetenz uneingeschränkt zurück und das gegebenenfalls bestehende Amt des Sondervertreters endet automatisch.

Ist die Hauptversammlung erneut zu befassen, so ist die Anspruchsverfolgung auf der nächsten ordentlichen Hauptversammlung oder – soweit das Wohl der Gesellschaft dies fordert – auf einer außerordentliche Hauptversammlung nach den §§ 111 III 1, 121 I AktG zu behandeln. Damit die Hauptversammlung eine Entscheidung über die Geltendmachung des Ersatzanspruchs treffen kann, ist das Ausführungsorgan verpflichtet, die notwendigen Maßnahmen zur Sicherung der Verfolgung dieses Anspruchs bis zur Hauptversammlung zu treffen. Hatte die Hauptversammlung einen Sondervertreter bestellt, ist der Bestellungsbeschluss grundsätzlich derart auszulegen, dass der Sondervertreter für die Sicherung des Anspruchs bei veränderter Beschlussgrundlage zuständig bleibt. Andernfalls wäre nämlich zu befürchten, dass der Vorstand beziehungsweise der Aufsichtsrat unter Annahme einer veränderten Beschlussgrundlage die Ausführungskompetenz an sich zögen und die Geltendmachung vereiteln würden. Mithin wirkt der Geltendmachungsbeschluss auch insoweit fort.

Im Gegensatz zum Sondervertreter sind der Vorstand und der Aufsichtsrat aufgrund ihrer eigenen Verfolgungskompetenz befugt, über die Sicherung des Anspruchs hinaus dessen Verfolgung zu betreiben.

cc) Ergebnis

Die Ausführungspflicht erlischt, wenn sich die Beschlussgrundlage so wesentlich verändert hat, dass der Geltendmachungsbeschluss die veränderten Verhältnisse nicht mehr erfasst. In diesem Fall ist die Hauptversammlung mit der Anspruchsverfolgung erneut zu befassen, es sei denn eine solche Befassung wäre zwecklos. Bis sich die Hauptversammlung mit der Geltendmachung des Ersatzanspruchs befassen kann, ist das Ausführungsorgan verpflichtet, die erforderlichen Maßnahmen zur Sicherung des Anspruchs zu treffen.

c) Erledigung

Mit der Erledigung des Geltendmachungsbeschlusses erlischt die Ausführungspflicht. Erledigung tritt ein, wenn der Ersatzanspruch erfüllt ist, sei es durch freiwillige Zahlung, sei es durch Zwangsvollstreckung, oder wenn die Anspruchsverfolgung endgültig gescheitert ist, weil die Mittel zur Durchsetzung des Ersatzanspruchs erschöpft sind[365]. Drittens kann die Hauptver-

---

[365] Vgl. *Bezzenberger*, in: Großkomm AktG, § 147 Rn. 59. Welche Mittel dies im Einzelnen sind, vgl. nachstehend C. V.

sammlung den Geltendmachungsbeschluss aufheben. Aus der Befugnis der Hauptversammlung, die Anspruchsverfolgung zu veranlassen, ist ihre Aufhebungskompetenz zu folgern. Die Aufhebung erfolgt als *actus contrarius* durch einen Hauptversammlungsbeschluss,[366] für den die Anforderungen des Geltendmachungsbeschlusses gelten.

2. Pflichtverletzung

Unterlässt das zuständige Organ, den Geltendmachungsbeschluss auszuführen, kommen sowohl Primär- als auch Sekundäransprüche in Betracht. Auf der Primärebene liegt der Anspruch auf Ausführung des Hauptversammlungsbeschlusses. Ob ein solcher Ausführungsanspruch besteht, wer Anspruchsinhaber und Anspruchsgegner sind und wie dieser Anspruch geltend gemacht wird, ist streitig. Die verschiedenen Auffassungen hierzu sind im Folgenden lediglich knapp zu referieren.[367]

Erstens könnte der Gesellschaft ein Anspruch auf Beschlussausführung gegenüber den Organwaltern des Ausführungsorgans zustehen.[368] Der Vorstand beziehungsweise der Aufsichtsrat wären als gesetzliche Vertreter der Gesellschaft für die Verfolgung des Anspruchs zuständig.[369] Ferner ist ein Anspruch der Hauptversammlung gegen das Ausführungsorgan auf Befolgung des Beschlusses denkbar. Nach einigen Stimmen in der Literatur kann der Aufsichtsrat – in Vertretung der Gesellschaft – für die Hauptversammlung den Anspruch auf Beschlussausführung gegen den Vorstand im Wege eines Organstreits geltend machen.[370] Schließlich kommt ein aus der Mitgliedschaft resultierender Anspruch eines jeden Aktionärs gegen die Gesellschaft auf Ausführung des Hauptversammlungsbeschlusses in Betracht.[371]

---

366 *Bezzenberger*, in: Großkomm AktG, § 147 Rn. 24; *Mock*, in: Spindler/Stilz, AktG, § 147 Rn. 28.

367 Da § 147 AktG keine spezifischen Besonderheiten hinsichtlich dieser intensiv diskutierten Problematik aufweist, werden diese Fragen nicht näher beleuchtet.

368 *Lewerenz*, Leistungsklagen zwischen Organen und Organmitgliedern der Aktiengesellschaft, 121; *Schulz-Gardyan*, Die sogenannte Aktionärsklage, 116; *Seibt*, in: Schmidt/Lutter, AktG, § 83 Rn. 13; *Spindler*, in: MünchKomm AktG, § 83 Rn. 24; *Stodolkowitz*, ZHR 154 (1990), 1, 9f.; *Wiesner*, in: MünchHdB AG, § 25 Rn. 81.

369 Ein Sondervertreter könnte hierfür nicht bestellt werden, weil § 147 AktG mangels Ersatzanspruchs keine Anwendung fände.

370 *Bauer*, Organklagen zwischen Vorstand und Aufsichtsrat der Aktiengesellschaft, 105; *Hommelhoff*, ZHR 143 (1979), 288, 309f.

371 *Habersack*, in: Großkomm AktG, § 83 Rn. 16; *Hüffer*, AktG, § 83 Rn. 6; *Schwab*, Das Prozeßrecht gesellschaftsinterner Streitigkeiten, 15ff.; *Seibt*, in: Schmidt/Lutter, AktG, § 83 Rn. 14.

Auf der Sekundärebene sind die Organwalter des Ausführungsorgans nach den §§ 93 II 1, 116 S. 1 AktG schadensersatzpflichtig,[372] soweit sie die Ausführungspflicht schuldhaft verletzt haben, indem sie vorsätzlich die Anspruchsverfolgung verweigern[373] oder diese aufgrund einer fahrlässigen Verkennung der Ausführungspflicht unterlassen, etwa weil sie fehlerhaft von der Anfechtbarkeit des Geltendmachungsbeschlusses oder von einem Erlöschen der Ausführungspflicht aufgrund der nachträglichen Änderung von Umständen ausgehen.

Die Organwalter tragen nach § 93 II 2 AktG die Beweislast für das Fehlen von Pflichtverletzung und Verschulden.[374] Die Business Judgment Rule nach § 93 I 2 AktG findet hierauf keine Anwendung, weil die Organwalter verbindlich zur Anspruchsverfolgung angewiesen sind und es daher an einer unternehmerischen Entscheidung fehlt.[375] Die Gesellschaft trägt hingegen die Darlegungs- und Beweislast für einen Schaden. Hierfür muss die Gesellschaft vortragen und beweisen, dass ein Ersatzanspruch bestand und die Geltendmachung und Durchsetzung des Anspruchs erfolgreich gewesen wäre.[376] Die Höhe des Schadens bestimmt sich nach der schadensrechtlichen Differenzhypothese, also nach dem Vergleich der tatsächlichen Vermögenslage mit der Vermögenslage, die sich bei pflichtgemäßen Verhalten ergeben hätte.[377] Ist der Ersatzanspruch nachträglich nicht mehr durchzusetzen, beispielsweise aufgrund von Verjährung oder einer nunmehr eingetretenen Zahlungsunfähigkeit des Ersatzpflichtigen, kann der Schaden die volle Höhe des Ersatzanspruchs zuzüglich Nebenansprüchen und Folgeschäden erreichen.

Für die Ausführung des Beschlusses haften die Organwalter des zuständigen Organs nicht, wenn ein rechtmäßiger oder bestandskräftiger Geltendmachungsbeschluss vorliegt, § 93 IV 1 AktG. Eine Haftung aufgrund einer

---

[372] Zur Anwendung des § 93 AktG auf den Sondervertreter, siehe nachstehend D. V. 1. a).

[373] In der vorsätzlichen Verweigerung der Ausführung liegt regelmäßig ein wichtiger Grund für die Abberufung von Vorstandsmitgliedern, siehe *Fleischer*, in: Spindler/Stilz, AktG, § 83 Rn. 18; *Habersack*, in: Großkomm AktG, § 83 Rn. 15; *Oltmanns*, in: Heidel, Aktienrecht und Kapitalmarktrecht, § 83 Rn. 6; *Spindler*, in: MünchKomm AktG, § 83 Rn. 216.

[374] *Fleischer*, in: Fleischer, Handbuch des Vorstandsrechts, § 11 Rn. 71; *Hüffer*, AktG, § 93 Rn. 16; für die Anwendbarkeit der Business Judgment Rule im Falle einer zweifelhaften Rechtslage, *Freiherr von Falkenhausen*, NZG 2012, 644, 647 m. w. N.

[375] *Lutter*, ZIP 2007, 841, 843; vgl. *Hüffer*, AktG, § 93 Rn. 4 f.

[376] Vgl. *Mertens*, in: FS K. Schmidt, 1183, 1195.

[377] Vgl. *Hopt*, in: Großkomm AktG, § 93 Rn. 264; *Mertens/Cahn*, in: KölnerKomm AktG, § 93 Rn. 59.

pflichtwidrigen Herbeiführung des Beschlusses oder einer pflichtwidrig unterlassenen Beschlussmängelklage des Vorstands bleibt unberührt.[378] Ferner ist das Ausführungsorgan für die Art und Weise der Beschlussausführung zuständig, so dass die Organwalter für die schuldhafte Verletzung von Sorgfaltspflichten haften. Die Business Judgment Rule kann in diesem Zusammenhang Anwendung finden, soweit unternehmerische Entscheidungen, wie zum Beispiel in Bezug auf die zu verfolgende Strategie der Anspruchsverfolgung, betroffen sind.

V. Art und Weise der Anspruchsverfolgung

1. Außergerichtliche und gerichtliche Geltendmachung

Geltendmachung meint nicht nur die gerichtliche, sondern auch die außergerichtliche Anspruchsverfolgung.[379] Dies belegt die Entstehungsgeschichte des § 147 AktG.[380] Nach § 122 II 1 AktG 1937 war der besondere Vertreter lediglich zur „Führung des Rechtsstreits" berechtigt. Um die außergerichtliche Anspruchsverfolgung einzubeziehen, hat der Gesetzgeber des Aktiengesetzes von 1965 – ausweislich der Gesetzesbegründung – die Formulierung „Geltendmachung" verwendet.[381]

Zwischen der außergerichtlichen und der gerichtlichen Geltendmachung ist in Bezug auf den Pflichteninhalt zu unterscheiden. Im Sinne einer effektiven Anspruchsverfolgung ist das Ausführungsorgan verpflichtet, nach einer erfolglosen außergerichtlichen Geltendmachung den Rechtsweg zu beschreiten.[382] Demgegenüber ist die außergerichtliche Geltendmachung selbst nicht zwingender Bestandteil des Pflichtenprogramms, sondern das Ausführungsorgan ist lediglich verpflichtet, das Ermessen hinsichtlich einer vorhergehenden außergerichtlichen Verfolgung sorgfaltsgemäß auszuüben.

Dem Ausführungsorgan stehen zur Geltendmachung eines nach § 147 I 1 AktG zu verfolgenden Ersatzanspruchs alle Mittel der Zivilprozessordnung[383] beziehungsweise einer ausländischen Prozessordnung zur Verfügung. Beispielsweise ist die Anspruchsverfolgung mittels Feststellungsklage,

---

[378] Hierzu vorstehend C. IV. 1. a).

[379] *Mock*, in: Spindler/Stilz, AktG, § 147 Rn. 18; *Spindler*, in: Schmidt/Lutter, AktG, § 147 Rn. 10.

[380] Vgl. *Bezzenberger*, in: Großkomm AktG, § 147 Rn. 39.

[381] Vgl. mit Bezug auf den besonderen Vertreter den Ausschussbericht zu § 147 bei *Kropff*, Aktiengesetz 1965, 216.

[382] Vgl. *Bezzenberger*, in: Großkomm AktG, § 147 Rn. 40; *Hueck*, in: FS Bötticher, 197, 200.

[383] Vgl. *Böbel*, Besonderer Vertreter, 99.

Mahnverfahren oder Widerklage[384] möglich. Ferner werden nicht nur Aktiv-, sondern auch Passivprozesse erfasst.[385] Erhebt zum Beispiel der Anspruchsgegner eine negative Feststellungsklage gerichtet auf Feststellung, dass ein geltend zu machender Ersatzanspruch nicht besteht, begründet ein Beschluss nach § 147 I AktG die Pflicht, sich gegen diese Klage zu verteidigen. Eine ähnliche Konstellation liegt vor, wenn die Gesellschaft gegenüber einer liquiden Forderung die Primäraufrechnung mit einem unter § 147 I AktG fallenden Ersatzanspruch erklärt. Erhebt der Ersatzpflichtige nunmehr die Zahlungsklage, so verpflichtet ein Geltendmachungsbeschluss zur Verteidigung gegenüber dieser, allerdings inhaltlich darauf beschränkt, dass der Anspruch nach § 389 BGB untergegangen ist.

Soweit der Geltendmachungsbeschluss zur Einlegung von Rechtsmitteln schweigt, ist das Ausführungsorgan grundsätzlich verpflichtet, Rechtsmittel gegen die Entscheidungen von Instanzgerichten einzulegen, weil die gerichtliche Geltendmachung den gesamten Rechtsweg umfasst. Beruht die Klageabweisung darauf, dass die bei Beschlussfassung bestehenden Umstände sich nachträglich verändert haben oder die zugrunde gelegten Annahmen sich als unrichtig erweisen, beispielsweise weil eine weitere gerichtliche Verfolgung nunmehr aussichtslos erscheint, bestimmt sich das Fortdauern der Geltendmachungspflicht nach den obigen Ausführungen zur nachträglichen Veränderung der Beschlussgrundlage[386]. Ist die Hauptversammlung erneut mit der Geltendmachung des Ersatzanspruchs zu befassen, ist das Ausführungsorgan regelmäßig dazu verpflichtet, zur Sicherung der Anspruchsverfolgung ein Rechtsmittel einzulegen, weil die Einberufung der Hauptversammlung innerhalb der Rechtsmittelfristen typischerweise nicht möglich ist.

Ferner ist die Beitreibung des Ersatzanspruchs im Zwangsvollstreckungsverfahren nach ganz herrschender Meinung auch Teil der Geltendmachung.[387] Andernfalls würde das bezweckte Ziel der Haftungsdurchsetzung verfehlt, weil das zuständige Geschäftsleitungsorgan geneigt sein könnte, von einer Durchsetzung des Ersatzanspruchs abzusehen. Soweit die Gesellschaft bereits über einen Titel verfügt, beispielsweise ein Endurteil gemäß § 704 I ZPO oder eine Urkunde gemäß § 794 I Nr. 5 ZPO, etwa nach einer Kreditgewährung der Gesellschaft, kann sich die Geltendmachungsverpflichtung auch ausschließlich auf Maßnahmen der Zwangsvollstreckung beschränken.

---

[384] *Ritter*, AktG 1937, § 122, 2b.

[385] Schon RG 114, 397, 399 mit Bezug auf den besonderen Vertreter.

[386] Hierzu vorstehend C. IV. 1. b).

[387] *Böbel*, Besonderer Vertreter, 91; *Haager*, in: Ball/Haager, Aktienrechtliche Sonderprüfung, 198.

2. Verfügungen

Von erheblich praktischer Bedeutung ist die Frage, ob das Ausführungsorgan über den geltend zu machenden Ersatzanspruch verfügen kann, etwa durch Aufrechnung oder Abtretung. Eine einheitliche Antwort hierauf unabhängig von der Art der jeweiligen Verfügung ist nicht möglich.[388] Während der Abschluss eines Erlassvertrags (§ 397 I BGB) eindeutig keine Geltendmachung ist, stellt die Aufrechnung des Ersatzanspruchs (§ 387 BGB) eine typische Form der Anspruchsverfolgung dar,[389] durch die eine Forderung im Wege der Selbsthilfe[390] durchgesetzt werden kann. Freilich darf das Ausführungsorgan keine Primäraufrechnung gegenüber einer illiquiden Forderung erklären. Dies betrifft aber lediglich die Sorgfaltsmäßigkeit der Anspruchsverfolgung.

Die Abtretung des Ersatzanspruchs (§ 398 BGB), beispielsweise im Rahmen einer Veräußerung, ist nach Ansicht des BGH keine Geltendmachung, wenn der Verkaufspreis lediglich bei 50% des Forderungsbetrags zuzüglich Kosten und Zinsen liegt.[391] Nach der vorzugswürdigen strengeren Ansicht ist jede Abtretung des Ersatzanspruchs unabhängig vom gezahlten Entgelt unzulässig,[392] auch wenn die Veräußerung des Ersatzanspruchs im Einzelfall sogar wirtschaftlich vorteilhaft ist. Die Abtretung des Ersatzanspruchs liegt jenseits der Wortlautgrenze des § 147 I 1 AktG, weil es sich hierbei nicht um eine Durchsetzung des Anspruchs handelt, sondern lediglich eine wirtschaftliche Verwertung erfolgt. Dies belegt auch der systematische Vergleich zu § 148 I 1 AktG. Danach steht der Minderheit dieselbe Geltendmachungsbefugnis zu, die eindeutig keine Veräußerung des Ersatzanspruchs erfasst. Schließlich dient die Veräußerung des Ersatzanspruchs lediglich dem Ausgleichsinteresse der Gesellschaft, erfüllt aber nicht die Steuerungsfunktion der Haftung mit Blick auf das zukünftige Verhalten der Organwalter.

Im Ergebnis sind Verfügungen, wie die Aufrechnung, taugliche Mittel der Geltendmachung des Ersatzanspruchs, während der Abschluss eines Erlassvertrags oder die Abtretung des Anspruchs nicht zulässig sind.

---

388 A.A. *Koch/Heidel*, in: Heidel, Aktienrecht (1. Auflage), § 147 Rn. 31, wonach jegliche Art von Verfügung ausgeschlossen ist; vgl. auch *Spindler*, in: Schmidt/Lutter, AktG, § 147 Rn. 11.

389 Vgl. *Hueck*, in: Baumbach/Hueck, AktG, 1970, § 147 Rn. 4.

390 *Grüneberg*, in: Palandt, BGB, § 387 Rn. 1.

391 Vgl. BGH, ZIP 1981, 179f.; vgl. *Mock*, in: Spindler/Stilz, AktG, § 147 Rn. 18; *Spindler*, in: Schmidt/Lutter, AktG, § 147 Rn. 11.

392 *Schröer*, in: MünchKomm AktG, § 147 Rn. 25; vgl. *Spindler*, in: Schmidt/Lutter, AktG, § 147 Rn. 11.

3. Vergleiche

Ob die Pflicht zur Geltendmachung des Ersatzanspruchs den Abschluss eines Vergleichs verbietet, ist in der Literatur – soweit hierzu überhaupt Stellung genommen wird – umstritten.[393] Der Einbeziehung eines Vergleichs als Mittel der Geltendmachung nach § 147 I 1 AktG könnte entgegenstehen, dass der Vergleich mit einem Nachgeben im Sinne des § 779 I BGB einhergeht, welches mit der Pflicht zur Anspruchsverfolgung unvereinbar ist.[394] Dies betrifft gleichermaßen den außergerichtlichen Vergleich (§ 779 BGB) wie auch den Prozessvergleich (§ 779 BGB, § 794 I Nr. 1 ZPO).

Hiergegen ist jedoch anzuführen, dass der Abschluss eines Vergleichs das Prozessrisiko – um den Preis eines Abschlags bei der Forderung – vermeidet. Die vergleichsweise Einigung liegt hierbei nach vereinfachter Weise[395] bei dem Produkt aus Prozesschance und der Höhe des behaupteten Ersatzanspruchs. Daher sind beide Wege der Geltendmachung *ex ante* betrachtet wirtschaftlich äquivalent. Mithin ist der Vergleichsabschluss ein taugliches Instrument der Anspruchsverfolgung, welches der klageweisen Anspruchsverfolgung nicht nachsteht, sondern lediglich eine andere Art und Weise der Geltendmachung darstellt.

Der Abschluss eines Vergleichs steht auch nicht im Widerspruch zur Ausführungspflicht des Geltendmachungsbeschlusses. Das Ausführungsorgan hat zwar bei der Geltendmachung des Ersatzanspruchs dessen volle Höhe zugrunde zu legen. Hieraus ist aber nicht zu folgern, dass der Anspruch auch in der denkbar größten Höhe durchsetzen ist. Bestimmt der Geltendmachungsbeschluss allerdings auch die Höhe des Anspruchs, darf sich das Ausführungsorgan nicht zu einem geringeren Betrag vergleichen.

Ferner ist auch nicht zu befürchten, dass durch die Möglichkeit eines Vergleichsabschlusses die Anspruchsverfolgung faktisch zur Disposition des Ausführungsorgans stehe. Da ein Vergleich nach den §§ 50, 53 S. 1, 93 IV 3, 116 S. 1, 117 IV AktG ohnehin der Zustimmung der Hauptversammlung bedarf, besteht nämlich keine Gefahr, dass das Ausführungsorgan die Anspruchsverfolgung missbräuchlich vereiteln könnte.[396] Somit liegt eine vergleichsweise Einigung letztlich ohnehin in der Hand der Hauptversammlung. Zudem machen sich die Organwalter des Ausführungsorgans – wie im

---

[393] Für die Unzulässigkeit eines Vergleichs: *Bezzenberger*, in: Großkomm AktG, § 147 Rn. 38; für die Zulässigkeit mit Bezug auf den Sondervertreter: *Böbel*, Besonderer Vertreter, 96 ff., 102 f.; *Kling*, ZGR 2009, 190, 206 ff.

[394] *Böbel*, Besonderer Vertreter, 96.

[395] Insbesondere werden die Einsparung von Prozesskosten und der Vorteil sofortiger Liquidität bei umgehender Leistung auf den Vergleich vernachlässigt.

[396] Vgl. *Spindler*, in: MünchKomm AktG, § 93 Rn. 222.

Falle mangelhafter Prozessführung – schadensersatzpflichtig, wenn ihr Nachgeben bei Abschluss des Vergleichs unangemessen weit geht und sie schuldhaft handeln. Schließlich kann die Hauptversammlung eine vergleichsweise Einigung bereits im Vorhinein ausschließen, indem sie einen Sondervertreter nach § 147 II 1 AktG bestellt und diesem eine entsprechende Weisung erteilt.[397]

Ob der Abschluss eines Vergleichs oder die Erwirkung eines Urteils vorteilhafter ist, liegt im pflichtgemäßen Ermessen des zuständigen Organs. Hierbei sind unter anderem die Vergleichskonditionen, der Vorteil sofortiger Liquidität bei umgehender Leistung und gegebenenfalls die in der Regel geringere öffentliche Aufmerksamkeit im Gegensatz zu einer klageweisen Geltendmachung zu berücksichtigen.[398]

4. Geltendmachungsfrist

Nach § 147 I 2 AktG soll der Ersatzanspruch binnen sechs Monaten geltend gemacht werden. Diese Frist dient dazu, eine Verschleppung der Anspruchsverfolgung zu verhindern.[399]

Trotz der Formulierung als Soll-Vorschrift besteht eine ermessensunabhängige Pflicht, den Anspruch in der Sechsmonatsfrist geltend zu machen.[400] Zwar besteht insbesondere im Verwaltungsrecht bei Soll-Vorschriften nur regelmäßig eine Pflicht, während atypische Fälle nicht erfasst sind.[401] Im Aktienrecht haben Soll-Vorschriften jedoch vor allem die Funktion mangelnde beschlussrechtliche Relevanz auszudrücken, während der Normad-

---

397 Zur Weisungsbindung des Sondervertreters siehe nachstehend D. IV.

398 Vgl. *Cahn*, Vergleichsverbote im Gesellschaftsrecht, 1.

399 *Schröer*, in: MünchKomm AktG, § 147 Rn. 38; *Spindler*, in: Schmidt/Lutter, AktG, § 147 Rn. 12. Als weiterer Zweck ist nach den historischen Motiven zusätzlich angeführt, dass „durch das Recht der Minderheit die Möglichkeit einer Verfolgung der Ansprüche nicht fortdauernd und lähmend in der Schwebe bleibt.“, vgl. Entwurf eines Gesetzes, betreffend die KGaA und AG 1884, Allg. Begr., § 13 III B 2, abgedruckt bei *Schubert/Hommelhoff*, Hundert Jahre modernes Aktienrecht, 470. Dieser Gesichtspunkt adressiert die Missbrauchsgefahr, die bei Mehrheitsentscheidungen grundsätzlich nicht zu befürchten ist. Darüber hinaus schließt das OLG München, ZIP 2008, 73, 77 aus der Frist auf die Eilbedürftigkeit der Geltendmachung, insbesondere im Hinblick auf Beweismittelverluste. Die Geltendmachungsfrist ist aber ausweislich der Motive nicht der Eilbedürftigkeit der Anspruchsverfolgung geschuldet. Zudem ist nicht ersichtlich, dass die Verfolgung eines Ersatzanspruchs typischerweise der Eile bedarf.

400 *Lochner*, in: Heidel, Aktienrecht und Kapitalmarktrecht, § 147 Rn. 11; wohl auch *Hüffer*, AktG, § 147 Rn. 5.

401 Vgl. *Maurer*, Allgemeines Verwaltungsrecht, § 7 Rn. 11.

ressat gleichwohl einer ermessensunabhängigen Pflicht unterliegt.[402] Für die Soll-Bestimmung des § 147 I 2 AktG bestand eine vergleichbare Motivation: die Wandlung der vormaligen Muss-Vorschrift in eine Soll-Vorschrift durch die Aktienreform von 1937 hatte nämlich lediglich den Zweck klarzustellen, dass eine Klage nach Ablauf der Geltendmachungsfrist nicht unzulässig ist.[403]

Hinsichtlich der Wahrung der Geltendmachungsfrist ist ungeklärt, ob eine gerichtliche Anspruchsverfolgung erforderlich ist[404] oder ob ein außergerichtliches Vorgehen ausreicht[405]. Sinn und Zweck des § 147 I 2 AktG sprechen für eine gerichtliche Geltendmachung, weil sich eine außergerichtliche Geltendmachung in einer einfachen Zahlungsaufforderung erschöpfen kann und damit kaum geeignet ist, einer Verschleppung entgegenzuwirken. Entsprechend ergab sich bis zur Aktienrechtsreform von 1965 aus dem Gesetz, dass sich die Geltendmachungsfrist nur auf ein gerichtliches Vorgehen bezog.[406]

Entgegen steht diesem Verständnis jedoch, dass der Begriff der „Geltendmachung" nach § 147 I 1 AktG auch die außergerichtliche Geltendmachung umfasst.[407] Zudem ist die aus der Einbeziehung der außergerichtlichen Geltendmachung folgende praktische Bedeutungslosigkeit der Geltendmachungsfrist weitestgehend unschädlich. Die Geltendmachungsfrist bezieht sich nämlich im Gegensatz zur Rechtslage vor dem UMAG nur noch auf den Geltendmachungsbeschluss der Hauptversammlung und nicht mehr auf das Minderheitsverlangen nach § 147 I 1, 2. Alt. AktG a. F. Aufgrund der stärkeren Einwirkungsmöglichkeiten der Hauptversammlung auf die Geschäftsleitung ist die Verschleppungsgefahr wesentlich geringer. Schließlich ist die Geltendmachungsfrist eine Maximalfrist, so dass es bei der allgemeinen Pflicht des zuständigen Organs verbleibt, den Beschluss unverzüglich, also ohne schuldhaftes Zögern, auszuführen.[408] Eine Pflichtverletzung wird daher regelmäßig bereits vor Ablauf der Geltendmachungsfrist anzunehmen sein.

---

402 Vgl. § 118 II 1 AktG, wonach eine ermessensunabhängige Teilnahmepflicht besteht, vgl. *Hoffmann*, in: Spindler/Stilz, AktG, § 118 Rn. 22 m. w. N.

403 Vgl. Amtl. Begr. zu §§ 122–124 bei *Klausing*, Gesetz über Aktiengesellschaften und Kommanditgesellschaften auf Aktien (1937), 109 f.; *Brodmann*, Aktiengesetz 1897, § 269 Nr. 1 zur Rechtslage vor 1937.

404 *Bezzenberger*, in: Großkomm AktG, § 147 Rn. 40; *Holzborn/Jänig*, in: Bürgers/Körber, HeidelbergerKomm AktG, § 147 Rn. 9; *Schröer*, in: MünchKomm AktG, § 147 Rn. 39; *Spindler*, in: Schmidt/Lutter, AktG, § 147 Rn. 12.

405 *Lochner*, in: Heidel, Aktienrecht und Kapitalmarktrecht, § 147 Rn. 11.

406 Vgl. § 123 I 2 AktG 1937; hierzu *Ritter*, AktG 1937, § 123 Nr. 2a.

407 Hierzu vorstehend C. V. 1.

408 *Fleischer*, BB 2005, 2025, 2025; *Volhard*, ZGR 1996, 55, 56.

Mithin ist das Ausführungsorgan ermessensunabhängig verpflichtet, den Ersatzanspruch innerhalb von sechs Monaten geltend zu machen; zur Wahrung dieser Frist ist eine außergerichtliche Geltendmachung ausreichend.

VI. Weisungsrecht der Hauptversammlung

Die Hauptversammlung hat nach § 147 I 1 AktG das Recht, dem zuständigen Ausführungsorgan die Weisung zu erteilen, einen bestimmten Ersatzanspruch geltend zu machen. Einigen Stimmen in der Literatur zufolge ist die Hauptversammlung darüber hinaus befugt, Weisungen bezüglich der Art und Weise der Anspruchsverfolgung zu erteilen.[409] Hierunter fallen Weisungen wie etwa den Ersatzanspruch zunächst außergerichtlich, mittels Mahnverfahren oder Aufrechnung zu verfolgen oder einen bestimmten Rechtsanwalt zu beauftragen. Diese Auffassung ist mit den Vertretern der Gegenansicht[410] abzulehnen.

Nach dem Wortlaut des § 147 I 1 AktG kann die Hauptversammlung nur über die Geltendmachung als solche entscheiden, während die Art und Weise der Anspruchsverfolgung nicht eingeschlossen ist. Daher könnte lediglich eine Analogie zu § 147 I 1 AktG ein Weisungsrecht im Hinblick auf die Vorgehensweise begründen. Insoweit fehlt es aber an einer vergleichbaren Interessenlage.

Zunächst lässt sich nicht im Wege des Erst-recht-Schlusses von dem Weisungsrecht hinsichtlich der Geltendmachung auf ein solches bezüglich der Art und Weise der Anspruchsverfolgung schließen. Wie der Anspruch zu verfolgen ist, ist kein wesensgleiches Minus zur Frage, ob dieser geltend zu machen ist, sondern vielmehr ein *aliud*. In gleicher Weise hat die Hauptversammlung trotz ihrer Entscheidungsbefugnis über eine Frage der Geschäftsführung nach § 119 II AktG kein Weisungsrecht hinsichtlich der Art und Weise der Ausführung.

Zudem gebietet auch der Zweck des § 147 I 1 AktG, nämlich die Erleichterung der Durchsetzung der Ersatzansprüche, keine Erweiterung des Weisungsrechts. Dieses wäre nämlich kaum geeignet, die Effektivität der Anspruchsverfolgung zu erhöhen. Zum einen kann das zuständige Organ regelmäßig die Modalitäten der Geltendmachung besser beurteilen als die Hauptversammlung. Zum anderen können einzelne Weisungen auch keine

---

409 *Schröer*, in: MünchKomm AktG, § 147 Rn. 25; mit der Einschränkung, dass die Vorgaben im Beschluss zur Geltendmachung des Ersatzanspruchs enthalten sein müsssen, vgl. *Mock*, in: Spindler/Stilz, AktG, § 147 Rn. 18, 23.

410 *Bezzenberger*, in: Großkomm AktG, § 147 Rn. 19.

effektive Anspruchsverfolgung bewirken, wenn das Ausführungsorgan der Anspruchsverfolgung insgesamt ablehnend gegenübersteht.

Letztlich widerspräche eine Weisungsbefugnis hinsichtlich der Art und Weise der Anspruchsgeltendmachung auch dem hier zugrunde gelegten Verständnis des § 147 AktG. Danach zieht die Hauptversammlung über § 147 I 1 AktG lediglich die Willensbildungskompetenz hinsichtlich der grundsätzlichen Entscheidung über die Geltendmachung des Ersatzanspruchs an sich. Die Ausführungskompetenz einschließlich der Willensbildungskompetenz bezüglich der Art und Weise der Geltendmachung verbleibt demgegenüber bei dem zuständigen Organ. Mit der Bestellung eines Sondervertreters gewinnt die Hauptversammlung die weitergehende Kontrolle über die Ausführung des Geltendmachungsbeschlusses.

Ergänzend ist darauf hinzuweisen, dass selbst bei Anerkennung eines Weisungsrechts hinsichtlich der Art und Weise solche Weisungen unzulässig sind, die eine bestimmte Art der Geltendmachung bindend vorgeben und dabei eine weitergehende Anspruchsverfolgung verbieten, etwa die Vorgabe, den Anspruch lediglich in bestimmter Höhe zu verfolgen oder ausschließlich außergerichtlich vorzugehen.[411] Weder der Wortlaut noch der Sinn und Zweck des § 147 I 1 AktG erlauben nämlich eine Beschränkung der Anspruchsverfolgung durch die Hauptversammlung. Zudem käme ein solcher Verfolgungsausschluss der Wirkung eines Verzichts nahe, der nur unter den Voraussetzungen der §§ 50, 93 IV, 116 S. 1, 117 IV AktG möglich ist.

Im Übrigen unterscheidet sich die vorliegende Frage der Weisungsbefugnis der Hauptversammlung nach § 147 I 1 AktG von der Frage, ob der Hauptversammlung ein allgemeines Weisungsrecht gegenüber dem jeweiligen Ausführungsorgan zusteht. Die Hauptversammlung hat keine Weisungsbefugnis gegenüber Vorstand und Aufsichtsrat,[412] aber gegenüber dem Sondervertreter, wie noch zu zeigen ist[413].

---

411 Vgl. *Spindler*, in: Schmidt/Lutter, AktG, § 147 Rn. 10.

412 Für den Vorstand vgl. *Hüffer*, AktG, § 76 Rn. 10; für den Aufsichtsrat: *Habersack*, in: MünchKomm AktG, § 111 Rn. 136 m.w.N.

413 Hierzu nachstehend D. IV.

D. Der besondere Vertreter nach § 147 II AktG

Nach § 147 II 1 AktG kann die Hauptversammlung einen besonderen Vertreter bestellen, der anstelle des Vorstands beziehungsweise Aufsichtsrats den Geltendmachungsbeschluss ausführt.

Die Untersuchung des Sondervertreters beginnt mit der Einordnung seiner Stellung und Funktion in der Aktiengesellschaft (unter I.). Im Anschluss wird seine Organstellung (unter II.) und seine Bestellung mit besonderem Fokus auf den Hauptversammlungsbeschluss, das Anstellungsverhältnis und die Rechtsfolgen im Falle der Nichtigkeit der Bestellung beleuchtet (unter III.). Ferner werden die Weisungsbindung (unter IV.), die Pflichten und die Haftung (unter V.) sowie die Befugnisse (unter VI.) des besonderen Vertreters analysiert, um abschließend prozessrechtliche Fragen mit Blick auf den Geltendmachungsprozess wie auch auf Beschlussmängelstreitigkeiten zu untersuchen (unter VII.).

I. Stellung und Funktion

Die Funktion und Stellung des Sondervertreters ist entscheidend für das Verständnis dieses Instituts und für die Bestimmung seiner Rechte und Pflichten. Zwei Ansätze für seine Einordnung in das Organisationsgefüge der Aktiengesellschaft sind denkbar.

Zum einen könnte die Stellung des Sondervertreters daraus abzuleiten sein, dass er ein Instrument der Hauptversammlung für die Anspruchsverfolgung ist. Demnach käme dem Sondervertreter im System der aktienrechtlichen „Gewaltenteilung" nicht die Stellung als Ersatzaufsichtsrat oder -vorstand zu, sondern er glich einem „verlängerten Arm"[414] der Hauptversammlung. Nach dieser Lesart bestimmen sich die Rechte und Pflichten des Sondervertreters weniger in Anlehnung an die Organe Vorstand und Aufsichtsrat, als vielmehr aus der Funktion und Stellung des Sondervertreters als Ausführungsorgan der Hauptversammlung.

Zum anderen könnte die Stellung des Sondervertreters derjenigen des verdrängten Organs entsprechen.[415] Hierfür lässt sich anführen, dass der

[414] *Böbel*, Besonderer Vertreter, 62.

[415] *Verhoeven*, ZIP 2008, 245, 246; *Weiss/Buchner*, WM 2005, 162, 166; im Ansatz LG München, ZIP 2007, 1809, 1813; 2420, 2422; in diese Richtung deutend

Sondervertreter das zuständige Geschäftsleitungsorgan zeitlich und funktional beschränkt verdrängt und dessen Aufgabe, nämlich die Anspruchsverfolgung, ausführt.[416] Der Sondervertreter wäre dann als ein Ersatzaufsichtsrat oder -vorstand mit einem limitierten Aufgabenbereich anzusehen. Dieses Verständnis legt es nahe, dem Sondervertreter auch die Rechte und Pflichten einzuräumen, die dem verdrängten Organ in Bezug auf die Anspruchsverfolgung zustünden, wie etwa Informationsrechte, die Weisungsunabhängigkeit sowie mit Blick auf den Vorstand die Anfechtungsbefugnis, die Rechte auf der Hauptversammlung und das Erfordernis eines wichtigen Grundes für die Abberufung.

Der letztgenannten Auffassung ist zunächst entgegenzuhalten, dass aus der identischen Aufgabe von Vorstand beziehungsweise Aufsichtsrat und Sondervertreter nicht zwingend auf dieselbe Rechtsstellung zu schließen ist. Gegen die Annahme einer identischen Rechtstellung sprechen nämlich die zwischen diesen bestehenden erheblichen Unterschiede. Dies betrifft zum Beispiel die Zusammensetzung von Vorstand (§ 76 II AktG) und Aufsichtsrat (§§ 95 f. AktG) im Vergleich zum Sondervertreter sowie die unterschiedlichen Bestellungskompetenzen nach den §§ 84 I 1, 101, 147 II 1 AktG. Schließlich hinge bei konsequenter Betrachtung die Rechtsstellung des Sondervertreters davon ab, ob er als Ersatzaufsichtsrat oder aber als Ersatzvorstand fungiert. Denn die Befugnisse von Vorstand und Aufsichtsrat weisen aufgrund ihrer verschiedenen Funktion erhebliche Unterschiede auf, etwa im Hinblick auf Informationsrechte, auf die Befugnis, Hauptversammlungsbeschlüsse anzufechten, sowie auf die Rechte in der Hauptversammlung. Es ist aber wenig überzeugend, dass sich die Befugnisse des Sondervertreters danach bestimmen, ob sich der Ersatzanspruch gegen ein Vorstandsmitglied oder gegen einen anderen Anspruchsgegner des § 147 I 1 AktG richtet.

Vielmehr ist der Sondervertreter als ein der Hauptversammlung untergeordnetes Ausführungsorgan zu verstehen.[417] Dieses Verständnis ist aus dem Funktionszusammenhang der §§ 142–147 AktG herzuleiten. Danach stehen der Hauptversammlung mit der Sonderprüfung, dem Geltendmachungsbeschluss und der Sondervertretung die Mittel zur Verfügung, um einen Ersatzanspruch verfolgen zu können. Zunächst kann sich die Hauptversammlung die notwendigen Informationen durch eine Sonderprüfung nach § 142 I 1 AktG verschaffen. Ihr Zweck liegt insbesondere in der Vorberei-

---

Mock, DB 2008, 393, 397; *Spindler*, in: Schmidt/Lutter, AktG, § 147 Rn. 25; a.A. *Fabritius*, in: GS Gruson, 133, 141, 147.

416 *Verhoeven*, ZIP 2008, 245, 246 f.

417 Nach *Böbel*, Besonderer Vertreter, 62 ist der Sondervertreter „verlängerter Arm“ der Hauptversammlung; dem folgend *Wirth*, in: FS Hüffer, 1129, 1144.

tung eines Schadensersatzprozesses, wie die inhaltliche Bezugnahme in § 142 I 2 AktG auf die Einleitung eines Rechtsstreits sowie die Regelung von § 142 AktG und § 147 AktG in demselben Unterabschnitt[418] belegen. Auf der Grundlage dieser Informationen kann die Hauptversammlung die Willensbildungskompetenz nach § 147 I 1 AktG hinsichtlich der Entscheidung über die Anspruchsverfolgung dem zuständigen Organ entziehen und selbst ausüben. Die Ausführungskompetenz verbleibt auf dieser Stufe noch bei dem Vorstand beziehungsweise dem Aufsichtsrat.

Konsequenterweise läge die letzte Stufe darin, dass die Hauptversammlung neben der Willensbildungskompetenz auch die Ausführungskompetenz an sich ziehen könnte, um damit die Anspruchsverfolgung vollständig selbst zu besorgen. Dies ist ihr allerdings aus praktischen Gründen verwehrt, weil die Hauptversammlung eben nur punktuell handlungsfähig[419] und damit zur Außenvertretung ungeeignet ist[420]. Stattdessen kann sie aber ein besonderes Organ für die Ausführung bestellen.[421]

Mithin ist der Sondervertreter seiner Funktion und Stellung in der Binnenorganisation nach nicht als Ersatzaufsichtsrat oder -vorstand einzuordnen, sondern als ein der Hauptversammlung unterstelltes Ausführungsorgan.

II. Organstellung

Ob der besondere Vertreter ein Organ der Aktiengesellschaft ist, gehört zu den im Grundsatz streitigen Fragen. Nach einer knappen Einführung zum Rechtsinstitut der Organschaft (unter 1.) wird der Meinungsstand zur Organqualität des Sondervertreters dargestellt (unter 2.), gefolgt von einem eigenen Ansatz zur Herleitung seiner Organqualität (unter 3.).

1. Organschaft

Das Rechtsinstitut der Organschaft[422] bildet eine Antwort auf das Grundproblem, dass juristische Personen zwar rechtsfähig sind, aber im Gegensatz

[418] *Habersack*, in: FS Wiedemann, 889, 893.

[419] *Kubis*, in: MünchKomm AktG, § 118 Rn. 11; vgl. *Hoffmann*, in: Spindler/Stilz, AktG, § 118 Rn. 5.

[420] *Kubis*, in: MünchKomm AktG, § 118 Rn. 9; vgl. *Schürnbrand*, Organschaft im Recht der privaten Verbände, 396, wonach der Hauptversammlung in Bezug auf den Organstreit die prozessuale Handlungsfähigkeit fehlt.

[421] *Böbel*, Besonderer Vertreter, 62.

[422] Zu den Ursprüngen der Organtheorie, insbesondere im Vergleich zur konkurrierenden Vertretertheorie, siehe *Schürnbrand*, Organschaft im Recht der privaten Verbände, 17ff. m.w.N.

zum Menschen keine natürliche Willensbildungs- oder Handlungsfähigkeit besitzen.[423] Es schafft einen einheitlichen Zurechnungsmechanismus jenseits von Vertretung, § 278 BGB oder § 831 BGB, der für das Außen- wie Innenverhältnis des Verbands wirkt und zu einer Zurechnung von Handeln, Wissen und Wollen natürlicher Personen an den Verband führt.[424] Nach der herrschenden Lehre ist die Stellung als Organ nach dem funktionell-organisatorischen Organbegriff zu bestimmen. Danach ist ein Organ eine auf Gesetz oder Satzung beruhende verselbständigte Wirkungseinheit, welche die Handlungsfähigkeit des Verbands herstellt.[425]

2. Meinungsstand

Während nach einigen Stimmen in der Literatur[426] der besondere Vertreter keine Organstellung in der Aktiengesellschaft einnimmt, stuft ihn das überwiegende Schrifttum[427] als Organ ein. In der Rechtsprechung spiegelt sich dieses Bild: insbesondere der BGH misst dem besonderen Vertreter Organqualität bei,[428] wogegen lediglich das Oberlandesgericht München Bedenken äußert[429]. Die Organstellung des besonderen Vertreters wird über-

---

[423] *Beuthien*, in: FS Zöllner, 87, 92; *Ulmer*, in: FS Wiedemann, 1297, 1305.

[424] Vgl. *Schürnbrand*, Organschaft im Recht der privaten Verbände, 22 ff.

[425] *Wolff*, Organschaft und juristische Person, Band 2, 236; *Schürnbrand*, Organschaft im Recht der privaten Verbände, 30 ff., 94 m. w. N.

[426] *Wirth/Pospiech*, DB 2008, 2471, 2474; *Teichmann*, in: FS Mühl, 663, 679; *Hopt/Roth*, in: Großkomm AktG, § 112 Rn. 9, aber nur mit Bezug auf den Sondervertreter nach § 147 II 2 AktG, der auf Antrag einer Minderheit gerichtlich bestellt wird; sich letztlich nicht festlegend, aber kritisch *Westermann*, AG 2009, 237, 247.

[427] *Bezzenberger*, in: Großkomm AktG, § 147 Rn. 52; *Böbel*, Besonderer Vertreter, 133 f.; *Hachenburg*, Anm. z. BayObLG, Beschl. v. 06.05.1931 – Reg. III Nr. 51/31 –, JW 1931, 2998, 2998; *Hüffer*, AktG, § 147 Rn. 7; *ders.*, ZHR 175 (2010), 642, 673, 677 ff.; *Kling*, ZGR 2009, 190, 211 ff.; *Kronstein/Zöllner*, in: KölnerKomm AktG, § 147 Rn. 11; *Lochner*, in: Heidel, Aktienrecht und Kapitalmarktrecht, § 147 Rn. 16; *Mock*, in: Spindler/Stilz, AktG, § 147 Rn. 66; *ders.*, AG 2008, 839, 840; *ders.*, DB 2008, 393, 395; *Schröer*, in: MünchKomm AktG, § 147 Rn. 43; *Schürnbrand*, Organschaft im Recht der privaten Verbände, 31; *Semler*, AG 2005, 321, 330; *Spindler*, in: Schmidt/Lutter, AktG, § 147 Rn. 23; *Verhoeven*, ZIP 2008, 245, 246.

[428] BGH, ZIP 2011, 2195, 2195; BGH, NJW 1981, 1097, 1098; LG München, ZIP 2007, 1809, 1812; ZIP 2007, 2420, 2423; NZG 2009, 1311, 1312.

[429] OLG München, ZIP 2008, 73, 79: „Dem besonderen Vertreter innerhalb der Gesellschaft eine dem Vorstand ähnliche Organstellung zuzubilligen, würde zudem zu schwerwiegenden Eingriffen in die Struktur und Organisation der Gesellschaft mit der Gefahr erheblicher praktischer Schwierigkeiten führen." Diese Ausführungen ließen sich auch so interpretieren, dass es dem Sondervertreter nur an einer dem Vorstand *ähnlichen* Organstellung fehle, ohne damit die Organstellung in Abrede zu stellen. Für ein Verständnis im Sinne einer vollständigen Ablehnung der Organstellung spricht aber die sich anschließende Entscheidung des OLG München, AG 2008,

wiegend damit begründet, dass er den Vorstand beziehungsweise den Aufsichtsrat hinsichtlich der Geltendmachung verdränge und daher auch ihre Organstellung einnehme.[430] Demgegenüber sprechen sich A. Wirth und Posbiech gegen die Organstellung des Sondervertreters aus und verstehen ihn als rechtsgeschäftlichen Vertreter,[431] während G. Wirth ihn als gesetzlichen Vertreter einzuordnen scheint[432]. Teichmann hingegen sieht den Sondervertreter als gesetzlichen Prozessstandschafter, der im eigenen Namen für die Gesellschaft handelt.[433]

3. Stellungnahme

Aufgrund der Unschärfe des Organbegriffs versucht die nachfolgende Untersuchung nicht, die Organstellung des Sondervertreters anhand gängiger Definition zu bestimmen. Vielmehr begründet sie die Organstellung auf dem sichereren Terrain des Zurechnungsmechanismus. Hierfür wird zunächst erörtert, dass der Gesellschaft die Handlungen des Sondervertreters organschaftlich zuzurechnen sind, um daraus im Anschluss seine Organstellung herzuleiten.

a) Zurechnungsmechanismus

Ob der besondere Vertreter im Namen des Verbands mittels organschaftlicher oder aber vertretungsrechtlicher Zurechnung handelt oder als Prozessstandschafter im eigenen Namen für die Gesellschaft den Anspruch verfolgt, ist im Folgenden anhand der Gegenüberstellung der drei Mechanismen herauszuarbeiten.

864, 868, wonach dem Sondervertreter in Abkehr vom vorstehend genannten Urteil eine „organähnliche" Stellung eingeräumt wird; die Organstellung offen lassend OLG München, NJW-RR 2009, 108, 109.

430 Vgl. BGH, NJW 1981, 1097, 1098; LG München, ZIP 2007, 1809, 1812; *Hüffer*, AktG, § 147 Rn. 7; *Verhoeven*, ZIP 2008, 245, 246; demgegenüber die Organstellung unmittelbar auf der Grundlage des funktionell-organisatorischen Organbegriffs herleitend: *Böbel*, Besonderer Vertreter, 133 f. und *Kling*, ZGR 2009, 190, 209 ff.

431 Vgl. *Wirth/Pospiech*, DB 2008, 2471, 2474, die zwar nicht ausdrücklich den Sondervertreter als rechtgeschäftlichen Vertreter bezeichnen, aber anerkennen, dass er die Gesellschaft vertritt, während ihm aber keine Organstellung zukomme.

432 *Wirth*, in: FS Hüffer, 1129, 1143 f.

433 *Teichmann*, in: FS Mühl, 663, 679; ihm folgend *Hopt/Roth*, in: Großkomm AktG, § 112 Rn. 9, aber nur mit Bezug auf den Sondervertreter nach § 147 II 2 AktG, der auf Antrag einer Minderheit gerichtlich bestellt wird. In der Tendenz auch *Fabritius*, in: GS Gruson, 133, 141 f. und *Westermann*, AG 2009, 237, 247.

aa) Vertretung

Als vertretungsrechtlicher Zurechnungsmechanismus kommt nur eine rechtsgeschäftliche Vertretung in Betracht. Eine gesetzliche Vertretung scheidet demgegenüber aus. Diese beruht auf dem Gesetz oder einem staatlichen Akt und findet Anwendung in Situationen, in welchen der Vertretene seine eigenen Angelegenheiten nicht selbständig regeln kann,[434] wie zum Beispiel im Falle der Bestellung eines Prozesspflegers, § 57 ZPO.[435] Demgegenüber gründet die Vertretungsmacht des Sondervertreters auf einem Willensakt der Gesellschaft.

Der Abgrenzung der organschaftlichen von der rechtsgeschäftlichen Zurechnung liegt folgende Annahme zugrunde: Begründet eine gesetzlich bestimmte Wirkungseinheit die Fähigkeit des Verbands, im Außenverhältnis zu handeln,[436] ist dieses Handeln nicht vertretungsrechtlich, sondern organschaftlich zuzurechnen. Dieser Annahme widersprechen A. Wirth und Pospiech mit dem Hinweis darauf, dass der Aufsichtsratsvorsitzende die Gesellschaft nach § 184 I 1 AktG zwar unmittelbar vertritt, dieser aber nach herrschender Meinung kein Organ ist.[437] Allerdings steht auch insoweit ein organschaftlicher Zurechnungsmechanismus nicht in Frage, weil – soweit zu dieser Problematik überhaupt Stellung genommen wird – die Zurechnung über das Organ Aufsichtsrat erfolgt.[438] Der Aufsichtsratsvorsitzende ist nämlich in diesem Fall als Repräsentant[439] des Aufsichtsrats tätig. Folglich kann der Einwand von A. Wirth und Pospiech die vorstehend genannte Annahme nicht erschüttern.

Daher handelt es sich um eine organschaftliche Vertretung, wenn der Sondervertreter die Handlungsfähigkeit der Gesellschaft mit Blick auf die Geltendmachung der Ersatzansprüche begründet. Eine rechtsgeschäftliche Vertretung[440] setzt demgegenüber voraus, dass der Verband aufgrund einer

---

[434] *Schramm*, in: MünchKomm BGB, Vor § 164 Rn. 5.

[435] Vgl. *Lindacher*, in: MünchKomm ZPO, § 57 Rn. 4, 19; *Weth*, in: Musielak, ZPO, § 57 Rn. 1.

[436] Freilich ist die Vertretung im Außenverhältnis kein notwendiges, sondern vielmehr ein hinreichendes Kriterium für die Organeigenschaft, wie am Beispiel der Hauptversammlung zu sehen ist.

[437] *Wirth/Pospiech*, DB 2008, 2471, 2474; nach *Schürnbrand*, Organschaft im Recht der privaten Verbände, 61 kommt dem Aufsichtsratsvorsitzenden in dieser Funktion die Organstellung zu.

[438] Vgl. *Schürnbrand*, Organschaft im Recht der privaten Verbände, 61.

[439] *Hopt/Roth*, in: Großkomm AktG, § 107 Rn. 63.

[440] Der Einordnung des besonderen Vertreters als einen rechtsgeschäftlichen Vertreter steht nicht etwa bereits entgegen, dass die Hauptversammlung einen Bevollmächtigten nicht bestellen könne, weil sie keine Vertretungsbefugnis im Außenver-

anderen Wirkungseinheit, also aufgrund des Vorstands oder Aufsichtsrats, handlungsfähig ist.[441]

Wären der Vorstand beziehungsweise der Aufsichtsrat trotz der Bestellung eines Sondervertreters weiterhin für die Anspruchsverfolgung organschaftlich vertretungsberechtigt, könnten sie trotz der Bestellung des Sondervertreters für die Gesellschaft im Hinblick auf die Anspruchsverfolgung wirksam handeln. In diesem Fall wäre die Bestellung des Sondervertreters so zu verstehen, dass das zuständige Geschäftsleitungsorgan die schuldrechtliche Pflicht hätte, die Anspruchsgeltendmachung zu unterlassen, § 82 II AktG.

Sowohl die Entwicklungsgeschichte als auch die Systematik gebieten aber die Annahme einer Verdrängung des Vorstands beziehungsweise Aufsichtsrats. Schon die Begründung zum Entwurf eines Handelsgesetzbuchs für das Deutsche Reich von 1895 führte ausdrücklich aus, dass im Falle der Bestellung eines Sondervertreters das zuständige Geschäftsleitungsorgan von der Vertretung ausgeschlossen ist.[442] Zudem nennt § 147 II 2 AktG den durch die Hauptversammlung bestellten Sondervertreter als zur Vertretung berufene Person gleichrangig neben Vorstand und Aufsichtsrat. Hieraus ist zu schließen, dass der besondere Vertreter das zuständige Geschäftsleitungsorgan insoweit ersetzt. Mithin vertritt der Sondervertreter die Gesellschaft nicht rechtsgeschäftlich.

bb) Prozessstandschaft

Für die Einordnung des besonderen Vertreters als Prozessstandschafter, der im eigenen Namen die Ansprüche der Gesellschaft geltend macht, führt Teichmann an, dass die Stellung des Sondervertreters strukturell eher der Situation des in Prozessstandschaft klagenden Aktionärs nach § 309 IV AktG als der des Aufsichtsrats gleiche.[443] Hiergegen ist jedoch einzuwenden, dass nach vorstehender Erkenntnis die organschaftliche Vertretungsbe-

---

hältnis habe und somit keine Willenserklärung nach § 167 I BGB abgegeben könne. Die Hauptversammlung ist nämlich nach herrschender Meinung bei der Bestellung des Sonderprüfers nach § 142 AktG im Außenverhältnis vertretungsbefugt, so dass eine Vertretung durch die Hauptversammlung nicht kategorisch auszuschließen ist.

441 Hierin liegt der Unterschied zur – von *A. Wirth* und *Pospiech* zum Vergleich herangezogenen – Prokura, denn die Prokuraerteilung wirkt sich nicht auf die Zuständigkeit der Geschäftsleitungsorgane aus, *Wirth/Pospiech*, DB 2008, 2471, 2474.

442 Vgl. die Begründung zu dem Entwurf eines Handelsgesetzbuches für das Deutsche Reich von 1895 (Denkschrift zum RJA – E I) bei *Schubert/Schmiedel/Krampe*, Quellen zum Handelsgesetzbuch von 1897, Band II, 1. Halbband, 134.

443 *Teichmann*, in: FS Mühl, 663, 679f.

fugnis des Vorstands beziehungsweise Aufsichtsrats entfällt. Der Sondervertreter würde aber in der Funktion als Prozessstandschafter diese Lücke in der Vertretungsbefugnis nicht ausfüllen.[444] In der Folge wäre die Gesellschaft teilweise handlungsunfähig.

Zudem hat der Gesetzgeber mit der Einführung des Klagezulassungsverfahrens durch das UMAG in § 148 I 1 AktG ausdrücklich eine gesetzliche Prozessstandschaft formuliert,[445] aber diese Formulierung nicht für die Sondervertretung nach § 147 II 1 AktG verwendet. Schließlich bezeichnet § 147 II 2 AktG den von der Hauptversammlung bestellten Sondervertreter neben Vorstand und Aufsichtsrat als zur „Vertretung" der Gesellschaft berufen. Daher ist auch der Einordnung des besonderen Vertreters als Prozessstandschafter nicht zu folgen.

b) Organstellung des Sondervertreters

Ausgehend von einem organschaftlichen Zurechnungsmechanismus bleibt noch die Frage zu beantworten, ob der Sondervertreter ein eigenständiges Organ der Gesellschaft ist oder lediglich für das Organ Hauptversammlung handelt[446].

Nach letzterer Alternative wären die Handlungen des Sondervertreters dem Organ Hauptversammlung und sodann der Gesellschaft zuzurechnen. Eine solche Zurechnung findet bei der Tätigkeit eines Organteils[447] für ein Gesamtorgan statt, wie zum Beispiel bei Ausschüssen eines Gesamtorgans[448] oder dem Vorsitzenden eines Kollegialorgans[449]. In diesen Fällen mangelt es dem Organteil an der Organqualität, weil es lediglich das Gesamtorgan repräsentiert und nur aufgrund der internen Geschäftsverteilung zuständig ist.[450] Eine bloße Geschäftsverteilung setzt daher voraus, dass das Gesamtorgan diese Aufgabe auch selbst erfüllen kann.[451]

---

444 Vgl. *Schürnbrand*, Organschaft im Recht der privaten Verbände, 31 (Fn. 6).

445 Wortlaut des § 148 I 1 AktG: „[...] im eigenen Namen die in § 147 Abs. 1 Satz 1 bezeichneten Ersatzansprüche der Gesellschaft geltend zu machen."

446 So wohl *Hoffmann*, in: Spindler/Stilz, AktG, § 118 Rn. 5, wonach die Hauptversammlung durch den besonderen Vertreter tätig wird.

447 Zum „Organteil" vgl. *Schürnbrand*, Organschaft im Recht der privaten Verbände, 60.

448 Vgl. für Ausschüsse des Aufsichtsrats BGHZ 89, 48, 55 f.; *Habersack*, in: MünchKomm AktG, § 107 Rn. 93.

449 Vgl. für den Aufsichtsratsvorsitzenden *Habersack*, in: MünchKomm AktG, § 107 Rn. 57 ff.; vgl. *Hopt/Roth*, in: Großkomm AktG, § 107 Rn. 63.

450 *Schürnbrand*, Organschaft im Recht der privaten Verbände, 60.

451 Vgl. ebenda.

Die Hauptversammlung kann die Verfolgung eines Ersatzanspruchs jedoch nicht selbst wahrnehmen. Für ein Vertretungsrecht der Hauptversammlung finden sich nämlich im Gesetz keine Anhaltspunkte und die Hauptversammlung ist als zeitlich nur punktuell handlungsfähiges Organ grundsätzlich auch nicht im Außenverhältnis vertretungsberechtigt[452]. Daher handelt der Sondervertreter nicht als ein Organteil für die Hauptversammlung, sondern nimmt die organschaftliche Vertretung der Gesellschaft unmittelbar wahr und ist somit Organ der Gesellschaft.

Der Organstellung des Sondervertreters steht auch eine etwaige Weisungsgebundenheit gegenüber der Hauptversammlung[453] nicht entgegen. Zum einen ist die Weisungsfreiheit keine Organeigenschaft, wie das Beispiel des weisungsgebundenen GmbH-Geschäftsführers zeigt.[454] Zum anderen sind die Weisungsbindung und die Funktion des Organs für den Zurechnungsmechanismus irrelevant.

c) Folgerungen aus der Organstellung

Aus der Organstellung als solcher sind weder bestimmte Rechte[455] noch eine bestimmte Stellung im Organisationsgefüge einer Gesellschaft herzuleiten.[456] Insbesondere folgt aus der faktisch herausgehobenen Stellung der notwendigen Organe der Aktiengesellschaft nicht, dass mit der Organstellung eine ähnlich starke Rechtsposition einhergeht.[457] Die Organqualität

---

452 Vgl. *Mülbert*, in: Großkomm AktG, Vor §§ 118–147 Rn. 22.

453 *Wirth*, in: FS Hüffer, 1129, 1144.

454 Vgl. *Böbel*, Besonderer Vertreter, 134; *Kling*, ZGR 2009, 190, 212.

455 Siehe demgegenüber *Mock*, DB 2008, 393, 395, wonach die Durchsetzung der Ersatzansprüche letztlich unmöglich ist, wenn der Sondervertreter nicht die Stellung eines Organs hätte und ihm damit auch die aus der Organstellung resultierenden Informationsrechte nicht zustünden. Anders allerdings *Mock*, in: Spindler/Stilz, AktG, § 147 Rn. 66.

456 Vgl. *Hüffer*, AktG, § 147 Rn. 7; *ders.*, ZHR 175 (2010), 642, 673 f.; kritisch auch *Westermann*, AG 2009, 237, 247, wonach das Organ „besonderer Vertreter" präzise von der Stellung des Vorstands und Sonderprüfers abzugrenzen ist. Bereits kritisch zur Bestimmung des Organbegriffs und den Ableitungen daraus die Amtl. Begr. bei *Klausing*, Gesetz über Aktiengesellschaften und Kommanditgesellschaften auf Aktien (1937), 60: „Es ist bestritten, ob man die Abschluss- und sonstigen Prüfer als „Organe" zu bezeichnen hat. Diese Streitfrage dürfte, im Grunde genommen, nicht minder unfruchtbar sein als ein Teil der Auseinandersetzung über den Organbegriff schlechthin: es handelt sich hier um eine bildhafte Bezeichnung, deren Inhalt vom Wandel der Rechtsauffassungen abhängig ist."

457 Vgl. *Fabritius*, in: GS Gruson, 133, 141; *Hüffer*, AktG, § 147 Rn. 7, der vom besonderen Vertreter als „(Sonder-)Organ" spricht; ferner *Westermann*, AG 2009, 237, 247, der auf eine Abgrenzung zu den „echten" Organen verweist.

führt lediglich zu einem bestimmten Zurechnungsmechanismus, während die Rechte und die Stellung aus den einschlägigen Vorschriften und der Funktion des jeweiligen Organs herzuleiten sind.

Daher ist die Kritik des Oberlandesgerichts München unberechtigt, wonach „schwerwiegende Eingriffe in die Struktur und Organisation der Gesellschaft“ zu befürchten sind, falls dem Sondervertreter eine dem Vorstand ähnliche Organstellung zukommt.[458] Diese Bedenken äußert das Gericht im Zusammenhang mit der Frage, ob dem besonderen Vertreter Zutritts- und Direktionsbefugnisse zustünden, und führt weiterhin aus, dass ein für einen bestimmten Tätigkeitskreis zuständiger weiterer Vorstand ein Fremdkörper sei.

4. Ergebnis

Der Sondervertreter ist ein Organ der Aktiengesellschaft. Aus der Organstellung folgen aber weder bestimmte Rechte des Sondervertreters noch eine bestimmte Stellung in der Aktiengesellschaft.

III. Bestellung und Anstellung

Die nachfolgenden Ausführungen beleuchten die Bestellung und Anstellung des Sondervertreters. Zunächst wird der Frage nachgegangen, ob es sich bei der Einrichtung des Amts „besonderer Vertreter“ und der Bestellung des Organwalters um verschiedene Beschlussgegenstände handelt (unter 1.). Im Anschluss werden der Bestellungsbeschluss der Hauptversammlung (unter 2.), das korporationsrechtliche Rechtsverhältnis zwischen der Gesellschaft und dem besonderen Vertreter (unter 3.) sowie die Frage nach der Publizität der Bestellung (unter 4.) näher erläutert. Abschließend werden der Anstellungsvertrag mit dem Sondervertreter (unter 5.) sowie Rechtsfolgen der Nichtigkeit des Bestellungsbeschlusses (unter 6.) untersucht.

1. Einrichtung des Amts „besonderer Vertreter“

Die Bestellung eines besonderen Vertreters erschöpft sich nicht in der bloßen Berufung eines Organwalters wie im Falle der Bestellung eines Vorstands- oder Aufsichtsratsmitglieds. Vielmehr begründet die Bestellung des Sondervertreters auch das Amt „besonderer Vertreter“ und modifiziert damit die Organisationsverfassung der Gesellschaft.

---

[458] OLG München, ZIP 2008, 72, 79.

a) Amtseinrichtung und Bestellung des Organwalters

Bei einem Beschluss über die Bestellung des besonderen Vertreters sind Böbel zufolge zwei Beschlussgegenstände zu unterscheiden: die Einrichtung des Amts und die Berufung des Organwalters.[459] Die Hauptversammlung könne über diese beiden Gegenstände sowohl einen gemeinsamen als auch zwei getrennte Beschlüsse fassen.[460] Der Unterschied zwischen der Amtseinrichtung und der Bestellung des Organwalters zeige sich insbesondere, wenn der Organwalter aus dem Amt scheide. In diesem Fall sei lediglich die Personalebene betroffen, während das Amt bestehen bleibe und neu zu besetzen sei.[461]

Böbels Auffassung ist insoweit zuzustimmen, als zwischen der Änderung der Vertretungs- und Handlungsorganisation der Gesellschaft zum einen und der Wahrnehmung des Amts „besonderer Vertreter" durch einen Organwalter zum anderen zu unterscheiden ist. Allerdings liegen nicht zwei trennbare Beschlussgegenstände vor. Vielmehr handelt es sich bei der Einsetzung des gesetzlich vorgegebenen Organs „besonderer Vertreter" und der Bestellung des Organwalters um einen einheitlichen Beschlussgegenstand.

Hierfür spricht zum einen, dass im Gesetz nicht zwei verschiedene Beschlussgegenstände angelegt sind, wie dies etwa beim fakultativen Aufsichtsrat im GmbH-Recht oder dem besonderen Vertreter im Vereinsrecht der Fall ist. Die Gesellschafterversammlung beziehungsweise die Mitgliederversammlung richtet das Organ durch eine Satzungsänderung ein und bestellt mittels eines separaten Beschlusses die entsprechenden Organwalter. Zum anderen gebieten Zweckmäßigkeitserwägungen dieses Ergebnis. Bestünde das Amt trotz Ausscheidens des Organwalters weiterhin, würde die Gesellschaft partiell unter mangelnder Handlungs- und Prozessfähigkeit leiden, weil der Vorstand beziehungsweise der Aufsichtsrat nach wie vor organschaftlich verdrängt blieben.[462] Konsequenterweise müsste dann in dringenden Fällen eine gerichtliche Notbestellung eines Organwalters erfolgen, § 29 BGB analog.[463] Dies könnte zum Beispiel erforderlich sein, wenn während der gerichtlichen Verfolgung eines Ersatzanspruchs die Hauptver-

---

459 *Böbel*, Besonderer Vertreter, 73; dem folgend *Mock*, in: Spindler/Stilz, AktG, § 147 Rn. 86.

460 *Böbel*, Besonderer Vertreter, 74; wohl auch *Kling*, ZGR 2009, 190, 208; anders wohl *Schröer*, in: MünchKomm AktG, § 147 Rn. 48; *Spindler*, in: Schmidt/Lutter, AktG, § 147 Rn. 14, wonach die Person des Sondervertreters im Beschluss zu bezeichnen ist.

461 *Böbel*, Besonderer Vertreter, 73 f.; wohl auch *Kling*, ZGR 2009, 190, 208.

462 *Böbel*, Besonderer Vertreter, 74.

463 Auf prozessualer Ebene kann in Passivprozessen nach § 57 ZPO ein Prozesspfleger bestellt werden, vgl. *Weth*, in: Musielak, ZPO, § 57 Rn. 1.

sammlung über längere Zeit keinen neuen Organwalter bestellt. Eine gerichtliche Notbestellung des Sondervertreters als fakultatives Organ erscheint aber mit Blick auf den möglichen Rückgriff auf die für die Geltendmachung originär zuständigen Organe, nämlich Vorstand und Aufsichtsrat, nicht erforderlich. Zweckmäßiger erscheint es daher, dass die Zuständigkeit zurück in die Hände der Geschäftsleitungsorgane fällt und diese bis zur Befassung der Hauptversammlung mit der Frage der Bestellung eines neuen Sondervertreters ausschließlich Maßnahmen zur Sicherung des Anspruchs zu ergreifen haben[464].

b) Ausgestaltung des Amts

Die Satzung oder ein Hauptversammlungsbeschluss können das Amt des Sondervertreters im Rahmen der gesetzlichen Vorschriften näher ausgestalten.[465] Da § 147 AktG das Organ „besonderer Vertreter" nur fragmentarisch regelt, steht die aktienrechtliche Satzungsstrenge ergänzenden Bestimmungen nicht entgegen, § 23 V AktG. Gegenstand ergänzender Bestimmungen könnten zum Beispiel Eignungsvoraussetzungen,[466] wie etwa fachliche Qualifikation,[467] oder die Geschäftsführungs- und Vertretungsbefugnis bei mehreren Organwaltern[468] sein. Die Hauptversammlung kann allerdings aufgrund der zwingenden Kompetenzverteilung der Organe keine zusätzlichen Kompetenzen des Sondervertreters schaffen.[469]

Ferner kann der Satzungsgeber auch das Mehrheitserfordernis für die Bestellung des besonderen Vertreters absenken, § 133 II AktG.[470] Demgegenüber ist eine Erhöhung des Mehrheitserfordernisses nach § 147 I 1 AktG analog nicht zulässig.[471] § 147 I 1 AktG schreibt die Stimmenmehrheit für den Geltendmachungsbeschluss ausdrücklich vor. Da sich das Erfordernis

---

464 Zu den Pflichten des zuständigen Geschäftsleitungsorgans in diesem Fall siehe nachstehend D. III. 3. b) cc).

465 *Böbel*, Besonderer Vertreter, 72.

466 Vgl. für den Vorstand: *Hüffer*, AktG, § 23 Rn. 38; *Röhricht*, in: Großkomm AktG, § 23 Rn. 190.

467 Nach *Spindler*, in: Schmidt/Lutter, AktG, § 147 Rn. 22 sollten nur Personen bestellt werden, die über die erforderliche Qualifikation verfügen.

468 Mangelt es an einer solchen Bestimmung, ist entsprechend §§ 77, 78 AktG eine gemeinschaftliche Geschäftsführungs- und Vertretungsbefugnis anzunehmen, vgl. *Böbel*, Besonderer Vertreter, 118f. mit weiteren Ausführungen; vgl. für die gemeinschaftliche Vertretung: BGH, NJW 1981, 1097, 1098; *Bezzenberger*, in: Großkomm AktG, § 147 Rn. 52.

469 Vgl. *Pentz*, in: MünchKomm AktG, § 23 Rn. 159.

470 Vgl. *Hüffer*, AktG, § 133 Rn. 32.

471 Vgl. *Grundmann*, in: Großkomm AktG, § 133 Rn. 125 für Wahlen.

einer einfachen Stimmenmehrheit ohnehin aus § 133 I AktG ergibt, ist daraus ein Verbot der Verschärfung des Mehrheitserfordernisses zu schließen.[472] Dieses Verbot soll verhindern, dass die Gründer und die Aktionäre, die Mitglied eines Geschäftsleitungsorgans sind, die gegen sie gerichtete Anspruchsverfolgung erschweren.[473] Da ein erhöhtes Mehrheitserfordernis für die Bestellung des Sondervertreters in selbiger Weise das Verfolgungsrecht beschränken würde, findet das Verschärfungsverbot auf § 147 II 1 AktG entsprechende Anwendung. Aus selbigem Grund sind im Übrigen auch Satzungsbestimmungen und Hauptversammlungsbeschlüsse unzulässig, welche die Bestellung oder die Anspruchsverfolgung durch den Sondervertreter erschweren.[474]

2. Hauptversammlungsbeschluss

Der Bestellungsbeschluss wird nachfolgend auf seine formellen Anforderungen (unter a)), das Erfordernis eines vorherigen Geltendmachungsbeschlusses (unter b)), die Anforderungen an die Person des Sondervertreters (unter c)) sowie die Bindung an den Gesellschaftszweck (unter d)) untersucht.

a) Formelle Anforderungen

Die Bestellung eines Sondervertreters bedarf der Ankündigung in der Tagesordnung. Neben einem Tagesordnungspunkt, der sich unmittelbar auf die Sondervertretung bezieht,[475] ist jeder Tagesordnungspunkt ausreichend, der eine hinreichende Grundlage für einen Geltendmachungsbeschluss bietet[476]. In diesem Fall ist nämlich – aufgrund des engen Sachzusammenhangs zwischen dem Geltendmachungsbeschluss und der Bestellung eines Sondervertreters – für die Aktionäre die Fassung eines Beschlusses nach § 147 II 1

---

472 *Vollhard*, in: MünchKomm AktG, § 133 Rn. 52; *Zöllner*, in: KölnerKomm AktG, § 133 Rn. 87.

473 *Grundmann*, in: Großkomm AktG, § 133 Rn. 118.

474 Ähnlich *Böbel*, Besonderer Vertreter, 72.

475 Hierbei bedarf die Person des Sondervertreters keiner Ankündigung. Nicht überzeugen können die Bedenken von *Schröer*, in: MünchKomm AktG, § 147 Rn. 47, wonach der Aktionär sich nur befriedigend vorbereiten kann, wenn er die Namen der Vorgeschlagenen kennt. Dem steht der Wertung nach entgegen, dass es selbst bei der Aufsichtsratswahl nicht der vorherigen Benennung der Kandidaten in der Tagesordnung bedarf, vgl. *Kubis*, in: MünchKomm AktG, § 127 Rn. 1.

476 Vgl. *Bezzenberger*, in: Großkomm AktG, § 147 Rn. 42; *Holzborn/Jänig*, in: Bürgers/Körber, HeidelbergerKomm AktG, § 147 Rn. 10; *Spindler*, in: Schmidt/Lutter, AktG, § 147 Rn. 14.

AktG absehbar. Nimmt sich die Hauptversammlung der Willensbildung über die Verfolgung eines Anspruchs an, stellt sich nämlich im Anschluss die Frage, ob die Ausführung dem zuständigen Geschäftsleitungsorgan überlassen bleiben oder einem besonderen Vertreter übertragen werden soll. Mithin bietet der Tagesordnungspunkt „Sonderprüfungsbericht" unter bestimmten Umständen nicht nur eine ausreichende Grundlage für einen Geltendmachungsbeschluss, sondern auch für die Bestellung eines Sondervertreters.[477]

Einem Stimmverbot unterliegt nach ganz herrschender Meinung der im Geltendmachungsbeschluss bezeichnete Anspruchsgegner bei der Bestellung des Sondervertreters.[478] Die Entscheidung über die personelle Besetzung des Ausführungsorgans weist für sich betrachtet zwar nicht einen Interessenkonflikt der Intensität auf, wie die Entscheidung über die Anspruchsverfolgung selbst. Entscheidend ist jedoch, dass sich in diesen Fällen der Interessenkonflikt der Entscheidung über die Anspruchsverfolgung fortsetzt. Der Anreiz, die Anspruchsverfolgung gänzlich zu verhindern, beinhaltet auch, eine effektive Anspruchsverfolgung beeinträchtigen zu wollen. Daher unterliegt der Anspruchsgegner einem Stimmverbot nach § 136 I 1 Fall 3 AktG analog.

Hingegen unterliegt der zu bestellende Vertreter keinem Stimmverbot.[479] Hierfür bietet § 136 I 1 AktG – im Unterschied zu § 47 IV 2 GmbHG – keine Grundlage, weil die Vornahme von Rechtsgeschäften mit Aktionären nicht zu einem Stimmrechtsausschluss führt.

b) Vorheriger Geltendmachungsbeschluss

Die Bestellung eines Sondervertreters setzt eine Beschlussfassung über die Anspruchsverfolgung voraus.[480] Dies folgt aus dem Wortlaut des § 147 II 1 AktG[481] und entspricht der Systematik des § 147 AktG. Dieses Verständnis bestätigt zudem der Umkehrschluss zum – durch das UMAG

---

477 Hierzu vorstehend C. III. 1.

478 *Bezzenberger*, in: Großkomm AktG, § 147 Rn. 42; *Hüffer*, AktG, § 147 Rn. 6; *Kropff*, in: FS Bezzenberger, 233, 250f.; *Mock*, in: Spindler/Stilz, AktG, § 147 Rn. 42; *Schröer*, in: MünchKomm AktG, § 147 Rn. 49; *Spindler*, in: Schmidt/Lutter, AktG, § 147 Rn. 13; für die GmbH: BGHZ 97, 28, 34.

479 *Hüffer*, AktG, § 147 Rn. 6; für die GmbH: BGHZ 97, 28, 34f.

480 *Kling*, ZGR 2009, 190, 194; a.A. wohl *Lochner*, in: Heidel, Aktienrecht und Kapitalmarktrecht (2. Auflage), § 147 Rn. 18, wonach es einer Beschlussfassung nach § 147 I 1 AktG nicht bedarf, weil der Geltendmachungsbeschluss nur dazu dient, die ordentlichen Gesellschaftsorgane zur Anspruchsgeltendmachung zu verpflichten, während diese bei der Bestellung eines Sondervertreters aber gerade ausgeschlossen sind.

481 Der Sondervertreter ist gemäß § 147 II 1 AktG „zur Geltendmachung des Ersatzanspruchs" zu bestellen.

aufgehobenen – § 147 III AktG a. F., der ausdrücklich die Bestellung eines Sondervertreters ohne vorherigen Geltendmachungsbeschluss vorsah.

Fehlt es an einem zugrundeliegenden Geltendmachungsbeschluss oder ist dieser nach § 241 AktG nichtig, bedarf das Schicksal des Bestellungsbeschlusses der Klärung.[482] Der Beschluss ist in diesem Fall nicht etwa deswegen unwirksam, weil es an einem Wirksamkeitserfordernis[483] fehlen würde. Vielmehr ist der Bestellungsbeschluss nach § 241 I Nr. 3 AktG nichtig, da die Hauptversammlung in die Kompetenz des Vorstands beziehungsweise Aufsichtsrats eingreift,[484] indem sie der Geschäftsleitung die Befugnis zur Verfolgung eines Ersatzanspruchs ohne wirksamen Geltendmachungsbeschluss entzieht und auf einen Dritten überträgt. Der einschlägige Nichtigkeitsgrund ist nach umstrittener Meinung entweder in der mangelnden Vereinbarkeit mit dem Wesen der Aktiengesellschaft[485] oder in dem Verstoß gegen eine im öffentlichen Interesse liegende Vorschrift[486] zu sehen.

c) Anforderung an die Person des Sondervertreters

Besondere Anforderungen an die Person des Sondervertreters schreibt das Aktiengesetz nicht vor. Sondervertreter können Aktionäre wie auch Mitglieder des Aufsichtsrats oder Vorstands sein.[487] Auch die Bestellung mehrerer Sondervertreter ist möglich, wie bereits aus der Verwendung des Plurals in § 147 II 1 AktG ersichtlich ist.[488]

Nach ganz überwiegender Ansicht muss der Organwalter eine geschäftsfähige[489] natürliche Person sein; juristische Personen können das Amt hin-

---

482 Nach *Bezzenberger*, in: Großkomm AktG, § 147 Rn. 60 hat der Bestellungsbeschluss in diesem Fall keine Rechtswirkung.

483 *Hüffer*, in: MünchKomm AktG, § 241 Rn. 16; *K. Schmidt*, in: Großkomm AktG, § 241 Rn. 14.

484 Der Eingriff in die Kompetenz des Vorstands oder Aufsichtsrats wird von § 241 I Nr. 3 AktG erfasst, vgl. *Hüffer*, AktG, § 241 Rn. 20; *K. Schmidt*, in: Großkomm AktG, § 241 Rn. 57.

485 *K. Schmidt*, in: Großkomm AktG, § 241 Rn. 54 ff.; *Schwab*, in: Schmidt/Lutter, AktG, § 241 Rn. 18.

486 *Hüffer*, in: MünchKomm AktG, § 241 Rn. 47 ff.; *ders.*, AktG, § 241 Rn. 14 ff.; *Würthwein*, in: Spindler/Stilz, AktG, § 241 Rn. 204 ff.

487 *Bezzenberger*, in: Großkomm AktG, § 147 Rn. 43; *Holzborn/Jänig*, in: Bürgers/Körber, HeidelbergerKomm AktG, § 147 Rn. 11; *Schröer*, in: MünchKomm AktG, § 147 Rn. 48; *Spindler*, in: Schmidt/Lutter, AktG, § 147 Rn. 22.

488 *Böbel*, Besonderer Vertreter, 80 mit weiteren Ausführungen; *Ritter*, AktG 1937, § 122 Nr. 6 b; *Spindler*, in: Schmidt/Lutter, AktG, § 147 Rn. 22.

489 Nach *Böbel*, Besonderer Vertreter, 82 können Betreute im Sinne der §§ 76 III 2 Nr. 1, 100 I 2 AktG keine Sondervertreter sein.

gegen nicht bekleiden.[490] Dem Gesetz ist allerdings nicht ausdrücklich zu entnehmen, dass juristische Personen als Sondervertreter ausgeschlossen sind. Zudem kennt das Aktienrecht auch nicht nur Ämter, deren Amtswalter natürliche Personen sein müssen, wie Vorstandsmitglieder (§ 76 III 1 AktG), Aufsichtsratsmitglieder (§ 100 I 1 AktG) und Insolvenzverwalter (§ 56 I 1 InsO), sondern auch solche, die juristische Personen bekleiden können, etwa Sonderprüfer (§ 142 I Nr. 2 AktG), Abwickler (§ 265 II 3 AktG) und Abschlussprüfer (§ 319 I 1 HGB). Daher besteht auch kein Regel-Ausnahme-Verhältnis für die Tauglichkeit von juristischen Personen als Amtswalter.

Die Untauglichkeit einer juristischen Person für das Amt des Sondervertreters ist auch nicht daraus zu entnehmen, dass die Mitglieder des Vorstands und Aufsichtsrats natürliche Personen sein müssen.[491] Wie vorstehend dargelegt,[492] ist der Sondervertreter nämlich nicht als Ersatzvorstand oder -aufsichtsrat zu verstehen. Zudem verbieten die begrenzte Funktion und andersartige Stellung des Sondervertreters die Übertragung der persönlichen Voraussetzungen, die für die Mitglieder der Geschäftsleitungsorgane gelten.

Darüber hinaus sprechen auch die besseren Gründe für die Einbeziehung juristischer Personen als taugliche Organwalter. Zum einen sind nämlich die Gründe für den Ausschluss juristischer Personen in der Geschäftsführung nur sehr eingeschränkt auf den Sondervertreter übertragbar. Nach Fleischer liegen diese Gründe insbesondere in dem Verlust der Transparenz der Organisationsverfassung, dem geringen Einfluss auf die Auswahl des tatsächlichen Amtswalters sowie dessen Austauschbarkeit durch die juristische Person und einer verminderten haftungsrechtlichen Steuerungsfunktion.[493] Diese Gesichtspunkte sind bei der bloßen Wahrnehmung einer Anspruchsverfolgung aber kaum einschlägig. Lediglich die fehlende Haftung des tatsächlichen Amtswalters gegenüber der Gesellschaft mag dessen Steuerungsfunktion beeinträchtigen.

Zum anderen ist das Amt „besonderer Vertreter" weitaus mehr mit den Ämtern vergleichbar, die juristische Personen als Amtswalter zulassen. Im Gegensatz zur Geschäftsleitung hat die Anspruchsverfolgung nämlich wie

490 *Bezzenberger*, in: Großkomm AktG, § 147 Rn. 43; *Holzborn/Jänig*, in: Bürgers/Körber, HeidelbergerKomm AktG, § 147 Rn. 11; *Kling*, ZGR 2009, 190, 198 f.; *Mock*, in: Spindler/Stilz, AktG, § 147 Rn. 41; *Nietsch*, ZGR 2011, 589, 601 f.; *Schröer*, in: MünchKomm AktG, § 147 Rn. 48; *Spindler*, in: Schmidt/Lutter, AktG, § 147 Rn. 19; a.A. *Verhoeven*, ZIP 2008, 245, 248.

491 *Kling*, ZGR 2009, 190, 199.

492 Hierzu vorstehend D. I.

493 *Fleischer*, AcP 204 (2004), 502, 532 f.; *ders.*, in: Spindler/Stilz, AktG, § 76 Rn. 120.

die Sonder- oder Abschlussprüfung eine umfangmäßig begrenzte und spezielle Aufgabe zum Gegenstand. Für solche Spezialaufgaben sind juristische Personen besonders geeignet, weil Personenvereinigungen diese aufgrund positiver Skaleneffekte und eines durch Arbeitsteilung bedingten höheren Spezialisierungsgrads besonders sachkundig und effizient besorgen können. Demnach scheint es vorzugswürdig, dass auch juristische Personen das Amt des Sondervertreters bekleiden können. Dies gilt in selbiger Weise für andere rechtsfähige Personenvereinigungen, wie insbesondere Rechtsanwaltspartnerschaften oder Rechtsanwaltsgesellschaften.[494]

d) Bindung an den Gesellschaftszweck

Die Hauptversammlung ist bei der Bestellung des Sondervertreters an den Gesellschaftszweck gebunden. Da Geschäftsführungsmaßnahmen uneingeschränkt an dem Gesellschaftszweck auszurichten sind,[495] besteht bei der Bestellung eines für eine Geschäftsführungsmaßnahme zuständigen Organs als sogenannte sonstige Gesellschafterentscheidung eine mittelbare Bindung an den Gesellschaftszweck.[496]

aa) Verstoß gegen das Gesellschaftsinteresse

Der Bestellungsbeschluss verstößt gegen das Gesellschaftsinteresse und ist nach § 243 I AktG anfechtbar, wenn der berufene Organwalter nicht geeignet ist, den Ersatzanspruch effektiv durchzusetzen. Bei der Auswahl steht der Hauptversammlung ein weites unternehmerisches Ermessen zu, das sie nur bei der Bestellung einer völlig ungeeigneten Person überschreitet.[497] Dies ist etwa bei befangenen Personen der Fall,[498] wie zum Beispiel dem Anspruchsgegner selbst,[499] jedoch nicht notwendigerweise bei Perso-

---

494 Vgl. die h. M. zur Einbeziehung von Personenhandelsgesellschaften als taugliche Abwickler, obwohl das Gesetz nur juristische Personen benennt, *Hüffer*, in: MünchKomm AktG, § 265 Rn. 11 m. w. N.

495 Zur Bindung an den Gesellschaftszweck bei Geschäftsführungsmaßnahmen vergleiche vorstehend: C. III. 4. a) aa).

496 Vgl. *Wiedemann*, Gesellschaftsrecht I, 435; *Zöllner*, Schranken mitgliedschaftlicher Stimmrechtsmacht, 346.

497 *Mülbert*, Aktiengesellschaft, Unternehmensgruppe und Kapitalmarkt, 323 (Fn. 733); *Zöllner*, Schranken mitgliedschaftlicher Stimmrechtsmacht, 346.

498 Vgl. *Schröer*, in: MünchKomm AktG, § 147 Rn. 48, wonach dies eine persönliche Voraussetzung zu sein scheint. Das KG, FGPrax 2012, 76, 77 betont, dass eine besondere Überparteilichkeit des besonderen Vertreters nicht erforderlich ist.

499 *Ritter*, AktG 1937, § 122 Nr. 6 b.

nen, die keine fachliche Qualifikation auf dem Gebiet der Anspruchsverfolgung haben[500].

Der Anfechtungsklage gegen einen Bestellungsbeschluss steht nicht entgegen, dass § 147 II 2 AktG ein besonderes Verfahren zur Auswechslung eines ungeeigneten Sondervertreters zur Verfügung stellt. Insoweit handelt es sich nämlich nicht um eine abschließende Regelung, weil dieses Verfahren einem anderen Rechtsschutzziel als die Anfechtungsklage dient. Die Anfechtungsklage richtet sich gegen die Bestellung eines ungeeigneten Sondervertreters mit der Folge der Zuständigkeit des Vorstands oder Aufsichtsrats. Demgegenüber führt das Verfahren nach § 147 II 2 AktG zur Einsetzung eines geeigneten Sondervertreters und dient damit einer effektiven Anspruchsverfolgung. Ferner erfordert das Verfahren nach § 147 II 2 AktG ein bestimmtes Quorum, während eine Anfechtungsklage jeder Aktionär erheben kann.

bb) Positive Stimmpflicht

Eine positive Stimmpflicht gerichtet auf Bestellung eines bestimmten Sondervertreters kommt nicht in Betracht.[501] Das Gesellschaftsinteresse mag zwar eine effektive Anspruchsverfolgung verlangen, insbesondere wenn das zuständige Gesellschaftsorgan die Geltendmachung des Ersatzanspruchs nicht oder nur mangelhaft betreibt. Das Gesellschaftsinteresse gebietet aber nicht die Wahl einer bestimmten Person, sondern allenfalls einer geeigneten Person zum besonderen Vertreter. Die Durchsetzung einer denkbaren Pflicht zur Bestellung eines geeigneten Sondervertreters ist jedoch unmöglich, weil es an einem Verfahren hierfür mangelt. Die Aktionäre wären nämlich zunächst zu informieren, dass sie zur Bestellung eines geeigneten Sondervertreters verpflichtet sind, damit sie die Möglichkeit haben, eine Person vorzuschlagen und sich für eine Kandidaten zu entscheiden.

Eine Aktionärsminderheit kann daher lediglich die gerichtliche Bestellung eines Sondervertreters gemäß § 147 II 2 AktG beantragen, soweit die Hauptversammlung zuvor einen Geltendmachungsbeschluss gefasst hat. Ferner besteht für eine Aktionärsminderheit die Möglichkeit, eine Aktionärsklage nach § 148 AktG zu erheben, soweit die Geschäftsleitung die Geltendmachung der Ansprüche verweigert.

---

[500] *Haager*, in: Ball/Haager, Aktienrechtliche Sonderprüfung, 199 f.

[501] Im Ergebnis auch *Mock*, in: Spindler/Stilz, AktG, § 147 Rn. 39; für den ähnlich gelagerten Fall der Sonderprüfung befürworten die Möglichkeit einer positiven Stimmpflicht: OLG Stuttgart, AG 2003, 588, 590; *Mock*, in: Spindler/Stilz, AktG, § 142 Rn. 93; *Semler*, in: MünchHdB AG, § 42 Rn. 11.

3. Korporationsrechtliches Rechtsverhältnis

a) Zustandekommen

Die Bestellung des Sondervertreters begründet eine korporationsrechtliche Beziehung zwischen dem Organwalter und der Gesellschaft. Zur Wirksamkeit der Bestellung bedarf es eines Bestellungsbeschlusses der Hauptversammlung und einer Annahme des Amts durch den Gewählten.[502] Das Erfordernis einer Annahme folgt bereits daraus, dass mit der Stellung als Sondervertreter Pflichten einhergehen.[503] Die Annahme hat grundsätzlich gegenüber der Hauptversammlung zu erfolgen, weil diese über die Annexkompetenz verfügt, den Beschluss auszuführen.[504] Der Gewählte kann die Annahme sowohl nach als auch vor dem Hauptversammlungsbeschluss erklären.[505]

b) Beendigung

Das Amt „besonderer Vertreter" endet automatisch mit der Erledigung der Geltendmachung,[506] weil hiermit die Aufgabe des Sondervertreters entfällt. Die darüber hinaus in Betracht kommenden Fälle einer Beendigung des Amts werden nachfolgend beleuchtet.

aa) Abberufung

(1) Abberufungskompetenz der Hauptversammlung

Die Hauptversammlung kann den Sondervertreter jederzeit mit Wirkung *ex nunc*[507] abberufen.[508] Diese Abberufungskompetenz folgt aus der Bestellungskompetenz.

---

502 *Mock*, in: Spindler/Stilz, AktG, § 147 Rn. 35; *Spindler*, in: Schmidt/Lutter, AktG, § 147 Rn. 21.

503 Hierzu nachstehend D. V. 1.

504 *Mülbert*, in: Großkomm AktG, Vor §§ 118–147 Rn. 23, 38.

505 Vgl. für den Aufsichtsrat: *Habersack*, in: MünchKomm AktG, § 101 Rn. 61; *Hoffmann-Becking*, in: MünchHdB AG, § 30 Rn. 22; *Hüffer*, AktG, § 101 Rn. 7.

506 Hierzu vorstehend C. IV. 1. c).

507 *Haager*, in: Ball/Haager, Aktienrechtliche Sonderprüfung, 199, und *Lochner*, in: Heidel, Aktienrecht und Kapitalmarktrecht, § 147 Rn. 29 zufolge ist streitig, ob die Hauptversammlung den Bestellungsbeschluss mit *ex tunc* Wirkung aufheben oder widerrufen kann oder ob sie den Sondervertreter nur mit *ex nunc* Wirkung abberufen kann. Insoweit liegt allerdings ein Missverständnis vor, weil die dort zitierten Autoren schon mit Blick auf die Formulierung in § 84 III 1 AktG („[…] die

Hirte und Mock zufolge hat die Hauptversammlung ausnahmsweise dann keine Abberufungskompetenz, wenn faktisch Minderheitsaktionäre – aufgrund eines Stimmverbots des Mehrheitsaktionärs – den besonderen Vertreter bestellt haben.[509] In diesem Fall dürfe nämlich der Sondervertreter nicht unter leichteren Voraussetzungen abberufen werden können als ein auf Antrag einer Minderheit gerichtlich bestellter Sondervertreter nach § 147 II 2 AktG. Demnach könne nur das gemäß § 147 II 2 AktG zuständige Gericht den besonderen Vertreter durch Beschluss abberufen.

Hirte und Mock entwickelten ihre Auffassung im Zusammenhang mit dem HVB-Fall, in dem die Minderheitsaktionäre, die ursprünglich den Sondervertreter nach § 147 II 1 AktG bestellt hatten, nachträglich – aufgrund eines auf Verlangen der UniCredit durchgeführten Squeeze-Out – aus der Gesellschaft ausschieden. Die UniCredit als Anspruchsgegner konnte sodann als Alleinaktionär den Sondervertreter abbestellen, ohne hierbei einem Stimmrechtsausschluss nach § 136 I 1 AktG zu unterliegen.[510]

Die Ansicht von Hirte und Mock ist abzulehnen. Zunächst enthält das Gesetz kein Anhaltspunkt dafür, dass die faktische Zusammensetzung der Hauptversammlungsmehrheit die Kompetenzordnung beeinflusst und hier zum Entfall der Abberufungskompetenz führt. Zudem ist diese Auffassung insoweit widersprüchlich, als danach auf der einen Seite die Minderheit den Sondervertreter unter den privilegierten Bedingungen des Rechts der Hauptversammlung nach § 147 II 1 AktG bestellen kann. Im Gegensatz zu der gerichtlichen Bestellung nach § 147 II 2 AktG besteht nämlich eine freie Wahl der Person des Sondervertreters und die Bestellung setzt nicht voraus, dass sie dem Gericht für eine gehörige Geltendmachung als zweckmäßig erscheint. Auf der anderen Seite soll sich die Abberufung hingegen nach dem Verfahren für die gerichtliche Bestellung richten, § 147 II 2 AktG.

Nach der Ansicht von Lochner ist die Abberufungskompetenz der Hauptversammlung insoweit eingeschränkt, als die Abberufung wie bei Vorstandsmitgliedern einen wichtigen Grund gemäß § 84 III 1 AktG analog erfor-

---

Bestellung [...] widerrufen, [...]“) nicht in der Weise zu verstehen sind, dass sie eine rückwirkende Aufhebung des Bestellungsbeschlusses für möglich erachten.

508 OLG München, ZIP 2010, 725; 728; *Bezzenberger*, in: Großkomm AktG, § 147 Rn. 61; *Mock*, in: Spindler/Stilz, AktG, § 147 Rn. 58a; *Schröer*, in: MünchKomm AktG, § 147 Rn. 49, 55; *Spindler*, in: Schmidt/Lutter, AktG, § 147 Rn. 31.

509 *Hirte/Mock*, BB 2010, 775, 776 (dem Beitrag lässt sich auch nicht entnehmen, dass die Hauptversammlung zumindest dann die Abberufungskompetenz behalte, wenn sich die Hauptversammlungsmehrheit wiederum aus den Minderheitsaktionären zusammensetze).

510 Hierzu nachstehend D. III. 3. b) aa) (2).

dert.[511] Das Erfordernis eines wichtigen Grundes hat allerdings den Zweck, eine Abhängigkeit des Vorstands vom Aufsichtsrat zu verhindern.[512] Wie noch zu beleuchten ist, steht der Sondervertreter aber in einem Abhängigkeitsverhältnis zur Hauptversammlung.[513] Zudem bliebe es der Hauptversammlung ohnehin unbenommen den Geltendmachungsbeschluss aufzuheben[514] und damit die Sondervertretung zu beenden. Daher ist diese Einschränkung der Abberufungskompetenz der Hauptversammlung abzulehnen.

(2) Stimmrechtsausschluss des Anspruchsgegners als Alleinaktionär

Dem Landgericht München zufolge kann die Hauptversammlung den Sondervertreter nicht abberufen, wenn der Anspruchsgegner des Geltendmachungsbeschlusses – wie im HVB-Fall die UniCredit – der Alleingesellschafter ist.[515] Auch der alleinige Aktionär unterliege nämlich einem Stimmverbot nach § 136 I 1 AktG.[516] Die Abberufung des besonderen Vertreters sei ein Richten in eigener Sache, weil hierdurch die erhobene Klage gegen den Anspruchsgegner unzulässig[517] würde.

Diese Ansicht lehnen der BGH[518] und das Oberlandesgericht München[519] sowie Stimmen in der Literatur[520] ab. Vielmehr gelte die allgemein anerkannte teleologische Reduktion des Stimmrechtsausschlusses aufgrund von Interessenkollision beziehungsweise des Richtens in eigener Sache in der Einpersonengesellschaft.[521] Zum einen dürfe die Gesellschaft durch den

---

511 *Lochner*, in: Heidel, Aktienrecht und Kapitalmarktrecht, § 147 Rn. 30.; a.A. OLG München, ZIP 2010, 725; 728 mit ausführlicher Begründung.

512 Reg. Begr. zu § 84 AktG bei *Kropff*, Aktiengesetz 1965, 106; *Hüffer*, AktG, § 84 Rn. 26.

513 Hierzu nachstehend D. IV.

514 Hierzu vorstehend C. IV. 1. c).

515 LG München, ZIP 2009, 2198, 2200 f.; zustimmend *Lutter*, Anm. z. LG München, Urt. v. 27.8.2009 – 5 HK O 21656/08 –, ZIP 2203, 2203.

516 LG München, ZIP 2009, 2198, 2200 f.

517 Die Abberufung des Sondervertreters hat zur Folge, dass wieder das zuständige Gesellschaftsleitungsorgan die Gesellschaft organschaftlich vertritt. Entgegen der Ansicht des LG München wird die Klage mit der Abberufung des besonderen Vertreters nicht unzulässig.

518 BGH, NJW 2011, 950, 951.

519 OLG München, ZIP 2010, 725; 727 f.

520 *Altmeppen*, NZG 2009, 3757, 3758 f.; *Goslar/von der Linden*, EWiR 2010, 305, 306; *Peters/Hecker*, NZG 2009, 1294, 1295; *Spindler*, in: Schmidt/Lutter, AktG, § 136 Rn. 8, § 147 Rn. 14.

521 BGHZ 105, 324, 333; *Bachmann*, NZG 2001, 961, 968; *Hüffer*, AktG, § 136 Rn. 5; *Schröer*, in: MünchKomm AktG, § 136 Rn. 16; *Spindler*, in: Schmidt/Lutter,

Stimmrechtsausschluss nicht ihre Handlungsfähigkeit einbüßen.[522] Zum anderen bezwecke § 136 I 1 AktG durch die Eliminierung von Sonderinteressen eine am Verbandsinteresse ausgerichtete Willensbildung zum Schutze der Mitgesellschafter. Im Falle der Einpersonengesellschaft könne es aber einen Interessengegensatz zwischen Gesellschaft und Gesellschafter nicht geben.[523]

Nach überzeugender Ansicht ist § 136 I 1 AktG auch dann teleologisch zu reduzieren, wenn der Anspruchsgegner des Geltendmachungsbeschlusses als Alleingesellschafter für die Abberufung des Sondervertreters stimmt. § 136 I 1 AktG bezweckt zwar eine am Gesellschaftsinteresse ausgerichtete Willensbildung, jedoch nicht um den Preis, die Möglichkeit der Willensbildung selbst auszuschließen. Andernfalls führte der Stimmrechtsausschluss nach § 136 I 1 AktG zu einer teilweisen und grundsätzlich nicht behebbaren Handlungsunfähigkeit der Gesellschaft.[524]

bb) Niederlegung des Amts

Das Amt des Sondervertreters endet mit seiner Niederlegung. Für die Wirksamkeit der Amtsniederlegung bedarf es keines wichtigen Grundes,[525] aber der Organwalter kann sich auf der Ebene des Anstellungsvertrags nach § 671 II 2 BGB oder nach einer mit der Gesellschaft getroffenen Vereinbarung schadensersatzpflichtig machen.

Nach einigen Stimmen in der Literatur hat der besondere Vertreter die Pflicht, sein Amt niederzulegen, wenn seiner Ansicht zufolge der geltend zu machende Ersatzanspruch nicht besteht oder das Prozessrisiko unverhältnismäßig hoch ist und eine Revision des Geltendmachungsbeschlusses unmög-

---

AktG, § 136 Rn. 7; *Rieckers*, in: Spindler/Stilz, AktG, § 136 Rn. 22; a.A. für die Entlastung vgl. *Mülbert*, in: Großkomm AktG, § 120 Rn. 114; *K. Schmidt*, in: Scholz, GmbHG, § 47 Rn. 105.

[522] *Hüffer*, AktG, § 136 Rn. 5.

[523] BGH, NJW 2011, 950, 951; für die GmbH: BGHZ 105, 324, 333.

[524] Darüber hinaus wird die teleologische Reduktion des § 136 I 1 AktG bei einem Alleingesellschafter auf das Fehlen eines Interessengegensatzes gestützt, BGH, NJW 2011, 950, 951. Dieses Argument greift jedoch nicht, wenn alle Gesellschafter aus unterschiedlichen Gründen einem Stimmverbot unterliegen. Auch in diesem Fall ist aber § 136 I 1 AktG zur Aufrechterhaltung der Handlungsfähigkeit teleologisch zu reduzieren, siehe *Schröer*, in: MünchKomm AktG, § 136 Rn. 16; *Spindler*, in: Schmidt/Lutter, AktG, § 136 Rn. 7.

[525] H.M. für Aufsichtsratsmitglieder: *Habersack*, in: MünchKomm AktG, § 103 Rn. 59 m.w.N.; h.M. für GmbH-Geschäftsführer: BGHZ 121, 257, 261 ff.; *Zöllner/Noack*, in: Baumbach/Hueck, GmbHG, § 38 Rn. 86; streitig für Vorstandsmitglieder: *Hüffer*, AktG, § 84 Rn. 36 m.w.N.

lich oder gescheitert ist.[526] Da die Hauptversammlung allerdings abschließend über die Geltendmachung des Ersatzanspruchs entscheidet, ist die Einschätzung des Sondervertreters zur Erfolgswahrscheinlichkeit der Anspruchsverfolgung unbeachtlich. Soweit der Beschluss rechtmäßig oder bestandskräftig ist, hat der Sondervertreter den Anspruch zu verfolgen. Sollte sich die Beschlussgrundlage nachträglich wesentlich verändern, erlischt die Ausführungspflicht und das Amt „besonderer Vertreter“ endet grundsätzlich automatisch.[527]

Den besonderen Vertreter trifft daher in keinem Fall die Pflicht, sein Amt niederzulegen. Im Übrigen wäre eine Pflicht zur Amtsniederlegung ohnehin untauglich, um die Gesellschaft vor Schaden zu bewahren, weil in diesem Fall das zuständige Geschäftsleitungsorgan den Beschluss ausführen müsste.

cc) Versterben beziehungsweise Erlöschen des Organwalters

Darüber hinaus endet das Amt des Sondervertreters, wenn der Organwalter verstirbt beziehungsweise als juristische Person erlischt. Zugleich fällt hierdurch die Kompetenz für die Anspruchsverfolgung an das zuständige Geschäftsleitungsorgan zurück.[528] Da freilich die Hauptversammlung dem Vorstand beziehungsweise dem Aufsichtsrat bereits zuvor die Ausführungskompetenz entzogen und einem Sondervertreter übertragen hat, ist ihr die erneute Fassung eines Bestellungsbeschlusses zu ermöglichen. Daher hat das zuständige Geschäftsleitungsorgan die Hauptversammlung mit der Bestellung eines besonderen Vertreters auf der nächsten ordentlichen Hauptversammlung oder – soweit das Wohl der Gesellschaft dies fordert – auf einer außerordentliche Hauptversammlung nach den §§ 111 III 1, 121 I AktG zu befassen. Bis die Hauptversammlung die Möglichkeit hat, einen neuen Sondervertreter zu bestellen, sind der Vorstand beziehungsweise der Aufsichtsrat verpflichtet, die notwendigen Maßnahmen zur Sicherung der Anspruchsverfolgung zu ergreifen, ohne darüber hinaus die Anspruchsverfolgung zu betreiben.

---

[526] *Bezzenberger*, in: Großkomm AktG, § 147 Rn. 56; Hüffer, ZHR 175 (2010), 642, 664; *Mock*, in: Spindler/Stilz, AktG, § 147 Rn. 62; vgl. *Spindler*, in: Schmidt/Lutter, AktG, § 147 Rn. 24; ähnlich, aber nicht explizit eine Pflicht zur Amtsniederlegung aussprechend LG München, ZIP 2007, 1809, 1813; 2420, 2422.

[527] Hierzu vorstehend C. IV. 1. b).

[528] Hierzu vorstehend D. III. 1. a).

dd) Auswechslung des Sondervertreters nach § 147 II 2 AktG

Die gerichtliche Bestellung eines Sondervertreters nach § 147 II 2 AktG beendet nicht das Amt des durch die Hauptversammlung bestellten Sondervertreters.[529] Andernfalls wären nämlich Vorstand oder Aufsichtsrat für die Anspruchsverfolgung zuständig, wenn das Amt des gerichtlich bestellten Vertreters endet. Dem stünde der Bestellungsbeschluss der Hauptversammlung entgegen, wonach der nach § 147 II 1 AktG gewählte Sondervertreter die Anspruchsverfolgung wahrnehmen soll. Daher verdrängt der gerichtliche Sondervertreter den durch die Hauptversammlung bestellten Sondervertreter nur zeitweilig.[530] Sobald das Amt des gerichtlich bestellte Sondervertreters endet, lebt das Amt des nach § 147 I AktG bestellten besonderen Vertreters wieder auf.

c) Entlastung des Sondervertreters

Nach der Beendigung des Amts des Sondervertreters soll Böbel zufolge die Hauptversammlung über die Entlastung des Organwalters beschließen.[531] Diese Analogie zu § 120 AktG ist jedoch abzulehnen, weil es an einer vergleichbaren Interessenlage mangelt. Mit Blick auf den beschränkten und unschwer überprüfbaren Aufgabenbereich des Sondervertreters fehlt es an einem Bedürfnis, seine Tätigkeit in einem vorgeschriebenen Entlastungsverfahren zu kontrollieren.[532] Zudem hätte die Entlastung beim Sondervertreter nur eine sehr beschränkte Bedeutung, weil sie weder die Kundgabe zukünftigen Vertrauens[533] beinhalten würde noch eine Präklusionswirkung gemäß § 93 IV 3 AktG analog hätte.

Allerdings kann die Hauptversammlung die Entlastung des Sondervertreters beschließen oder in der Satzung ein Entlastungsverfahren für den Sondervertreter einführen. Die Satzungsstrenge stünde dem nicht entgegen, weil insoweit keine abschließenden Regelung für den Sondervertreter besteht, § 23 V 2 AktG.[534]

---

529 A.A. *Schröer*, in: MünchKomm AktG, § 147 Rn. 55; *Spindler*, in: Schmidt/Lutter, AktG, § 147 Rn. 31.

530 Auch Vorstand beziehungsweise Aufsichtsrat sind nur solange verdrängt sind, bis das Amt des Sondervertreters endet.

531 *Böbel*, Besonderer Vertreter, 136 f.

532 Ausführlich zur Kontrollfunktion der Entlastung vgl. *Zimmermann*, Die Entlastung von Vorstand und Aufsichtsrat bei der Aktiengesellschaft, 56 ff.

533 Vgl. *Mülbert*, in: Großkomm AktG, § 120 Rn. 23 ff. m. w. N.

534 Vgl. vorstehend D. III. 1. b).

4. Publizität

Die Bestellung eines Sondervertreters findet mit der Abschrift einer Niederschrift des Bestellungsbeschlusses Eingang in das Handelsregister nach § 130 V AktG, wo sie jedermann einsehen kann, § 9 I HGB. Darüber hinaus ist zu erwägen, ob im Zusammenhang mit der Bestellung eines Sondervertreters eine Eintragung in das Handelsregister erfolgen muss oder jedenfalls kann.[535] Insoweit kommt die Eintragung der Bestellung eines Sondervertreters,[536] der Person des Sondervertreters sowie der Beschränkung der Vertretungsbefugnis des Vorstands beziehungsweise des Aufsichtsrats in Betracht.

Rechtstatsachen sind grundsätzlich nur aufgrund einer gesetzlichen Anordnung eintragungsfähig,[537] woran es vorliegend fehlt. Insbesondere findet § 81 I AktG keine Anwendung, wonach eine Änderung der Vertretungsbefugnis eines Vorstandsmitglieds einzutragen ist. Die Bestellung eines Sondervertreters führt nämlich zur Beschränkung der Vertretungsbefugnis des Vorstands als Organ.

Ausnahmsweise ist eine Rechtstatsache aber auch dann eintragungsfähig, wenn die Sicherheit des Rechtsverkehrs die Eintragung unbedingt erfordert.[538] Dies erscheint aufgrund der Beschränkung der Vertretungsmacht des Vorstands und der Begründung der Vertretungsmacht des Sondervertreters naheliegend zu sein. Für den Rechtsverkehr sind nämlich Bestehen und Umfang der Vertretungsmacht der Gesellschaftsorgane besonders sensibel.

Gegen die Eintragungsfähigkeit spricht aber, dass im Rahmen einer Anspruchsverfolgung der Rechtsverkehr nur in einem sehr beschränkten Umfang berührt ist, nämlich allenfalls bei Hilfsgeschäften im Zusammenhang mit der Geltendmachung des Ersatzanspruchs. Dementsprechend hat der Gesetzgeber in § 106 AktG sogar den Aufsichtsratsmitgliedern keine Eintragungsfähigkeit zuerkannt, weil auch der Aufsichtsrat typischerweise wenig mit dem Rechtsverkehr in Berührung kommt. Schließlich steht auch nicht zu befürchten, dass das originär zuständige Geschäftsleitungsorgan versuchen könnte, die Anspruchsverfolgung mittels Verzichts oder Vergleichs zu vereiteln, welcher kraft Rechtsscheins für die Gesellschaft Wirkung entfalten würde. Sowohl der Verzicht auf als auch der Vergleich über den Ersatz-

---

535 Ausführlich *Böbel*, Besonderer Vertreter, 84 ff.; *Mock*, in: Spindler/Stilz, AktG, § 147 Rn. 36; *Spindler*, in: Schmidt/Lutter, AktG, § 147 Rn. 21.

536 Als eintragungsfähige Tatsache ist zudem die Beschränkung der Vertretungsbefugnis des Sondervertreters denkbar, siehe nachstehend D. VI. 1. b).

537 *Canaris*, Handelsrecht, § 4 Rn. 8 (S. 45).

538 *Koch*, in: Großkomm HGB, § 8 Rn. 46; *Krafka*, in: MünchKomm HGB, § 8 Rn. 32 jeweils m. w. N.

anspruch bedürfen nämlich der Zustimmung der Hauptversammlung.[539] Nach alledem begründet die Bestellung eines Sondervertreters daher keine eintragungsfähige Rechtstatsache.

Darüber hinaus bedarf es auch keiner Bekanntmachung in den Gesellschaftsblättern, weil diese nach § 25 I AktG nur auf Anordnung des Gesetzes oder der Satzung erfolgt.[540] Schließlich hat der Sondervertreter weder die Kompetenz, selbst die Mitarbeiter der Gesellschaft von seiner Stellung und Aufgabe zu unterrichten, noch einen Anspruch auf Unterrichtung.[541] Da der besondere Vertreter keine Befugnisse den Mitarbeitern gegenüber hat,[542] wie zum Beispiel Direktionsbefugnisse, besteht kein Bedürfnis nach einer gesellschaftsinternen Publizität.

5. Anstellungsvertrag

Abschließend ist noch auf den Anstellungsvertrag zwischen der Gesellschaft und dem als Sondervertreter bestellten Organwalter einzugehen.

a) Separater Anstellungsvertrag

Als Ausgangspunkt klärungsbedürftig ist zunächst, ob zwischen der Gesellschaft und dem Organwalter nebeneinander ein organisationsrechtliches und ein vertragliches Rechtsverhältnis bestehen[543] oder ob sich die Beziehung zwischen Gesellschaft und Organwalter in einem einheitlichen korporationsrechtlichen Rechtsverhältnis erschöpft[544]. Die fragmentarische Regelung der

---

[539] Für Ersatzansprüche gegen Vorstandsmitglieder, § 93 IV 3 AktG; gegen Aufsichtsratsmitglieder, §§ 116 S. 1, 93 IV 3 AktG; gegen Ersatzpflichtige nach § 117 AktG, §§ 117 IV, 93 IV 3 AktG; gegen Gründer und neben diesen haftenden Personen, § 50 S. 1 AktG.

[540] A.A. *Böbel*, Besonderer Vertreter, 86, wonach die Bestellung des Sondervertreters analog § 106 AktG a.F. bekannt zu machen ist, um Aktionäre zu informieren, die an der Hauptversammlung nicht teilgenommen haben. Dem ist schon mit Blick darauf nicht zu folgen, dass die Information abwesender Aktionäre allgemein durch die Einreichung der Beschlussniederschrift zum Handelsregister (§ 130 V AktG) und die Internetpublizität (§ 130 VI AktG) erfolgt.

[541] OLG München, ZIP 2008, 73, 79; a.A. LG München, ZIP 2007, 1809, 1816.

[542] Hierzu nachstehend D. VI. 4.

[543] So KG, FGPrax 2012, 76, 77; *Bezzenberger*, in: Großkomm AktG, § 147 Rn. 54; *Kling*, ZGR 2009, 190, 226 ff.; *Lochner*, in: Heidel, Aktienrecht und Kapitalmarktrecht, § 147 Rn. 25; *Mock*, in: Spindler/Stilz, AktG, § 147 Rn. 23; *Schröer*, in: MünchKomm AktG, § 147 Rn. 44; *Spindler*, in: Schmidt/Lutter, AktG, § 147 Rn. 31.

[544] So *Böbel*, Besonderer Vertreter, 67 ff.; *Schürnbrand*, Organschaft im Recht der privaten Verbände, 345; vgl. auch *Ritter*, AktG 1937, § 122 Nr. 6 c).

Sondervertretung gibt hierzu keinen Aufschluss. Zudem findet sich im Aktienrecht auch keine allgemeine Regel für alle Organverhältnisse. Während das Gesetz für Vorstandsmitglieder einen Anstellungsvertrag nach § 84 I 5 AktG voraussetzt, besteht nach überwiegender Meinung bei Aufsichtsratsmitgliedern – entsprechend der Trennungstheorie[545] – lediglich ein rein korporationsrechtliches Rechtsverhältnis[546]. Demnach begegnet weder die Annahme einer zusätzlichen vertraglichen Ebene noch diejenige eines einheitlichen korporationsrechtlichen Rechtsverhältnisses grundsätzlichen Bedenken.

Für einen zusätzlichen Anstellungsvertrag spricht das Fehlen jedweder aktienrechtlichen Regelung der Rechtsstellung des Organwalters, wie zum Beispiel der Vergütung, des Aufwendungsersatzes oder der Nebenpflichten.[547] Selbst wenn der Anstellungsvertrag hierzu keine Vereinbarung enthält, würden diese Punkte durch die dispositiven Vorschriften des entsprechenden Vertragstyps geregelt. Zwar könnten diese Vorschriften auch auf ein einheitliches korporationsrechtliches Rechtsverhältnis entsprechende Anwendung finden.[548] Abhängig von der Art der Amtsausführung wären aber verschiedene Vertragstypen, nämlich Auftrag, Geschäftsbesorgungsvertrag oder Rechtsanwaltsvertrag[549], einschlägig, so dass die jeweiligen Vorschriften eines hypothetischen Vertrags analog heranzuziehen wären. Diese Konstruktion zeigt letztlich, dass für den Sondervertreter die Annahme sowohl eines organisationsrechtlichen als auch eines vertraglichen Rechtsverhältnisses vorzugswürdig ist.

b) Kompetenz der Hauptversammlung

Die Hauptversammlung ist für den Abschluss des Anstellungsvertrags zuständig.[550] Dies folgt aus dem rechtsformübergreifenden Grundsatz des

---

545 *Schürnbrand*, Organschaft im Recht der privaten Verbände, 344 ff. m. w. N.; a. A. *Reuter*, in: FS Zöllner I, 487, 488, wonach ein Anstellungsvertrag der Rechtsgrund für die Übernahme des Amts ist.

546 *Habersack*, in: MünchKomm AktG, § 101 Rn. 67; *Hopt/Roth*, in: Großkomm AktG, § 101 Rn. 91 f.; *Natzel*, DB 1965, 1429, 1432; *Spindler*, in: Spindler/Stilz, AktG, § 101 Rn. 8 f.; a. A. *K. Schmidt*, in: Großkomm AktG, § 250 Rn. 30.

547 Ausführlich *Kling*, ZGR 2009, 190, 226 ff.

548 So aber *Böbel*, Besonderer Vertreter, 122 f.; vgl. für Aufsichtsratsmitglieder *Hopt/Roth*, in: Großkomm AktG, § 101 Rn. 92.

549 Der Rechtsanwaltsvertrag ist zwar auch ein besonderer Geschäftsbesorgungsvertrag, jedoch wird dieser insbesondere durch die BRAO und das RVG ergänzt, vgl. *Martinek*, in: Staudinger, BGB, § 675 Rn. B 163, B 166.

550 Vgl. für den ähnlichen Fall der Sondervertretung: *Bezzenberger*, in: Großkomm AktG, § 142 Rn. 39; *Fleischer*, in: Küting/Weber, HdB d. Rechnungslegung, § 142 AktG Rn. 100; *v. Gleichenstein*, BB 1956, 761, 762; *Hüffer*, AktG, § 142

Gleichlaufs von Bestellungs- und Anstellungskompetenz, der auf der funktionalen Zusammengehörigkeit von Bestellung und Anstellung beruht.[551] Hierbei unterliegt der Anspruchsgegner wie im Falle der Bestellung einem Stimmrechtsverbot nach § 136 I 1 Fall 3 AktG analog, weil sich, wie vorstehend erläutert,[552] der Interessenkonflikt der Entscheidung über die Anspruchsverfolgung insoweit fortsetzt.

Die mit der Anstellungskompetenz einhergehende Vertretungsbefugnis der Hauptversammlung begegnet keinen grundsätzlichen Bedenken. Die Hauptversammlung ist zwar als nur punktuell handlungsfähiges Organ wenig geeignet und hat auch grundsätzlich keine Kompetenz, die Gesellschaft im Außenverhältnis zu vertreten. Jedoch ist die Vertretungsbefugnis der Hauptversammlung in der ähnlichen Fallkonstellation des Abschlusses eines Prüfungsvertrags mit einem Sonderprüfer anerkannt.[553] Zudem fehlt eine sinnvolle Alternative zur Zuständigkeit der Hauptversammlung bei Abschluss des Anstellungsvertrags. Der Vorstand und der Aufsichtsrat sind im Falle der Sondervertretung wegen drohender Interessenkonflikte nämlich ungeeignet.[554] Insbesondere besteht daher keine Kompetenz des Vorstands nach § 318 I 4 HGB analog.

c) Vertragsabschluss

Die Hauptversammlung und der Sondervertreter können sich auf einen Anstellungsvertrag einigen, beispielweise durch ein Angebot im Wege eines Beschlusses der Hauptversammlung und einer entsprechenden Annahme des Sondervertreters. Selbst wenn die Hauptversammlung und der Sondervertreter nicht ausdrücklich einen Anstellungsvertrag schließen, begegnet der Vertragsschluss – entgegen der Ansicht von Böbel[555] – keinen rechtskonstruktiven Problemen. Der Bestellungsbeschluss enthält konkludent das Angebot auf Abschluss eines Auftrags oder eines Geschäftsbesorgungsvertrags.[556]

Rn. 11; a.A. *Adler/Düring/Schmaltz*, Rechnungslegung und Prüfung der Unternehmen, Teilband 4, §§ 142–146 AktG Rn. 13; *Mock*, in: Spindler/Stilz, AktG, § 142 Rn. 97.

551 BGHZ 113, 237, 241 ff. mit ausführlicher Begründung; *K. Schmidt*, Gesellschaftsrecht, § 14 III 2b (S. 417); *Reuter*, in: FS Zöllner I, 487, 487.

552 Vgl. hierzu vorstehend D. III. 2. a).

553 *Mülbert*, in: Großkomm AktG, Vor §§ 118–147 Rn. 22 m.w.N.

554 Vgl. BGHZ 113, 237, 243 mit Hinweis auf die Gefahr, das die Entscheidung des Bestellungsorgans durch ein hiervon verschiedenes Anstellungsorgan unterlaufen werden könnte.

555 *Böbel*, Besonderer Vertreter, 68 f.

556 *Bezzenberger*, in: Großkomm AktG, § 147 Rn. 54; *Kling*, ZGR 2009, 190, 226 ff.; für die Sonderprüfung: *Kirschner*, Sonderprüfung in der Praxis, 120.

Der wesentliche Vertragsbestandteil ist in diesem Angebot enthalten, nämlich das zu besorgende Geschäft. Die Vergütung bedarf keiner Bestimmung, sondern ergibt sich für den Geschäftsbesorgungsvertrag aus den §§ 675, 612 BGB[557] und für den Anwaltsvertrag aus dem RVG[558].

Der Sondervertreter kann die Annahme des Angebots in der Hauptversammlung erklären. Alternativ kann die Hauptversammlung einen Dritten beauftragen, das Angebot zu überbringen und die Annahme für die Gesellschaft als Empfangsvertreter entgegenzunehmen. Ist der Sondervertreter nicht in der Hauptversammlung anwesend und trifft die Hauptversammlung keine Vorkehrungen für einen Vertragsschluss, ist der Vorstand entsprechend § 83 II AktG dafür zuständig, das Angebot zu überbringen und die Annahmeerklärung entgegenzunehmen. Allerdings geht damit nicht einher, dass der Vorstand als Vertreter mit gebundener Marschroute bevollmächtigt wäre, die Vertragskondition auszuhandeln.[559]

Darüber hinaus kann die Hauptversammlung alternativ einen Dritten bevollmächtigen, den Anstellungsvertrag mit dem gewählten Sondervertreter auszuhandeln und abzuschließen.[560] Der Bevollmächtigte handelt dann nicht als Organ, sondern als Vertreter der Gesellschaft und ist der Hauptversammlung gegenüber weisungsgebunden, selbst wenn Vorstand oder Aufsichtsrat bevollmächtigt sind. Hierin liegt zwar letztlich eine Kompetenzübertragung, die aufgrund der zwingenden Zuständigkeitsordnung des Aktiengesetzes[561] grundsätzlich unzulässig ist. Dementsprechend darf zum Beispiel der Aufsichtsrat die Regelung der Anstellungsbedingungen eines Vorstandsmitglieds keinem Dritten übertragen.[562] Im Gegensatz zum Aufsichtsrat ist die Hauptversammlung aber im Hinblick auf das aufwendige Verfahren zur Willensbildung regelmäßig nicht in der Lage, einen Vertrag auszuhandeln. Aufgrund des praktischen Bedürfnisses, individuelle Vertragsbedingungen, wie etwa

---

557 Nach *Lochner*, in: Heidel, Aktienrecht und Kapitalmarktrecht, § 147 Rn. 26 richtet sich die Vergütung wohl nach § 147 II 5 AktG. Dies widerspricht dem eindeutigen Wortlaut, wonach dieser Vergütungsanspruch nur dem gerichtlich bestellten Vertreter zusteht.

558 *Fraunholz*, in: Riedel/Sußbauer, RVG, § 1 Rn. 2.

559 Für die Sonderprüfung: *Bezzenberger*, in: Großkomm AktG, § 142 Rn. 39; *Fleischer*, in: Küting/Weber, HdB d. Rechnungslegung, § 142 AktG Rn. 100; *Hüffer*, AktG, § 142 Rn. 11.

560 Für die Sonderprüfung: *Bezzenberger*, in: Großkomm AktG, § 142 Rn. 39; *Fleischer*, in: Küting/Weber, HdB d. Rechnungslegung, § 142 AktG Rn. 100; *Kirschner*, Sonderprüfung in der Praxis, 121; *Kronstein/Zöllner*, in: KölnerKomm AktG, § 142 Rn. 20; für den Fall des Abwicklers: *Bachmann*, in: Spindler/Stilz, AktG, § 265 Rn. 21.

561 Vgl. *Mülbert*, in: Großkomm AktG, § 119 Rn. 67.

562 Vgl. *Lutter/Krieger*, Rechte und Pflichten des Aufsichtsrats, Rn. 388; *Seibt*, in: Schmidt/Lutter, AktG, 24 f.

die Vergütung, zu vereinbaren, gebieten es Sinn und Zweck, die ansonsten kaum sinnvoll nutzbare Anstellungskompetenz teilweise übertragen zu können. Zudem verbleibt der wichtigste Entscheidungsgegenstand in der ausschließlichen Kompetenz der Hauptversammlung, nämlich die personelle Besetzung des Amts „besonderer Vertreter".

d) Vertragliche Ausgestaltung

Der Anstellungsvertrag kann die Beziehungen zwischen dem Organwalter und der Gesellschaft näher ausgestalten[563] und insbesondere folgende Punkte regeln:[564] die Vergütung, den Ersatz von Aufwendungen, eine Haftpflichtversicherung, die Koppelung der Beendigung des Anstellungsvertrags an die Abberufung, den Gerichtsstand sowie das Kündigungsrecht, insbesondere der Ausschluss der Kündigungsmöglichkeit des Sondervertreters nach § 627 BGB.

Mangelt es an einer Vergütungsvereinbarung, richtet sich die Vergütung nach § 612 BGB[565] beziehungsweise nach dem RVG,[566] soweit es sich nicht um einen unentgeltlichen Auftrag handelt. Einer Ansicht in der Literatur zufolge[567] muss die Vergütung entsprechend § 113 I 3 AktG in einem angemessenen Verhältnis zu den Aufgaben und zur Lage der Gesellschaft stehen. Gegen diese Analogie spricht bereits im Allgemeinen, dass die §§ 113 f. AktG der besonderen Stellung des Aufsichtsrats geschuldet sind, die mit derjenigen des Sondervertreters nicht vergleichbar ist. Zudem liegt dem § 113 AktG der Gedanke einer Mitverantwortung für die gesamte Entwicklung der Gesellschaft zugrunde. Daran fehlt es aber auf Seiten des Sondervertreters, der lediglich ein einzelnes Geschäft für die Gesellschaft besorgt.[568]

---

563 Für die umstrittene Frage, ob im Anstellungsvertrag organisationsrechtliche Fragen der Rechtsstellung des Organs geregelt werden können, vgl. für den GmbH-Geschäftsführer: ablehnend *Reuter*, in: FS Zöllner I, 487, 492; befürwortend *Paefgen*, in: Ulmer/Habersack/Winter, GmbHG, § 35 Rn. 140 und *Schneider/Sethe*, in: Scholz, GmbHG, § 35 Rn. 157 ff.

564 Vgl. die Auflistung bei *Verhoeven*, ZIP 2008, 245, 249; *Westermann*, AG 2009, 237, 247.

565 KG, FGPrax 2012, 76, 77.

566 Vgl. *Mock*, in: Spindler/Stilz, AktG, § 147 Rn. 99; *Spindler*, in: Schmidt/Lutter, AktG, § 147 Rn. 30; *Schröer*, in: MünchKomm AktG, § 147 Rn. 44; a.A. *Böbel*, Besonderer Vertreter, 116 f., wonach mangels Anstellungsvertrags eine Vergütung der ausdrücklichen Bewilligung der Hauptversammlung bedarf.

567 *Böbel*, Besonderer Vertreter, 116; *Mock*, in: Spindler/Stilz, AktG, § 147 Rn. 99; *Westermann*, AG 2009, 237, 247.

568 Vgl. *Verhoeven*, ZIP 2008, 245, 249.

Daher findet § 113 I 3 AktG keine analoge Anwendung auf die Vergütung des Sondervertreters. Allerdings gebietet die allgemeine Bindung an den Gesellschaftszweck, eine angemessene Vergütung nicht zu überschreiten.[569]

e) Kündigung

Die Hauptversammlung kann den Anstellungsvertrag nach § 627 I BGB im Falle eines Geschäftsbesorgungsvertrags[570] oder nach § 671 I BGB im Falle eines Auftrags jederzeit kündigen, soweit der Anstellungsvertrag nicht eine abweichende Regelung vorsieht. In dem Widerruf der Bestellung des Sondervertreters liegt typischerweise auch die konkludente Kündigung des Geschäftsbesorgungsvertrags beziehungsweise Auftrags.[571] Inwieweit der Sondervertreter einen Anspruch auf einen seiner bisherigen Leistungen entsprechenden Teil der Vergütung hat, richtet sich nach § 628 BGB.[572]

6. Rechtsfolgen der Nichtigkeit des Hauptversammlungsbeschlusses

Die Nichtigkeit des Bestellungsbeschlusses hat nach den bürgerlichrechtlichen Vorschriften zur Folge, dass der Sondervertreter nicht wirksam für die Gesellschaft handeln kann. Nachfolgend wird untersucht, ob dieses Ergebnis entsprechend der Lehre vom fehlerhaften Bestellungsverhältnis (unter a)) zu korrigieren ist. Ferner werden die Auswirkungen der Nichtigkeit des Bestellungsbeschlusses auf die korporationsrechtlichen Pflichten des Sondervertreters (unter b)) und auf das Anstellungsverhältnis (unter c)) beleuchtet.

---

[569] Hat die Hauptversammlung eine unangemessene Vergütung beschlossen, ist der Beschluss anfechtbar. Hat hingegen ein beauftragter Vertreter die Vergütung vereinbart, so stehen der Gesellschaft gegebenenfalls Schadensersatzansprüche zu.

[570] § 627 BGB findet auf Dienste höherer Art Anwendung, worunter die Geltendmachung eines Ersatzanspruchs durch einen Rechtsanwalt oder ein Inkassobüro fällt, vgl. *Henssler*, in: MünchKomm BGB, § 627 Rn. 22.

[571] *Bezzenberger*, in: Großkomm AktG, § 147 Rn. 61; *Lochner*, in: Heidel, Aktienrecht und Kapitalmarktrecht, § 147 Rn. 30; *Mock*, in: Spindler/Stilz, AktG, § 147 Rn. 89; *Schröer*, in: MünchKomm AktG, § 147 Rn. 55; *Spindler*, in: Schmidt/Lutter, AktG, § 147 Rn. 31; für den Vorstand: *Lutter/Krieger*, Rechte und Pflichten des Aufsichtsrats, Rn. 408 m. w. N.

[572] Vgl. *Bezzenberger*, in: Großkomm AktG, § 147 Rn. 61; *Spindler*, in: Schmidt/Lutter, AktG, § 147 Rn. 31.

a) Lehre vom fehlerhaften Bestellungsverhältnis

Die Lehre vom fehlerhaften Bestellungsverhältnis[573] ist angelehnt an die Lehre von der fehlerhaften Gesellschaft[574], nach der eine in Vollzug gesetzte Gesellschaft trotz fehlerhafter Vertragsgrundlage grundsätzlich wie eine wirksam gegründete zu behandeln ist. Der Lehre vom fehlerhaften Bestellungsverhältnis zufolge ist die in Vollzug gesetzte Bestellung trotz ihres Mangels vorläufig wirksam und kann nur mit *ex-nunc* Wirkung beendet werden.[575] Für Geschäftsleiter von Kapitalgesellschaften ist diese Lehre anerkannt.[576]

Ob die Lehre vom fehlerhaften Bestellungsverhältnis auf den Sondervertreter Anwendung findet, ist umstritten.[577] Der BGH[578] und das Oberlandesgericht München[579] begründen die Anwendung dieser Lehre auf den Sondervertreter damit, dass dieser mit der Anspruchsverfolgung die Aufgabe eines Organs wahrnehme und deshalb als solches zu behandeln sei.[580] Al-

---

[573] Hiervon abzugrenzen ist das faktische Organ. Danach nimmt eine Person Organaufgaben wahr, obwohl es an einem Bestellungsakt gänzlich mangelt, vgl. *Fleischer*, AG 2004, 517, 518. Eine faktische Sondervertretung ist kaum denkbar, denn erst der Bestellungsbeschluss richtet das Amt des Sondervertreters ein, so dass es an einem förmlichen Bestellungsakt nicht fehlen kann.

[574] *Schäfer*, Die Lehre vom fehlerhaften Verband, 476; *Schürnbrand*, Organschaft im Recht der privaten Verbände, 269.

[575] *Schürnbrand*, Organschaft im Recht der privaten Verbände, 267 f.; *ders.*, NZG 2008, 609, 609 m. w. N.

[576] Für GmbH-Geschäftsführer, vgl. *Zöllner/Noack*, in: Baumbach/Hueck, GmbHG, § 35 Rn. 8 m. w. N.; für Vorstandsmitglieder, vgl. *Hüffer*, AktG, § 84 Rn. 10 m. w. N.

[577] Befürwortend: BGH, ZIP 2011, 2195, 2195; OLG München, NZG 2010, 1392, 1393, m. Anm. *Lieder*, GWR 2010, 552; *Bayer/Lieder*, NZG 2012, 1, 7 ff.; *Nietsch*, ZGR 2011, 589, 607 f.; *Verhoeven*, ZIP 2008, 245, 252 ff.; ablehnend: *Böbel*, Besonderer Vertreter, 87 f.; *Schürnbrand*, Organschaft im Recht der privaten Verbände, 293; *Spindler*, in: Schmidt/Lutter, AktG, § 147 Rn. 33; kritisch *Westermann*, AG 2009, 237, 245; nach BGHZ 135, 244, 250 (ARAG/Garmenbeck) ist eine vom Sondervertreter erhobene Klage als unzulässig abzuweisen, wenn der Bestellungsbeschluss nichtig ist, woraus eine Ablehnung der Lehre vom fehlerhaften Bestellungsverhältnis auf den Sondervertreter zu schließen ist; nicht eindeutig zuzuordnen ist LG München, ZIP 2007, 1809, 1814 f., m. Anm. *Wilsing/Ogorek*, EWIR 1007, 611, 612, weil sich das Landgericht München nur für die Anwendung der Organpflichten ausspricht.

[578] BGH, ZIP 2011, 2195, 2195.

[579] OLG München, NZG 2010, 1392, 1393.

[580] Zweifelhaft ist bereits, ob die Lehre vom fehlerhaften Bestellungsverhältnis auch für den Aufsichtsrat gilt. Die herrschende Ansicht in der Literatur ist freilich dieser Auffassung, *Drygala*, in: Schmidt/Lutter, AktG, § 101 Rn. 35 ff.; *Habersack*, in: MünchKomm AktG, § 101 Rn. 70; *Schürnbrand*, Organschaft im Recht der privaten Verbände, 293; *Spindler*, in: Spindler/Stilz, AktG, § 101 Rn. 112, a. A. *Hopt/Roth*, in: Großkomm AktG, § 101 Rn. 217. Ob der BGH die Anwendung die-

lerdings kann der bloße Verweis auf die Wahrnehmung einer Organfunktion eine Abweichung von den bürgerlich-rechtlichen Vorschriften nicht rechtfertigen. Vielmehr ist entscheidend, ob – entsprechend zur Lehre von der fehlerhaften Gesellschaft – das Bestands- und Verkehrsschutzinteresse diese Abweichung gebieten.

Beim Sondervertreter bestehen letztlich keine ausreichenden Gründe, um eine Abweichung von den bürgerlich-rechtlichen Vorschriften zu rechtfertigen. Weder das Bestandsschutzinteresse (unter aa)) noch das Verkehrsschutzinteresse (unter bb)) erfahren im Falle der Nichtigkeit der Bestellung eine hinreichende Beeinträchtigung. Zudem ist gegen die Anwendung der Lehre vom fehlerhaften Bestellungsverhältnis anzuführen, dass sie eine Durchbrechung der Kompetenzordnung der Aktiengesellschaft zur Folge hätte (unter cc)).

aa) Bestandsschutz

Eine Beeinträchtigung des Bestandsschutzinteresses liegt vor, wenn die fehlerhafte Bestellung regelmäßig erhebliche Rückabwicklungsschwierigkeiten und eine Beeinträchtigung der Handlungsunfähigkeit der Gesellschaft nach sich zöge.

Dies ist der Fall bei Geschäftsleitern von Kapitalgesellschaften, weil diese nicht wirksam für die Gesellschaft handeln könnten, so dass die Handlungsunfähigkeit[581] der Gesellschaft sowie kaum überwindbare Rückabwicklungsschwierigkeiten drohten. Im Innenverhältnis fielen grundsätzlich alle Rechtshandlungen des Organs sowie gegebenenfalls die darauf aufbauenden Rechtshandlungen anderer Organe, wie Hauptversammlungsbeschlüsse, der Nichtigkeit anheim[582] und wären rückabzuwickeln. Im Außenverhältnis kann zwar der durch § 15 HGB gewährte Vertrauensschutz die Unwirksamkeit der Rechtshandlungen überwinden. Jedoch wird auch hierdurch die Handlungsfähigkeit der Gesellschaft nicht hergestellt, weil sich Dritte stets auf die „wahre“ Rechtslage berufen können.

---

ser Lehre auf den Aufsichtsrat ablehnt (so wohl noch BGHZ 11, 231, 246) ist zweifelhaft, da BGH, ZIP 2011, 2195, 2195 aus der Organqualität als solcher die Anwendung der Grundsätze vom fehlerhaften Bestellungsverhältnis herleitet.

[581] Dies gilt uneingeschränkt, wenn der einzige oder alle Organwalter fehlerhaft bestellt sind. Ist nur ein Organwalter eines mehrköpfigen Organs fehlerhaft bestellt, sind die Beschlüsse dieses Organs unwirksam, wenn der Beschluss auf der Stimmabgabe dieses Organwalters beruht.

[582] Nach § 122 II 2 AktG wird ausnahmsweise im Innenverhältnis die Berechtigung der Organwalter aus dem Handelsregister hergeleitet, so dass sich ein Bestellungsfehler im Falle der Eintragung des Organwalters nicht auswirkt.

Im Falle der fehlerhaften Bestellung des Sondervertreters sind auch die Rechtshandlungen des Sondervertreters unwirksam. Im Außenverhältnis ist die Handlungsfähigkeit zwar rechtlich nicht berührt, wenn der Bestellungsbeschluss nichtig ist, weil nach wie vor der Vorstand beziehungsweise der Aufsichtsrat für die Geltendmachung des Ersatzanspruchs zuständig sind. Anders stellt sich die Situation aber dar, wenn der Bestellungsbeschluss lediglich anfechtbar ist. In diesem Fall bliebe der Sondervertreter bis zur Rechtskraft eines Anfechtungsurteils für die Geltendmachung des Ersatzanspruchs zuständig, weil Anfechtungsklagen keine aufschiebende Wirkung haben[583]. Der Vorstand beziehungsweise der Aufsichtsrat hätten daher vor der Rechtskraft des Urteils keine Möglichkeit, die Geltendmachung des Ersatzanspruchs wahrzunehmen. Mit der Rechtskraft des Anfechtungsurteils würden alle Rechtshandlungen des Sondervertreters rückwirkend unwirksam, weil Urteile nach § 248 AktG grundsätzlich *ex tunc*[584] wirken, soweit nicht das zuständige Geschäftsleitungsorgan die Prozesshandlungen[585] und außergerichtlichen Rechtshandlungen nach § 177 I BGB nachträglich genehmigt.

Mithin ist im Außenverhältnis im Falle der fehlerhaften Bestellung des Sondervertreters die Handlungsfähigkeit der Gesellschaft eingeschränkt und zudem drohen Rückabwicklungsschwierigkeiten soweit der Sondervertreter Geschäfte abschließt. Allerdings sind im Vergleich zu Geschäftsleitern nicht alle Rechtshandlungen der Gesellschaft im Außenverhältnis betroffen, sondern lediglich ein sehr eingeschränkter Kreis, der die Geltendmachung des Ersatzanspruchs sowie wenige Hilfsgeschäfte, wie zum Beispiel die Mandatierung eines Prozessvertreters oder die Beauftragung eines Gutachters, betrifft. Im Innenverhältnis führt die fehlerhafte Bestellung des Sondervertreters zudem weder zur Handlungsunfähigkeit noch zu Rückabwicklungsschwierigkeiten, weil der Sondervertreter grundsätzlich nicht an der gesellschaftsinternen Willensbildung teilnimmt. Daher ist das Bestandsschutzinteresse aufgrund der Nichtigkeit der Bestellung nur marginal berührt.

bb) Verkehrsschutz

Die Beeinträchtigung des Verkehrsschutzinteresses gründet darauf, dass im Falle der Nichtigkeit der Bestellung Rechtshandlungen der Gesellschaft

---

583 LG München, ZIP 2007, 1809, 1814; *Schwab*, in: Schmidt/Lutter, AktG, § 241 Rn. 28.

584 *Hüffer*, AktG, § 248 Rn. 5; *K. Schmidt*, in: Großkomm AktG, § 248 Rn. 5 m. w. N.

585 BGHZ 135, 244, 250 (ARAG/Garmenbeck); *Böbel*, Besonderer Vertreter, 87 f.; *Bork*, in: Stein/Jonas, ZPO, § 56 Rn. 5; *Schürnbrand*, Organschaft im Recht der privaten Verbände, 293; *Lindacher*, in: MünchKomm ZPO, § 52 Rn. 38.

gegenüber Dritten nichtig sind. Das Verkehrsschutzinteresse würde zwar bei Geschäftsleitern von Kapitalgesellschaften aufgrund der materiellen Registerpublizität auch bei Anwendung der bürgerlich-rechtlichen Vorschriften keine Beeinträchtigung erfahren.[586] Bei dem Sondervertreter findet der Verkehr aber mangels Eintragungsfähigkeit der Sondervertretung keinen Schutz im Wege der materiellen Registerpublizität nach § 15 HGB.[587] Zudem ist auch eine Rechtsscheinsvollmacht gemäß § 172 BGB letztlich nicht einschlägig, wie im Folgenden darzulegen ist.[588]

§ 172 BGB setzt voraus, dass der besondere Vertreter dem Dritten eine beglaubigte Abschrift der Niederschrift des Bestellungsbeschlusses vorlegt.[589] Da sich § 172 BGB lediglich auf Vollmachten bezieht, erscheint es zweifelhaft, ob der Anwendungsbereich die organschaftliche Vertretungsmacht einschließt.[590] Hierfür lässt sich anführen, dass das Vertrauen auf die Vertretungsmacht des Sondervertreters keinen Schutz nach § 15 HGB genießt.[591] Mangels anderweitigen Rechtsscheinsträgers erscheint das Vertrauen Dritter auf eine Vollmachtsurkunde daher schutzwürdig.

Unabhängig freilich von der analogen Anwendbarkeit des § 172 BGB ist der Rechtsscheinstatbestand allerdings ohnehin nicht erfüllt. Nach ganz herrschender Meinung ist ein Rechtsschein nicht zurechenbar, wenn dessen Setzung selbst nichtig oder durch Anfechtung nichtig geworden ist.[592] Diese Auffassung überzeugt, da andernfalls der Rechtschein stärker binden würde als eine Außenvollmacht.[593] Vorliegend läge die Setzung des Rechtsscheins in der Aushändigung der Vollmachtsurkunde. Da die Gesellschaft die Niederschrift nicht unmittelbar aushändigt, ist die Setzung des Rechtsscheins allenfalls in der Fassung des Bestellungsbeschlusses zu sehen, von dem der Sondervertreter eine Abschrift vom Handelsregister beziehen kann. Die Nichtigkeit des Bestellungsbeschlusses würde daher einer Vertretungsmacht kraft Rechtsscheins entgegenstehen.

Folglich sind die Rechtshandlungen des Sondervertreters unwirksam, wenn das zuständige Geschäftsleitungsorgan diese nicht genehmigt. Dies

---

586 *Schäfer*, Die Lehre vom fehlerhaften Verband, 477; *Schürnbrand*, Organschaft im Recht der privaten Verbände, 269 ff.

587 Hierzu vorstehend D. III. 4.

588 Hierzu *Bayer/Lieder*, NZG 2012, 1, 8.

589 Vgl. *Mock*, in: Spindler/Stilz, AktG, § 147 Rn. 38, wonach der Sondervertreter seine Vertretungsmacht durch Vorlage des Hauptversammlungsbeschlusses nachweisen kann, soweit keine Eintragung in das Handelsregister erfolgt.

590 Ablehnend *Beuthien*, NJW 1999, 1142, 1144.

591 Hierzu vorstehend D. III. 4.

592 Herrschende Meinung, vgl. *Schramm*, in: MünchKomm BGB, § 172 Rn. 6; *Valenthin*, in: Bamberger/Roth, BGB, § 172 Rn. 5.

593 Vgl. *Leptien*, in: Soergel, BGB, § 171 Rn. 4.

dürfte zwar typischerweise nur wenige Rechtsgeschäfte mit Dritten betreffen, die der Sondervertreter im Zuge der Geltendmachung des Ersatzanspruchs abschließt. Allerdings wäre auch die vom besonderen Vertreter als *falsus procurator* erhobene Klage unzulässig.[594] Im Falle einer erfolgreichen Anfechtung des Bestellungsbeschlusses befindet sich der verklagte Anspruchsgegner daher in einem misslichen Schwebezustand[595], soweit das Gericht die Ersatzklage des Sondervertreters nicht nach § 148 ZPO aussetzt[596]. Da die Prozesshandlungen des Sondervertreters bis zur Rechtskraft des Anfechtungsurteils wirksam sind, kann der Beklagte die Anfechtbarkeit des Bestellungsbeschlusses nämlich nicht geltend machen. Nach der Rechtskraft des Anfechtungsurteils läuft er Gefahr, dass die Gesellschaft den Ersatzanspruch erneut gerichtlich geltend macht.

Dem Gesetz sind jedoch Anhaltspunkte dafür zu entnehmen, dass der Anspruchsgegner eine solche Interessenbeeinträchtigung hinzunehmen hat. In der ähnlichen Konstellation einer Aktionärsklage kann nämlich die Gesellschaft nach § 148 III 1 AktG einen Ersatzanspruch auch noch dann geltend machen, wenn bereits eine Aktionärsklage anhängig ist. Die Gesellschaft hat in diesem Fall ein Wahlrecht, ob sie den Prozess der Aktionärsklage übernimmt oder eine neue Klage anstrengt, § 148 III 2 AktG. Erhebt die Gesellschaft eine neue Klage, sieht sich der Anspruchsgegner in gleicher Weise einem neuen Prozess ausgesetzt.

Im Ergebnis führt die fehlerhafte Bestellung des Sondervertreters zwar zu einer gewissen Beeinträchtigung des Verkehrsschutzinteresses. Nach der gesetzgeberischen Wertung gebietet diese Beeinträchtigung aber nicht die Anwendung der Lehre vom fehlerhaften Bestellungsverhältnis auf den Sondervertreter.

cc) Kompetenzordnung

Gegen die Anwendung der Lehre vom fehlerhaften Bestellungsverhältnis spricht zudem, dass diese die Kompetenzordnung der Aktiengesellschaft zwischenzeitlich durchbrechen würde. Im Falle der Nichtigkeit der Bestellung des Sondervertreters sind nämlich an sich der Vorstand beziehungsweise der Aufsichtsrat für die Geltendmachung des zu verfolgenden Ersatzan-

---

594 BGHZ 135, 244, 250 (ARAG/Garmenbeck).

595 *Lieder*, Anm. z. OLG München, Beschl. v. 21.10.2010 – 7 W 2040/10 –, GWR 2010, 552, der mit dem OLG München die Anwendung der Lehre vom fehlerhaften Bestellungsverhältnis auf den Sondervertreter befürwortet; *Bayer/Lieder*, NZG 2012, 1, 8.

596 Vgl. LG München, NJOZ 2010, 1114, 1115; *Mock*, in: Spindler/Stilz, AktG, § 147 Rn. 57.

spruchs zuständig. Durch die Anwendung der Lehre vom fehlerhaften Bestellungsverhältnis entfiele hingegen ihre Kompetenz, weil die Bestellung des Sondervertreters vorläufig wirksam wäre.

Dem lässt sich auch nicht entgegenhalten, dass bei Geschäftsleitern die Lehre vom fehlerhaften Bestellungsverhältnis in selbiger Weise Anwendung fände. Bei Geschäftsleitern führt die Lehre nicht zu einer Kompetenzverschiebung. Vielmehr adressiert sie lediglich das Spannungsverhältnis zwischen dem Bestandsinteresse und dem Interesse, nur Handlungen ordnungsgemäß bestellter Organwalter zuzurechnen.[597]

b) Korporationsrechtliche Pflichten

Trotz Nichtigkeit der Bestellung unterliegt der Sondervertreter den – nachstehend untersuchten[598] – korporationsrechtlichen Pflichten und ihrer Haftung. Dem steht nicht die Ablehnung der Lehre vom fehlerhaften Bestellungsverhältnis für den Sondervertreter entgegen. Diese Lehre adressiert nämlich lediglich die Folgen für die Gesellschaft, Gesellschafter und Dritte, die aus der Nichtigkeit der Rechtshandlungen des Organwalters resultieren. Auf anderer Ebene liegt demgegenüber die Frage,[599] ob das korporationsrechtliche Pflichtenprogramm ein wirksames Bestellungsverhältnis voraussetzt oder ob auch eine fehlerhafte Bestellung in Verbindung mit einem tatsächlichen Organhandeln eine ausreichende Grundlage bildet.[600]

Die organschaftlichen Pflichten sind insbesondere im Interesse der Gesellschaft, der Gesellschafter (§ 93 IV 3 AktG) und der Gläubiger (§ 93 V AktG), angeordnet.[601] Diese bedürfen des Schutzes unabhängig von der Wirksamkeit der Bestellung, weil für die Gesellschaft von einem wirksam bestellten und einem vermeintlichen Organwalter ähnlichen Schädigungsgefahren ausgehen.[602] Zum Beispiel könnte der fehlerhaft bestellte Sondervertreter vertrauliche Angaben und Geheimnisse der Gesellschaft erfahren. Da zudem der Organwalter aufgrund des Geltendmachungsbeschlusses selbst von dieser Pflichtenbindung ausgeht und gegebenenfalls auch seine Vergü-

---

597 Vgl. *Schürnbrand*, NZG 2008, 609, 610.

598 Hierzu D. V. 1.

599 Vgl. *Schäfer*, Die Lehre vom fehlerhaften Verband, 475.

600 Diese Frage ist bei Fehlen eines Bestellungsakts sehr umstritten. Vgl. zur Haftung des faktischen Organwalters *Achsnich*, Die Haftung faktischer Organe in der Aktiengesellschaft, 62 ff. und *Voigt*, Haftung aus Einfluss, 199 ff. m. w. N.

601 LG München, ZIP 2007, 1809, 1814 f.; für Vorstandsmitglieder: BGHZ 41, 282, 287; *Hopt*, in: Großkomm AktG, § 93 Rn. 44; für den GmbH-Geschäftsführer: *Goette*, Die GmbH, § 8 Rn. 191; *ders.*, DStR 1998, 1308, 1308.

602 Vgl. *Voigt*, Haftung aus Einfluss, 198 f.

tung bezieht,[603] ist ihm dies auch zuzumuten. Folglich ist der fehlerhaft bestellte Sondervertreter an die Organpflichten gebunden und haftet im Falle ihrer schuldhaften Verletzung.

c) Anstellungsvertrag

Ist der Bestellungsbeschluss nichtig oder nichtig geworden, so teilt der Anstellungsvertrag nach überwiegender Ansicht dieses Schicksal.[604] Bezzenberger zufolge verliert der Anstellungsvertrag in diesem Fall seine rechtliche Grundlage.[605] Diesem Gleichlauf des Anstellungsvertrags mit dem Bestellungsverhältnis ist aber zu widersprechen. Es ist nämlich kein Grund ersichtlich, warum bei dem Sondervertreter – im Gegensatz zu Vorstandsmitgliedern und GmbH-Geschäftsführern[606] – das Bestellungs- und Anstellungsverhältnis in ihrer Wirksamkeit nicht im Grundsatz voneinander unabhängig sind.

Allerdings ist im Falle der Nichtigkeit der Bestellung regelmäßig auch der Anstellungsvertrag aufgrund von Fehleridentität nichtig.[607] Ergehen Bestellung und Vertragsangebot beziehungsweise Vollmachtserteilung in einem Beschluss, ist im Falle eines Fehlers nämlich grundsätzlich der gesamte Beschluss mangelhaft, so dass auch das Angebot beziehungsweise die Vollmachtserteilung nichtig sind.

Für solche Nichtigkeitsfälle könnten analog zur Rechtslage bei Vorstandsmitgliedern die Grundsätze des fehlerhaften Anstellungsvertrags anzuwenden sein.[608] Danach ist entsprechend den Grundsätzen zum fehlerhaften Arbeitsverhältnis der in Vollzug gesetzte Vertrag bis zu seiner Kündigung oder Aufhebung wirksam.[609] Für dieses Sonderrecht wird neben ansonsten bestehenden Rückabwicklungsschwierigkeiten angeführt, dass dem Organwalter die vertraglichen Rechte, wie insbesondere der Vergü-

---

603 Hierzu nachstehend D. III. 6. c).

604 LG München, ZIP 2007, 1809, 1814; *Bezzenberger*, in: Großkomm AktG, § 147 Rn. 60; *Mock*, in: Spindler/Stilz, AktG, § 147 Rn. 89; *Spindler*, in: Schmidt/Lutter, AktG, § 147 Rn. 33.

605 *Bezzenberger*, in: Großkomm AktG, § 147 Rn. 60.

606 Für Vorstandsmitglieder: *Fleischer*, in: Spindler/Stilz, AktG, § 84 Rn. 7; *K. Schmidt*, Gesellschaftsrecht, § 28 II 2e (S. 810); für GmbH-Geschäftsführer: *Altmeppen*, in: Roth/Altmeppen, GmbHG, § 6 Rn. 103; *Paefgen*, in: Ulmer/Habersack/Winter, GmbHG, § 35 Rn. 178.

607 *Bayer/Lieder*, NZG 2012, 1, 9.

608 Ebenda.

609 BGHZ 41, 282, 288 f.; *Hüffer*, AktG, § 84 Rn. 19; *Seibt*, in: Schmidt/Lutter, AktG, § 84 Rn. 38; für den GmbH-Geschäftsführer: BGH, NJW 2000, 2983, 2983 f.

tungsanspruch, zustehen müssten, weil er den korporationsrechtlichen Pflichten unterliege.[610]

Für den Sondervertreter führt allerdings schon die Anwendung der bürgerlich-rechtlichen Vorschriften zu interessengerechten Ergebnissen, so dass eine Übertragung der Grundsätze des fehlerhaften Anstellungsverhältnisses nicht geboten ist. Nach der Rechtsprechung sind auf nichtige Verträge die Vorschriften der Geschäftsführung ohne Auftrag anzuwenden.[611] Aus dem Aufwendungsersatzanspruch des Sondervertreters nach den §§ 683 S. 1, 670 BGB wird – unter entsprechender Heranziehung des § 1835 III BGB – ein Anspruch auf die übliche Vergütung hergeleitet,[612] soweit die Sondervertretertätigkeit zum Beruf des Organwalters gehört. Voraussetzung ist allerdings, dass der Sondervertreter die Aufwendungen für erforderlich halten durfte, § 670 BGB. Dies ist dann der Fall, wenn er nach Prüfung des Geltendmachungsbeschluss in vertretbarer Weise eine Ausführungspflicht[613] annehmen durfte. Dieses Ergebnis ist auch interessengerecht, weil dem Sondervertreter kein Anspruch auf Vergütung zustehen darf, wenn er zum Beispiel einen erkennbar rechtswidrigen Beschluss nicht hätte ausführen dürfen, aber dies gleichwohl getan hat.[614] Freilich kann dem Sondervertreter auch in diesem Fall ein bereicherungsrechtlicher Anspruch gegen die Gesellschaft zustehen.[615]

Mithin finden im Falle der Nichtigkeit des Anstellungsvertrags auf den Sondervertreter nicht die Grundsätze des fehlerhaften Anstellungsverhältnisses, sondern die Vorschriften der Geschäftsführung ohne Auftrag Anwendung.

IV. Weisungsbindung

Für die Einordnung des Sondervertreters in das Organisationsgefüge der Aktiengesellschaft ist von grundlegender Bedeutung, ob es sich bei diesem um ein weisungsgebundenes Organ handelt. Von vornherein kann es dabei lediglich um eine Weisungsbefugnis der Hauptversammlung gehen,[616] weil

---

610 *Henze/Rosch*, ArbRAktuell 2010, 310; *Spindler*, in: MünchKomm AktG, § 84 Rn. 234.

611 BGHZ 37, 258, 262 f.; BGH, NJW 2000, 72, 73; a.A. herrschende Lehre: *Gehrlein*, in: Bamberger/Roth, BGB, § 677 Rn. 18; *Larenz*, Schuldrecht II/1, § 57 I 1 a (S. 441); *Seiler*, in: MünchKomm BGB, § 677 Rn. 48.

612 BGHZ 143, 9, 16; *Seiler*, in: MünchKomm BGB, § 683 Rn. 24 m.w.N.

613 Zum Bestehen der Ausführungspflicht siehe vorstehend C. IV. 1.

614 Daneben können freilich Schadensersatzansprüche der Gesellschaft bestehen.

615 Vgl. BGH, NJW 2000, 1560, 1562.

616 *Böbel*, Besonderer Vertreter, 59 ff., 122; *Lochner*, in: Heidel, Aktienrecht und Kapitalmarktrecht, § 147 Rn. 28.

eine Weisungsbindung gegenüber dem Vorstand oder Aufsichtsrat mit der Funktion des Sondervertreters unvereinbar wäre.[617] Die überwiegende Ansicht lehnt jegliche Weisungsbindung des besonderen Vertreters freilich ab.[618]

Hierzu ist zunächst klarzustellen, dass auf der einen Seite der Wortlaut des § 147 II 1 AktG keine allgemeine Weisungskompetenz der Hauptversammlung, sondern lediglich die Befugnis vorsieht, die Geltendmachung eines Ersatzanspruchs nach § 147 I 1 AktG veranlassen zu können.[619] Ferner folgt ein Weisungsrecht nicht im Erst-recht-Schluss aus der Personalkompetenz der Hauptversammlung,[620] weil Weisungen im Verhältnis zur Bestellung und Abberufung kein Weniger, sondern ein *aliud* sind. Zum Beispiel ist die Hauptversammlung befugt, Aufsichtsratsmitglieder zu berufen (§ 101 I 1 AktG) und abzuberufen (§ 103 I 1 AktG), ist ihnen gegenüber aber nicht weisungsbefugt.[621]

Auf der anderen Seite steht einer Weisungsbindung des Sondervertreters nicht entgegen, dass dieser an Stelle des Aufsichtsrats oder Vorstands den Ersatzanspruch verfolge und daher in gleicher Weise weisungsunabhängig sein müsse[622]. Nach dem hier zugrunde gelegten Verständnis nimmt der Sondervertreter nämlich nicht die Stellung des Vorstands oder Aufsichtsrats ein.[623]

Die Weisungsbindung des Sondervertreters beurteilt sich danach, ob die Gründe für die Weisungsfreiheit des Vorstands und Aufsichtsrats auch auf den Sondervertreter zu übertragen sind. Anders gewandt stellt sich die Frage, ob mit der „Entthronung“[624] der Hauptversammlung und der Einführung der „Gewaltenteilung“[625] durch das Aktiengesetz von 1937 die Hauptversammlung auch das Weisungsrecht gegenüber dem besonderen Vertreter

617 *Bezzenberger*, in: Großkomm AktG, § 147 Rn. 56.

618 LG München, ZIP 2008, 1588, 1591; *Haager*, in: Ball/Haager, Aktienrechtliche Sonderprüfung, 198 f.; *Mock*, in: Spindler/Stilz, AktG, § 147 Rn. 72; *ders.*, DB 2008, 393, 396; *Spindler*, in: Schmidt/Lutter, AktG, § 147 Rn. 23; *Verhoeven*, ZIP 2008, 245, 249; *Wirth*, in: FS Hüffer, 1129, 1150.

619 Hierzu vorstehend C. VI.

620 *Böbel*, Besonderer Vertreter, 60 folgert aus der Abbestellungskompetenz die Weisungsbefugnis.

621 *Mertens*, in: KölnerKomm AktG, § 111 Rn. 90; vgl. *Hoffmann-Becking*, in: MünchHdB AG, § 33 Rn. 7; *Lutter/Krieger*, Rechte und Pflichten des Aufsichtsrats, Rn. 692; vgl. für entsandte Aufsichtsratsmitglieder BGHZ 36, 296, 306.

622 *Spindler*, in: Schmidt/Lutter, AktG, § 147 Rn. 25; nach *Mock*, DB 2008, 393, 395 ist der Sondervertreter hingegen ein anderes Prüfungs- und Überwachungsorgan.

623 Hierzu vorstehend D. I.

624 *Fleischer*, in: Bayer/Habersack, Band II, 9. Kapital Rn, 8 (S. 435).

625 *K. Schmidt*, Gesellschaftsrecht, § 26 IV 2a (S. 781).

verloren hat.[626] Der Grund für die Entmachtung der Hauptversammlung lag neben der Implementierung des „Führerprinzips" unter anderem darin, dass die Aktionäre typischerweise mangels erforderlichen Einblicks in die Geschäfte der Gesellschaft und mangels ausreichender Sachkunde[627] als ungeeignet erschienen, an der Leitung der Aktiengesellschaft mitzuwirken.[628] Dieser Gedanke lässt sich zwar in gewissem Maße auf Entscheidungen hinsichtlich der Art und Weise der Geltendmachung eines Ersatzanspruchs übertragen. Allerdings sind die Aktionäre vorgelagert befugt, die Geltendmachung des Ersatzanspruchs zu beschließen. Die Entscheidung über die Geltendmachung und diejenige über ihre Art und Weise unterscheiden sich nicht wesentlich im Hinblick auf die hierfür erforderliche Sachkunde.[629]

Eine weitere mögliche Begründung für die Weisungsfreiheit des Vorstands liegt darin, dass dieser nicht an das Gesellschaftsinteresse, sondern an ein weitergehendes Unternehmensinteresse[630] gebunden ist, welches insbesondere die Belange anderer Interessengruppen, wie Gläubiger und Arbeitnehmer, berücksichtigt.[631] Andernfalls könnte die Hauptversammlung die Bindung an das Unternehmensinteresse durch entsprechende Weisungen an den Vorstand unterlaufen. Unabhängig von der Anerkennung eines Unternehmensinteresses ist für den beschränkten Aufgabenbereich der Anspruchsverfolgung durch den Sondervertreter aber nicht zu erkennen, dass Unternehmensinteresse und Gesellschaftsinteresse eine unterschiedliche Art und Weise der Geltendmachung gebieten könnten.

Demgegenüber spricht für die Weisungsbindung des besonderen Vertreters seine Funktion im Kontext des § 147 AktG. Während die Hauptversammlung mit der Fassung eines Geltendmachungsbeschlusses lediglich die Willensbildungskompetenz hinsichtlich der Entscheidung über die An-

---

[626] *Böbel*, Besonderer Vertreter, 61 zufolge ist hieraus abzuleiten, dass es bei der seit jeher gegebenen Weisungsbefugnis gegenüber dem besonderen Vertreter verbleiben muss.

[627] Vgl. BGHZ 159, 30, 40; *Fleischer*, in: Bayer/Habersack, Band II, 9. Kapitel Rn. 8 (S. 435).

[628] Amtl. Begr. Vorbemerkung §§ 70–124 bei *Klausing*, Gesetz über Aktiengesellschaften und Kommanditgesellschaften auf Aktien (1937), 56f.

[629] Vgl. *Böbel*, Besonderer Vertreter, 61.

[630] Vgl. zur Einführung des Unternehmensinteresses mit dem AktG 1937 sowie zum Streitstand bezüglich dessen Anerkennung, *Fleischer*, in: Spindler/Stilz, AktG, § 76 Rn. 22ff.

[631] Vgl. die amtl. Begr. Vorbemerkung §§ 70–124 bei *Klausing*, Gesetz über Aktiengesellschaften und Kommanditgesellschaften auf Aktien (1937), 56: „Die grundsätzlichen Entscheidungen über die Geschicke der Aktiengesellschaft liegen bei der persönlich nicht verantwortlichen Mehrheit der Geldgeber, […] die im wesentlichen darauf bedacht sind, die Belange des Kapitals in den Vordergrund zu stellen."

spruchsverfolgung an sich zieht, kann sie nach hiesigem Verständnis[632] mittels Bestellung eines Sondervertreters die Kontrolle über die Ausführung erlangen. Dementsprechend gewinnt die Hauptversammlung die Befugnis, über die Art und Weise der Geltendmachung zu entscheiden und diese durch Weisungen gegenüber dem Sondervertreter auszuüben.

Dieses Verständnis unterstützt ein systematischer Vergleich mit der Aktionärsklage nach § 148 AktG. Die dort genannte Aktionärsminderheit kann einen Ersatzanspruch der Gesellschaft im eigenen Namen geltend machen und kontrolliert demzufolge die Art und Weise der Anspruchsverfolgung. Es wäre wenig überzeugend, wenn der Hauptversammlung in dieser Hinsicht nur eine geringere Einflussmöglichkeit auf die Anspruchsverfolgung zustünde.

Die praktische Bedeutung der Anerkennung eines Weisungsrechts ist zwar zweifelhaft,[633] weil die Hauptversammlung regelmäßig nur mit erheblichem Aufwand an Zeit und Kosten einzuberufen ist[634] und damit nicht reaktionsschnell Weisungen erteilen kann. Diese mangelnde praktische Relevanz hat aber keinen Einfluss auf das grundsätzliche Verhältnis zwischen Sondervertreter und Hauptversammlung. Zudem ist die Erteilung von Weisungen zumindest zum Zeitpunkt der Bestellung denkbar.

Da mithin die Gründe für die Weisungsfreiheit der Geschäftsleitungsorgane allenfalls eingeschränkt auf den Sondervertreter übertragbar sind und sowohl die Konzeption des § 147 AktG als auch ein systematischer Vergleich mit der Aktionärsklage nach § 148 AktG für eine Weisungsbindung des Sondervertreters sprechen, ist die Hauptversammlung gegenüber dem ihr untergeordneten Organ „besonderer Vertreter“ weisungsbefugt. Die Hauptversammlung kann beispielweise vorgeben, den Ersatzanspruch zunächst außergerichtlich, durch Mahnverfahren oder Urkundenprozess geltend zu machen.

Allerdings beschränkt sich das Weisungsrecht insbesondere auf die Modalitäten der Geltendmachung. Außerhalb der Kompetenz der Hauptversammlung liegen demgegenüber Weisungen, welche die Anspruchsverfolgung einschränken, wie etwa die Weisung, auf den Ersatzanspruch zu verzichten oder lediglich im Wege der außergerichtlichen Geltendmachung vorzugehen.[635]

---

[632] Hierzu vorstehend D. I.

[633] Nach *Verhoeven*, ZIP 2008, 245, 249 ist dies technisch bei einer Publikumsgesellschaft nicht möglich.

[634] Vgl. BGHZ 159, 30, 44.

[635] Hierzu vorstehend C. VI.

V. Pflichten und Haftung

1. Pflichtenprogramm

Das Pflichtenprogramm des besonderen Vertreters bestimmt sich nach dem korporationsrechtlichen und vertraglichen Verhältnis zur Gesellschaft. Neben der Pflicht zur Geltendmachung des Ersatzanspruchs unterliegt der Sondervertreter Sorgfalts-, Verschwiegenheits- und Treuepflichten sowie Informationspflichten.

a) Sorgfalts-, Verschwiegenheits- und Treuepflichten

Der besondere Vertreter unterliegt korporationsrechtlichen und vertraglichen Sorgfalts-, Verschwiegenheits- und Treuepflichten. Auf korporationsrechtlicher Ebene ist streitig, ob die Pflichten der Vorstands- und Aufsichtsratsmitglieder nach den §§ 93 I, 116 AktG analog auf den Sondervertreter Anwendung finden.[636] Eine analoge Anwendung folgt einer Ansicht[637] nach aus der Organstellung des Sondervertreters, nach anderer Auffassung[638] aus der Formulierung „gehörigen Geltendmachung" in § 147 II 2 AktG.

Einer entsprechenden Anwendung der Sorgfalts-, Verschwiegenheits- und Treuepflichten der Geschäftsleitungsorgane ist aufgrund der funktionellen Austauschbarkeit der Ausführungskompetenz zuzustimmen. Sind Organe für dieselbe Aufgabe zuständig und hierbei an den Gesellschaftszweck gebunden, unterliegen sie auch denselben Pflichten. Dies ist bei Anspruchsverfolgung nach § 147 I 1 AktG für den Vorstand und den Aufsichtsrat sowie für den besonderen Vertreter der Fall. Für dieses Verständnis lässt sich zudem anführen, dass § 93 AktG insbesondere dem Schutz der Aktionäre und der Gläubiger dient.[639] Deren Schutzbedürfnis besteht unabhängig davon, ob das zuständige Geschäftsleitungsorgan oder der Sondervertreter handelt.[640]

---

636 Befürwortend: *Böbel*, Besonderer Vertreter, 114f.; *Kling*, ZGR 2009, 190, 225f.; *Mock*, in: Spindler/Stilz, AktG, § 147 Rn. 68f.; *Semler*, AG 2005, 321, 330; ablehnend: *Verhoeven*, ZIP 2008, 245, 251 mit ausführlicher Begründung; *Bezzenberger*, in: Großkomm AktG, § 147 Rn. 55, wonach aber eine korporationsrechtliche Treuepflicht besteht.

637 *Mock*, in: Spindler/Stilz, AktG, § 147 Rn. 69.

638 *Böbel*, Besonderer Vertreter, 114f.

639 Vgl. *Spindler*, in: MünchKomm AktG, § 93 Rn. 1.

640 Dieser Gesichtspunkt ist insbesondere der Auffassung entgegenzuhalten, nach der sich die Pflichten ausschließlich aus der vertraglichen Bindung ergäben, die im Gegensatz zu den zwingenden korporationsrechtlichen Pflichten grundsätzlich abdingbar sind.

Demnach treffen den Sondervertreter die Sorgfalts-, Verschwiegenheits- und Treuepflichten, denen die Organwalter des zuständigen Geschäftsleitungsorgans bei der Geltendmachung des Ersatzanspruchs unterliegen.[641] Der Sondervertreter ist insbesondere verpflichtet, den Ersatzanspruch sorgfältig und gewissenhaft zu verfolgen sowie über vertrauliche Angaben und Geheimnisse der Gesellschaft Stillschweigen zu bewahren.[642] Wie Sorgfaltspflichten in Bezug auf die Anspruchsverfolgung zu konkretisieren sind, hängt unter anderem davon ab, ob der Sondervertreter die Geltendmachung lediglich leitet oder selbst als Prozessvertreter durchführt.

Auf vertraglicher Ebene besteht ein Pflichtenprogramm entsprechend dem Anstellungsverhältnis, also einem Auftrag, Geschäftsbesorgungsvertrag oder Rechtsanwaltsvertrag. Die vertraglichen und korporationsrechtlichen Pflichten sind wie bei Vorstandsmitgliedern[643] grundsätzlich inhaltsgleich.

b) Informationspflichten

Ferner kommt in Betracht, dass der Sondervertreter zur Erteilung von Informationen an die Gesellschaft und die übrigen Organe verpflichtet ist.

aa) Hauptversammlung

Ob der besondere Vertreter gegenüber der Hauptversammlung einer Informationspflicht unterliegt, ist umstritten.[644]

Das Aktiengesetz sieht zwar keine ausdrückliche Informationspflicht des besonderen Vertreters vor, doch kommt eine ungeschriebene Pflicht in Betracht. Die Hauptversammlung kann ihre Willensbildungskompetenz hinsichtlich der Geltendmachung des Ersatzanspruchs sowie ihrer Personalkompetenz gegenüber dem Sondervertreter nämlich nur dann ausüben, wenn sie angemessen über die Anspruchsverfolgung und die Tätigkeit des Sondervertreters informiert ist. Da sie selbst nicht über die Mittel verfügt, um sich die erforderlichen Informationen zu beschaffen, ist sie für eine sachgerechte Willensbildung auf die Information des Sondervertreters angewiesen.

---

641 KG, FGPrax 2012, 76, 77 f.

642 *Kling*, ZGR 2009, 190, 225.

643 *Fleischer*, in: Spindler/Stilz, AktG, § 84 Rn. 75; *Kort*, in: Großkomm AktG, § 84 Rn. 430; *Wiesner*, in: MünchHdB AG, § 21 Rn. 66.

644 Befürwortend: *Böbel*, Besonderer Vertreter, 123; *Kling*, ZGR 2009, 190, 219; *Spindler*, in: Schmidt/Lutter, AktG, § 147 Rn. 28; ablehnend: LG München, ZIP 2008, 1587, 1591; *Mock*, AG 2008, 839, 844; *ders.*, in: Spindler/Stilz, AktG, § 147 Rn. 73.

Eine Informationspflicht des Sondervertreters ließe auch die Beeinträchtigung einer effektiven Anspruchsverfolgung nicht ernsthaft befürchten, etwa weil der Anspruchsgegner von diesen Informationen Kenntnis erlangen würde. Soweit die Gesellschaft aufgrund der Informationserteilung einen Nachteil erleiden würde, müsste der Sondervertreter die Auskunft verweigern. Das Verlangen der Hauptversammlung wäre nämlich aufgrund der Schädigung der Gesellschaft im Falle der Informationserteilung rechtswidrig und damit anfechtbar. Ferner steht einem solchen kollektivem Informationsrecht[645] der Hauptversammlung auch nicht die Organisationsverfassung der Aktiengesellschaft entgegen. Vielmehr entspricht die Informationspflicht des Sondervertreters seiner Stellung gegenüber der Hauptversammlung als ein weisungsabhängiges[646] Organ.

Mithin ist der besonderen Vertreter auf Verlangen der Hauptversammlung zur Informationserteilung verpflichtet.[647]

bb) Vorstand

Gegenüber dem Vorstand oder Aufsichtsrat ist der Sondervertreter nach ganz überwiegender Ansicht nicht zur Informationserteilung verpflichtet.[648] Dies sei offensichtlich, wenn Vorstands- oder Aufsichtsratsmitglieder selbst die Anspruchsgegner wären,[649] müsse aber auch im Übrigen gelten, weil der Sondervertreter eine gesonderte Stellung in der Organisationsverfassung einnehme.[650]

Dieser Ansicht ist nur im Grundsatz zuzustimmen. Gesetzlich ist eine Informationspflicht gegenüber dem Vorstand nicht bestimmt. Ferner ist eine ungeschriebene Pflicht auch nicht daraus zu folgern, dass der Vorstand für die Geltendmachung von Ersatzansprüchen gegenüber dem Sondervertreter zuständig ist[651] und insoweit ein gewisses Informationsbedürfnis hat. Eine

---

[645] Hierzu *K. Schmidt*, Gesellschaftsrecht, § 21 III 2 (S. 628).

[646] Hierzu vorstehend D. IV.

[647] Zur Frage der Berechtigung und der Pflicht des Sondervertreters zur Teilnahme an der Hauptversammlung siehe nachstehend D. VI. 2. b).

[648] *Kling*, ZGR 2009, 190, 219; *Lochner*, in: Heidel, Aktienrecht und Kapitalmarktrecht, § 147 Rn. 24a; *Mock*, in: Spindler/Stilz, AktG, § 147 Rn. 74; *ders.*, AG 2008, 839, 841 f.; *Schröer*, in: MünchKomm AktG, § 147 Rn. 46; *Spindler*, in: Schmidt/Lutter, AktG, § 147 Rn. 25; *Verhoeven*, EWiR 2009, 65, 66; ähnlich *Westermann*, AG 2009, 237, 241; LG München, ZIP 2007, 1809, 1815, wonach eine Berichtspflicht nicht gegenüber dem Organ bestehen kann, wenn ein Organwalter Anspruchsgegner ist; a.A. *Bezzenberger*, in: Großkomm AktG, § 147 Rn. 58.

[649] LG München, ZIP 2007, 1809, 1815; *Schröer*, in: MünchKomm AktG, § 147 Rn. 46.

[650] *Mock*, AG 2008, 839, 841 f.

[651] Hierzu nachstehend D. V. 3.

Auskunftspflicht gegenüber dem Vorstand könnte nämlich die Durchsetzung des Ersatzanspruchs gefährden, wenn der Anspruchsgegner hierdurch Informationen erlangt, die er für die Klageabwehr nutzen kann.[652] Zudem ist auch der Aufsichtsrat nicht gegenüber dem Vorstand informationspflichtig, obwohl der Vorstand für die Anspruchsverfolgung gegenüber den Aufsichtsratsmitgliedern zuständig ist.

Allerdings ist der Sondervertreter aufgrund seiner Bindung an den Gesellschaftszweck zur Informationserteilung verpflichtet, wenn der Vorstand der Information zur Erfüllung seiner Aufgaben bedarf, sich diese nicht selbst beschaffen kann und die Anspruchsverfolgung hierdurch keine Beeinträchtigung erfährt. Erlangt der Sondervertreter zum Beispiel im Rahmen der Geltendmachung Kenntnis von Umständen, die eine Veröffentlichung nach § 15 WpHG erforderlich machen könnten, hat er den Vorstand als das für die Veröffentlichung zuständige Organ zu informieren.[653] Da grundsätzlich der Vorstand die Hauptversammlung einberuft,[654] gilt selbiges, wenn der Sondervertreter von Umständen erfährt, die aufgrund einer Änderung der Beschlussgrundlage eine erneute Befassung der Hauptversammlung mit der Entscheidung über die Geltendmachung rechtfertigen könnten.

Verlangen Aktionäre in der Hauptversammlung Auskunft zur Anspruchsgeltendmachung oder Sondervertretung, hat der Sondervertreter – soweit erforderlich – den Vorstand in die Lage zu versetzen, seine Auskunftspflicht zu erfüllen.[655] Dem kann auch nicht entgegengehalten werden[656], dass der Vorstand dieser Auskünfte nicht bedürfe, weil der Sondervertreter kraft eines Rederechts[657] die Aktionäre selbst informieren könne. Ein etwaiges Rederecht entbindet nämlich den Vorstand keineswegs von der Auskunftspflicht nach § 131 AktG. In selbiger Weise ist auch der Aufsichtsrat ver-

---

[652] *Kling*, ZGR 2009, 190, 219; *Mock*, AG 2008, 839, 841.

[653] A.A. *Mock*, AG 2008, 839, 847 f.; *ders.*, in: Spindler/Stilz, AktG, § 148 Rn. 76, wonach der Sondervertreter selbst für die Veröffentlichung nach § 15 WpHG zuständig ist. Dem folgend *Spindler*, in: Schmidt/Lutter, AktG, § 147 Rn. 29. Demgegenüber ist nach *Assmann*, in: Assmann/Schneider, WpHG, § 15 Rn. 50 nur der Vorstand des Emittenten in der Lage, die Verhältnisse verlässlich darauf zu überprüfen, ob die Veröffentlichung nach § 15 III WpHG zu verzögern ist.

[654] Zur fehlenden Einberufungsberechtigung des Sondervertreters siehe nachstehend D. VI. 2. a).

[655] Ähnlich *Bezzenberger*, in: Großkomm AktG, § 147 Rn. 58; a.A. *Kling*, ZGR 2009, 190, 220; *Verhoeven*, EWiR 2009, 65, 66. Zur Frage der Berechtigung und der Pflicht des Sondervertreters zur Teilnahme an der Hauptversammlung siehe nachstehend D. VI. 2. b). Soweit der Sondervertreter nicht an der Hauptversammlung teilnimmt, können Vorstand und Sondervertreter andere Kommunikationsmöglichkeiten nutzen.

[656] So aber *Mock*, AG 2008, 839, 841.

[657] Zum Rederecht des Sondervertreters siehe nachstehend D. VI. 2. b).

pflichtet, den Vorstand über die Anspruchsverfolgung gegen ein Vorstandsmitglied zu informieren. Allerdings darf der Sondervertreter dem Vorstand grundsätzlich nicht solche Informationen erteilen, deren Bekanntwerden die Geltendmachung des Ersatzanspruchs beeinträchtigen könnte. Der Vorstand ist nach § 131 III 1 Nr. 1 AktG seinerseits nicht verpflichtet, hierüber Auskunft zu geben.

cc) Gesellschaft

Zudem kommt in Betracht, dass der Sondervertreter auf der Ebene des Anstellungsvertrags als Geschäftsbesorger gegenüber der Gesellschaft zur Erteilung von Informationen verpflichtet ist. Insoweit besteht grundsätzlich eine Benachrichtigungs-, Auskunfts- und Rechenschaftspflicht nach den §§ 666, 675 BGB. Soweit der Gesellschaft diese Ansprüche zustehen, ist der Vorstand dafür zuständig, diese gegenüber dem Sondervertreter geltend zu machen. Im Einzelnen gilt es freilich zu unterscheiden:

Die auftragsrechtlichen Informationspflichten gründen auf dem Subordinationsverhältnis zwischen Auftraggeber und Beauftragtem.[658] Der Sondervertreter ist allerdings als Organ in die Verbandsorganisation integriert. In diesem Verhältnis richten sich die Informationspflichten nach der Verbandsverfassung, welche die vertraglichen Pflichten gegenüber der Gesellschaft überlagert.

Mit dem Ende des korporationsrechtlichen Rechtsverhältnisses steht die Verbandsverfassung allerdings nicht mehr den vertraglichen Informationspflichten entgegen. Daher kann die Gesellschaft insbesondere die Rechnungslegung nach den §§ 666, 675 BGB von dem Organwalter verlangen. Dies ist auch sachgerecht, weil die Gesellschaft Kenntnis über die Einnahmen und Ausgaben sowie etwaige Ansprüche im Verhältnis des Organwalters und der Gesellschaft benötigt. Für die Geltendmachung dieses Anspruchs ist der Vorstand zuständig.[659]

2. Haftung

Unterlässt der besondere Vertreter die Ausführung des Geltendmachungsbeschlusses oder führt es diesen sorgfaltswidrig aus, stehen der Gesellschaft – neben den vorstehend diskutierten Primäransprüchen[660] – korporations-

---

[658] Vgl. *Martinek*, in: Staudinger, BGB, § 662 Rn. 2.

[659] A.A. *Böbel*, Besonderer Vertreter, 135 f., wonach der Sondervertreter gegenüber der Hauptversammlung zur Rechnungslegung verpflichtet ist.

[660] Hierzu vorstehend C. IV. 2.

rechtliche und vertragliche Schadensersatzansprüche zu. Die korporationsrechtliche Haftung richtet sich entsprechend vorstehenden Ausführungen[661] nach § 93 II, VI AktG. Auch die Business Judgment Rule nach § 93 I 2 AktG findet Anwendung, sofern diese zugunsten der Vorstands- oder Aufsichtsratsmitglieder eingreifen würde.[662] Hierunter fallen gegebenenfalls Entscheidungen hinsichtlich der Art und Weise der Beschlussausführung.[663]

Entsprechend § 93 IV 1 AktG ist die Haftung des Sondervertreters für die Anspruchsverfolgung ausgeschlossen, wenn diese auf einem gesetzmäßigen Geltendmachungsbeschluss der Hauptversammlung beruht. Da sich die Ausführungspflicht der Geschäftsleitungsorgane bei anfechtbaren und bestandskräftigen Beschlüssen nach § 93 IV 1 AktG richtet,[664] muss für den Sondervertreter selbiges gelten. Andernfalls hinge die Ausführungspflicht davon ab, welches Organ für die Geltendmachung zuständig ist.

Demgegenüber mangelt es im Hinblick auf die Sperrfrist von drei Jahren nach § 93 IV 3 AktG an einer vergleichbaren Interessenlage, weil die Tätigkeit des Sondervertreters typischerweise nicht zu Schäden führt, die sich erst im Laufe der Zeit überblicken lassen. Außerdem sind weder das Zustimmungserfordernis der Hauptversammlung noch das Widerspruchsrecht der Minderheit für einen Verzicht oder Vergleich zu übertragen, § 93 IV 3 AktG.[665] Ein kollusives Zusammenwirken von Vorstand und Sondervertreter zum Nachteil der Aktionäre oder einer Minderheit ist nämlich nicht zu befürchten.[666]

Macht der Sondervertreter den Ersatzanspruch nicht oder unter der Verletzung der geschuldeten Sorgfalt geltend, verletzt er zudem auf vertraglicher Ebene seine Pflichten. Ob die vertraglichen Ansprüche mit den korporationsrechtlichen Ansprüchen – unter Vorrang der korporationsrechtlichen Verjährung – konkurrieren[667] oder ob die korporationsrechtlichen Ansprüche die vertraglichen Ansprüche als Spezialregelung[668] aufnehmen, ist streitig und bedarf hier keiner weiteren Vertiefung.

---

661 Hierzu vorstehend D. V. 1. a).

662 Vgl. *Westermann*, AG 2009, 237, 247, der sich für eine generell Anwendung der Business Judgment Rule für den Sondervertreter ausspricht.

663 Vgl. *Kling*, ZGR 2009, 190, 225, der die Anwendung der Business Judgment Rule für den Sondervertreter ablehnt, sich jedoch wohl nur auf die Entscheidung über die Geltendmachung selbst bezieht.

664 Hierzu vorstehend C. IV. 1. a).

665 A.A. *Böbel*, Besonderer Vertreter, 115.

666 Hierzu vorstehend C. I. 1. a).

667 *Kling*, ZGR 2009, 190, 228; *Schürnbrand*, Organschaft im Recht der privaten Verbände, 349.

668 Für den GmbH-Geschäftsführer: BGH, NJW-RR 1989, 1255, 1255 f.; ZIP 2008, 117, 117; *Altmeppen*, in: Roth/Altmeppen, GmbHG, § 43 Rn. 2; *Paefgen*, in:

3. Haftungsdurchsetzung

Als das für die Verfolgung von Ersatzansprüchen gegen den Organwalter des Sondervertreters zuständige Organ kommen mehrere in Betracht.

Für die ausschließliche Willensbildungskompetenz der Hauptversammlung für die Anspruchsverfolgung gegen den besonderen Vertreter spricht, dass sie die Personal- und Weisungskompetenz[669] inne hat. Andererseits können die Personalkompetenz und die Befugnis, über die Geltendmachung von Ersatzansprüchen zu entscheiden, auseinanderfallen, wie es beispielsweise bei Aufsichtsratsmitgliedern der Fall ist. Zudem wäre eine zeitnahe Verfolgung eines Anspruchs gegen den Organwalter des Organs „besonderer Vertreter" unmöglich, wenn die Hauptversammlung als lediglich punktuell handlungsfähiges Organ ausschließlich zuständig wäre.[670]

Die Vertreter der Ansicht, der zufolge der besondere Vertreter den Vorstand oder Aufsichtsrat funktionell ersetzt, müssten zu einer differenzierten Antwort hinsichtlich der Zuständigkeit gelangen. Im Falle der Ersetzung des Vorstands, wäre entsprechend § 112 AktG der Aufsichtsrat für die Geltendmachung des Ersatzanspruchs zuständig. Nur wenn der Sondervertreter Ersatzansprüche gegen ein Vorstandsmitglied geltend machte und damit den Aufsichtsrat ersetzte, wäre der Vorstand zuständig. Diese Auffassung vermag aber aus den vorstehend genannten Gründen nicht zu überzeugen.[671]

Richtigerweise ist für die Geltendmachung von Ersatzansprüchen gegen den Organwalter ausschließlich der Vorstand zuständig, weil die Anspruchsverfolgung als Geschäftsführungsaufgabe in seine Kompetenz fällt. Die Zuständigkeit des Vorstands lässt auch nicht ernsthaft befürchten, dass dieser den Sondervertreter auf Schadensersatz wegen vermeintlicher Pflichtverletzungen in Anspruch nehmen könnte, um dessen Arbeit zu behindern. Da die Tätigkeit des Sondervertreters nicht von Prognose- oder Risikoentscheidungen geprägt ist, dürfte bei ordnungsgemäßer Amtsführung kaum eine Grundlage für die Behauptung von Pflichtverstößen bestehen.

Ulmer/Habersack/Winter, GmbHG, § 43 Rn. 5; *Zöllner/Noack*, in: Baumbach/Hueck, GmbHG, § 43 Rn. 4; a.A. *Schneider*, in: Scholz, GmbHG, § 43 Rn. 18.

669 Hierzu vorstehend D. IV.

670 Zu der Frage, ob die Hauptversammlung die Willensbildungskompetenz hinsichtlich der Anspruchsverfolgung entsprechend § 147 AktG an sich ziehen kann, siehe vorstehend C. I. 1. a).

671 Hierzu vorstehend D. I.

VI. Befugnisse

§ 147 AktG regelt nicht die korporationsrechtlichen Befugnisse des besonderen Vertreters. Vielmehr beschränkt sich diese Vorschrift auf die Angabe des Aufgabenbereichs, nämlich der Geltendmachung des Ersatzanspruchs. Im Folgenden wird untersucht, welche Rechte dem Sondervertreter zustehen. Im Einzelnen werden die Vertretungsbefugnis (unter 1.), die Rechte in der Hauptversammlung (unter 2.), die Informationsrechte (unter 3.) und die sonstige Rechte (unter 4.) näher beleuchtet.

1. Vertretungsbefugnis

Aus § 147 II 1 AktG ist zu schließen, dass der Sondervertreter für die Verfolgung des Ersatzanspruchs organschaftlicher Vertreter der Gesellschaft ist. Welche Reichweite diese Vertretungsbefugnis hat und ob diese beschränkbar, ergibt sich hieraus aber nicht.

a) Reichweite

Die Vertretungsbefugnis des Sondervertreters erfasst Rechtshandlungen, die unmittelbar der Geltendmachung des Ersatzanspruchs dienen, wie die Zahlungsaufforderung und die Erhebung einer Klage[672]. Darüber hinaus sind alle sonstigen Rechtshandlungen einbezogen, die zur Anspruchsverfolgung gehören. Hierunter fallen beispielsweise die Fristsetzung, der Abschluss eines Vergleichs, die Einlegung von Rechtsmitteln, die Durchsetzung des Ersatzanspruchs in der Zwangsvollstreckung[673] und die Verteidigung gegenüber einer negativen Feststellungsklage, die auf das Nichtbestehen des geltend zu machenden Ersatzanspruchs gerichtet ist[674].

aa) Hilfsgeschäfte

Ob die Vertretungsbefugnis des Sondervertreters neben der Anspruchsverfolgung auch Hilfsgeschäfte einschließt, die lediglich mittelbar der Geltendmachung dienen,[675] ist bisher nicht geklärt. Hierunter fallen beispielsweise die Beauftragung eines Rechtsanwalts oder eines Gutachters.

---

672 *Böbel*, Besonderer Vertreter, 96ff., 102ff.

673 Ebenda, 89.

674 *Mock*, in: Spindler/Stilz, AktG, § 147 Rn. 59; vgl. RGZ 114, 397, 399.

675 Vgl. *Böbel*, Besonderer Vertreter, 91.

Für eine Ausdehnung der Vertretungsbefugnis spricht, dass der Abschluss von Hilfsgeschäften für die Anspruchsverfolgung regelmäßig erforderlich ist und daher dem Sondervertreter als Annexkompetenz auch die Mittel zur Erfüllung seiner Aufgabe zustehen müssten.[676] Zudem erführe andernfalls die Funktionsfähigkeit der Sondervertretung eine Beeinträchtigung. Der besondere Vertreter könnte nämlich die Eingehung größerer Verpflichtungen scheuen, weil er die Geschäfte im eigenen Namen abschließen müsste und persönlich haften würde. Zwar stünde ihm ein Freistellungsanspruch gegen die Gesellschaft zu, aber gegebenenfalls wäre der Vorstand nicht gewillt, diesen zu befriedigen, so dass der Sondervertreter die Durchsetzung seines Anspruchs erstreiten müsste.[677]

Schließlich streitet für die Ausdehnung der Vertretungsbefugnis auch der systematische Vergleich mit dem Aufsichtsrat und dem besonderen Vertreter im Verein. Der Aufsichtsrat ist nach einhelliger Meinung auch für Hilfsgeschäfte vertretungsbefugt, obwohl § 112 S. 1 AktG ihm ausdrücklich nur Vertretungsmacht gegenüber Vorstandsmitgliedern einräumt.[678] Im Vereinsrecht erstreckt sich die Vertretungsbefugnis des besonderen Vertreters im Zweifel auf alle Rechtsgeschäfte, die der zugewiesene Rechtskreis gewöhnlich mit sich bringt, § 30 S. 2 BGB.

Daher erfasst die Vertretungsbefugnis des Sondervertreters neben der Geltendmachung auch die hiermit im Zusammenhang stehenden Hilfsgeschäfte.

bb) Vergleich

Kling zufolge ist die Vertretungsbefugnis des Sondervertreters in Bezug auf den Vergleichsabschluss weiter als die entsprechende Vertretungsmacht des Vorstands beziehungsweise des Aufsichtsrats. Der Sondervertreter sei nämlich entgegen § 93 IV 3 AktG befugt, einen Vergleich über den Ersatzanspruch ohne Zustimmung der Hauptversammlung und innerhalb der dreijährigen Sperrfrist zu schließen, wenn der geltend zu machende Anspruch eindeutig nicht besteht.[679] Der Zustimmung der Hauptversammlung nach § 93 IV 3 AktG bedürfe es hierbei nicht, weil der Sondervertreter keine Anreize habe, den Anspruchsgegner von der Verfolgung zu verschonen.

---

676 Vgl. zu Hilfszuständigkeiten *Fleischer*, GmbHR 2010, 449, 454 f.

677 Allerdings ist der Sondervertreter schadensersatzpflichtig, wenn er unter Verletzung seiner Sorgfaltspflicht unangemessene Hilfsgeschäfte abschließt.

678 *Fleischer*, GmbHR 2010, 449, 451, 455 m. w. N.; *Werner*, ZGR 1989, 369, 383.

679 *Kling*, ZGR 2009, 190, 207 f.; a. A. *Mock*, in: Spindler/Stilz, AktG, § 147 Rn. 63; *Spindler*, in: Schmidt/Lutter, AktG, § 147 Rn. 24.

Die Gefahr eines kollusiven Zusammenwirkens zwischen dem Ersatzpflichtigem und dem Sondervertreter mag zwar kaum bestehen. Bedürfte es aber keines Hauptversammlungsbeschlusses, entfiele das Recht einer Aktionärsminderheit, die 10% des Grundkapitals hält, der Zustimmung der Hauptversammlung zu widersprechen, § 93 IV 3 AktG. Dieses Minderheitenschutzes[680] bedarf es auch im Falle der Sondervertretung.[681] Andernfalls könnte die Mehrheit durch die Bestellung eines besonderen Vertreters dieses Recht der Minderheit gezielt unterlaufen. Zudem ist auch das Kriterium des eindeutigen Nichtbestehens eines Ersatzanspruchs sehr vage. Daher ist eine Ausweitung der Vertretungsbefugnis für den Fall des Vergleichsabschlusses letztlich abzulehnen.

b) Beschränkbarkeit

Die Vertretungsbefugnis des Sondervertreters ist nach den wenigen Stellungnahmen hierzu nicht beschränkbar.[682] Gegen diese Auffassung spricht schon, dass gerade keine gesetzlich typisierte Vertretungsmacht besteht, wie etwa nach § 82 I AktG für den Vorstand oder nach § 49 I HGB für den Prokuristen[683]. Ferner ist auch kein Grund dafür ersichtlich, die Vertretungsmacht im Außenverhältnis und die Pflichten im Innenverhältnis auseinanderfallen zu lassen. Soweit die Hauptversammlung durch Weisungen an den Sondervertreter die Vertretungsbefugnis einschränkt, können sich Dritte durch Einsichtnahme in die Abschrift der Niederschrift des Hauptversammlungsbeschlusses über die Reichweite der Vertretungsmacht beim Handelsregister informieren, § 9 I 1 HGB.[684]. Aufgrund des beschränkten Aufgabenbereichs des Sondervertreters erfordert der Schutz des Rechtsverkehrs zudem auch nicht die Anerkennung einer typisierten Vertretungsmacht. Schließlich richtet sich auch die Reichweite der Vertretungsbefugnis des vereinsrechtlichen besonderen Vertreters nach der Satzungsbestimmung und dem Inhalt des Bestellungsbeschlusses.[685]

Daher ist die Vertretungsbefugnis des Sondervertreters beschränkbar. Der Umfang der Vertretungsmacht bestimmt sich insbesondere nach den Vorgaben des Bestellungsbeschlusses.[686]

---

680 Vgl. *Fleischer*, WM 2005, 909, 918.

681 Vgl. *Böbel*, Besonderer Vertreter, 98.

682 Vgl. *Böbel*, Besonderer Vertreter, 113; *Spindler*, in: Schmidt/Lutter, AktG, § 147 Rn. 23.

683 Vgl. *Schramm*, in: MünchKomm BGB, § 167 Rn. 79.

684 *Hüffer*, AktG, § 130 Rn. 1.

685 *Hadding*, in: Soergel, BGB, § 30 Rn. 10.

2. Rechte in der Hauptversammlung

Als Befugnisse des Sondervertreters in der Hauptversammlung stehen insbesondere die folgenden in der Diskussion: die Einberufung der Hauptversammlung, die Ergänzung der Tagesordnung, die Teilnahme an der Hauptversammlung und die Erteilung von Informationen an die Aktionäre in der Hauptversammlung.

a) Einberufung der Hauptversammlung, Ergänzung der Tagesordnung

Dem Sondervertreter steht nach dem Gesetz weder das Recht zur Einberufung der Hauptversammlung noch zur Ergänzung der Tagesordnung zu. Zur Einberufung sind lediglich der Vorstand (§ 121 II 1 AktG), der Aufsichtsrat (§ 111 III 1 AktG) sowie unter bestimmten Umständen eine Aktionärsminderheit (§ 122 III 1 AktG) berechtigt und eine Ergänzung der Tagesordnung kann nur eine Aktionärsminderheit (§ 122 II AktG) verlangen.

Nach einigen Stimmen in Rechtsprechung und Literatur ist der Sondervertreter berechtigt, die Hauptversammlung einzuberufen[687] beziehungsweise die Tagesordnung zu ergänzen[688]. Dies gilt für Fälle, in denen eine Befassung der Hauptversammlung mit der Geltendmachung des Ersatzanspruchs erforderlich ist, beispielsweise weil sich die Beschlussgrundlage nachträglich geändert hat.[689]

Diese Auffassung kann sich nicht auf eine Analogie zu den gesetzlichen Einberufungsrechten beziehungsweise dem Recht zur Ergänzung der Tagesordnung stützen, weil es insoweit an einer vergleichbaren Interessenlage mangelt. Zunächst scheidet eine Analogie zu den Befugnissen einer Aktionärsminderheit aus, weil dieses Recht auf der Mitgliedschaft beruht. In selbiger Weise lässt sich eine Analogie zum Einberufungsrecht des Vorstands und des Aufsichtsrats – entsprechend vorstehenden Ausführungen[690] – nicht darauf stützen, dass der Sondervertreter ihre Stellung einnehme und somit auch ihre Befugnisse habe.

---

686 Die Hauptversammlung kann hierdurch allerdings nicht die Anspruchsverfolgung beschränken, hierzu vorstehend D. IV.

687 LG München, ZIP 2007, 1809, 1813.

688 *Mock*, AG 2008, 839, 843 f.; *Verhoeven*, EWiR 2009, 65, 66; a.A. wohl *Westermann*, AG 2009, 237, 242; offen lassend aufgrund mangelnder praktischer Bedeutung *Böbel*, Besonderer Vertreter, 125.

689 Hierzu vorstehend: C. IV. 1. b).

690 Hierzu vorstehend: D. I.

Darüber hinaus fehlt es auch im Übrigen an einer vergleichbaren Interessenlage mit dem Einberufungsrecht von Vorstand und Aufsichtsrat. Bei der Entscheidung über die Einberufung der außerordentlichen Hauptversammlung bedarf es nämlich einer umfassenden Abwägung aller berührten Interessen. Insbesondere ist zu berücksichtigen, dass eine außerordentliche Hauptversammlung typischerweise den Geschäftsbetrieb der Gesellschaft erheblich beeinträchtigt und sehr hohe Kosten für die Gesellschaft und die Aktionäre verursacht.[691] Da das Amt des Sondervertreters zeitlich begrenzt ist und einen sehr limitierten Aufgabenbereich aufweist, ist der besondere Vertreter typischerweise nicht mit den Verhältnissen der Gesellschaft ausreichend vertraut, um die Interessen sachgerecht gegeneinander abzuwägen.

Dem steht auch nicht entgegen, dass Vorstand oder Aufsichtsrat von einer Einberufung der Hauptversammlung absehen könnten, um die Anspruchsverfolgung zu behindern. Solange die Hauptversammlung sich mit der Geltendmachung des Anspruchs nicht befassen kann, ist der Sondervertreter – entsprechend vorstehenden Ausführungen[692] – verpflichtet, die erforderlichen Maßnahmen zur Sicherung des Ersatzanspruchs zu ergreifen. Daher sind kaum Anreize für den Vorstand oder Aufsichtsrat ersichtlich, die Einberufung der Hauptversammlung aus sachfremden Erwägungen zu unterlassen.

Mithin ist der Sondervertreter weder zur Einberufung noch zur Ergänzung der Tagesordnung berechtigt. Der Vorstand beziehungsweise der Aufsichtsrat sind aber verpflichtet, die Hauptversammlung einzuberufen beziehungsweise die Geltendmachung des Ersatzanspruchs und die Sondervertretung zum Gegenstand der Tagesordnung zu machen, soweit dies erforderlich ist.[693] Eine prinzipielle Pflicht des Vorstands, die Sondervertretung in die Tagesordnung einer jeden Hauptversammlung aufzunehmen[694] oder dem Verlangen eines Sondervertreters nach Einberufung der Hauptversammlung zu entsprechen,[695] besteht demgegenüber nicht.

b) Recht auf Teilnahme und Informationserteilung

Inwieweit der Sondervertreter berechtigt ist, an der Hauptversammlung teilzunehmen und Aktionären Informationen zu erteilen, wird unterschied-

---

691 Aus diesem Grund hat nur eine Minderheit, die einen vergleichsweise hohen Anteil in Höhe von 5% am Grundkapital hält, das Recht, die Einberufung zu verlangen.

692 Hierzu vorstehend C. IV. 1. b).

693 Vgl. *Westermann*, AG 2009, 237, 242.

694 *Böbel*, Besonderer Vertreter, 124.

695 Vgl. LG München, ZIP 2007, 1809, 1813; 2420, 2422.

lich beurteilt. Nach der weitestgehenden Auffassung hat der Sondervertreter das Recht, an der Hauptversammlung teilzunehmen und auf Verlangen von Aktionären Auskünfte zu geben.[696] Einer anderen Ansicht zufolge hat der Sondervertreter lediglich ein Teilnahme- und Rederecht,[697] während dem besonderen Vertreter nach der engsten Auffassung keines dieser Rechte zusteht[698].

A limine abzulehnen ist ein Recht des Sondervertreters, Aktionären Auskünfte zu erteilen.[699] Die Zuständigkeit für die Auskunftserteilung liegt nach § 131 I 1 AktG ausschließlich beim Vorstand.[700] Dies gilt nach ganz überwiegender Meinung auch für solche Gegenstände, über die der Aufsichtsrat besser informiert ist,[701] wie etwa bei der Verfolgung eines Anspruchs gegen ein Vorstandsmitglied[702]. Der besondere Vertreter ist allerdings wie der Aufsichtsrat verpflichtet, den Vorstand in die Lage zu versetzen, die geschuldeten Auskünfte nach § 131 AktG zu erteilen.[703]

Auch ein Teilnahme- und Rederecht ist dem Sondervertreter nicht zuzubilligen. Ein Recht zur Teilnahme des Sondervertreters kann sich mangels vergleichbarer Interessenlage nicht auf eine Analogie zum Teilnahmerecht des Vorstands oder Aufsichtsrats[704] stützen. Dies folgt aus der unterschiedlichen Rechtsstellung des Vorstands sowie Aufsichtsrats auf der einen und des Sondervertreters auf der anderen Seite. Der Sondervertreter hat gegenüber der Hauptversammlung keine gleichwertige Stellung, wie der Vorstand oder Aufsichtsrat[705], sondern ist der personal- und weisungskompetenten Hauptversammlung untergeordnet. In Parallele zur Rechtslage bei einem

---

696 *Böbel*, Besonderer Vertreter, 124; *Kling*, ZGR 2009, 190, 220; *Verhoeven*, EWiR 2009, 65, 66 hinsichtlich des Rechts, Fragen zu beantworten.

697 *Mock*, AG 2008, 839, 841 ff.; *ders.*, in: Spindler/Stilz, AktG, § 147 Rn. 73, 82; auch *Spindler*, in: Schmidt/Lutter, AktG, § 147 Rn. 28, soweit die Tätigkeit des Sondervertreters Gegenstand der Tagesordnung ist.

698 So wohl *Westermann*, AG 2009, 237, 241 f.; vgl. LG München, ZIP 2008, 1588, 1589 f. für den Fall, dass die Geltendmachung der Ersatzansprüche nicht Gegenstand der Tagesordnung ist.

699 *Kersting*, in: KölnerKomm AktG, § 131 Rn. 73; *Mock*, AG 2008, 839, 844.

700 Vgl. Begr. RegE zu § 131 bei *Kropff*, Aktiengesetz 1965, 185.

701 In Abgrenzung zum Aufsichtsrat: BVerfG, AG 2000, 75, 76; LG München, ZIP 2008, 1588, 1590; *Decher*, in: Großkomm AktG, § 131 Rn. 91; *Spindler*, in: Schmidt/Lutter, AktG, § 131 Rn. 18; a.A. *Trescher*, DB 1990, 515, 515 f.

702 *Mock*, AG 2008, 839, § 844; vgl. *Kubis*, in: MünchKomm AktG, § 131 Rn. 20.

703 Hierzu vorstehend D. V. 1. b).

704 Das Teilnahmerecht wird von § 118 III 1 AktG vorausgesetzt, vgl. *Hüffer*, AktG, § 118 Rn. 10.

705 *Hoffmann*, in: Spindler/Stilz, AktG, § 118 Rn. 6; *Mülbert*, in: Großkomm AktG, § 118 Rn. 43.

GmbH-Geschäftsführer[706] steht diese Unterordnung einem eigenständigen Teilnahme- und Rederecht auf der Hauptversammlung entgegen.

Allerdings kann die Hauptversammlung den Sondervertreter zur Teilnahme[707] zulassen und ihm Wortbeiträge[708] gestatten.[709] Insoweit ist auch nicht etwa die Kompetenz des Versammlungsleiters berührt.[710] Diesem sind originär die Rechte zugewiesen, der es für die Herstellung eines ordnungsgemäßen Ablaufs der Hauptversammlung bedarf.[711] Die Teilnahme und die Wortbeiträgen eines Dritten betreffen aber im Schwerpunkt keine Verfahrensfrage, sondern dienen der Willensbildung der Hauptversammlung.

Eine Teilnahme des Sondervertreters ermöglicht insbesondere dem Vorstand, sich bei Auskunftsbegehren von Aktionären hinsichtlich der Geltendmachung des Ersatzanspruchs an den Sondervertreter zu wenden. Ferner erlaubt ein Rederecht dem besonderen Vertreter – gegebenenfalls in Abweichung vom Vorstand –, über die Anspruchsverfolgung zu informieren, die Einschätzung ihrer Erfolgschancen zu erläutern sowie etwaige Unklarheiten und Missverständnisse zu beheben.[712]

Da die Aktionäre typischerweise ein hohes Interesse an einem unmittelbaren Kommunikationskanal mit dem Sondervertreter haben, enthält der Bestellungsbeschluss regelmäßig die konkludente Zulassung zur Teilnahme an der Hauptversammlung und zu Wortbeiträgen, soweit die Hauptversammlung die Geltendmachung oder die Sondervertretung behandelt. Für

---

706 Mit der Ausnahme von mitbestimmten GmbHs, vgl. *Hüffer*, in: Ulmer/Habersack/Winter, GmbHG, § 48 Rn. 20; *K. Schmidt*, in: Scholz, GmbHG, § 48 Rn. 20; *Roth*, in: Roth/Altmeppen, GmbHG, § 48 Rn. 6.

707 *Hoffmann*, in: Spindler/Stilz, AktG, § 118 Rn. 29; *Kubis*, in: MünchKomm AktG, § 118 Rn. 90; *Semler*, in: MünchHdB AG, § 36 Rn. 26; *Stützle/Walgenbach*, ZHR 155 (1991), 516, 526f.; a.A. gestützt auf Praktikabilitätserwägungen *Mülbert*, in: Großkomm AktG, § 118 Rn. 75.

708 *Hoffmann*, in: Spindler/Stilz, AktG, § 118 Rn. 30; aus der bloßen Zulassung zur Teilnahme erwächst kein Rederecht, *Kubis*, in: MünchKomm AktG, § 118 Rn. 92.

709 Demgegenüber kann die Hauptversammlung dem Sondervertreter kein Auskunftsrecht gegenüber Fragen von Aktionären einräumen, weil § 131 AktG die Auskunftserteilung abschließend dem Vorstand zuweist.

710 Zur Kompetenzverteilung zwischen Versammlungsleiter und Hauptversammlung, vgl. *Hoffmann*, in: Spindler/Stilz, AktG, Anh § 119 Rn. 5; *Mülbert*, in: Großkomm AktG, Vor §§ 118–147 Rn. 137f., 182ff.

711 BGHZ 44, 245, 248, 251; *Mülbert*, in: Großkomm AktG, Vor §§ 118–147 Rn. 87.

712 Hierbei hat der Sondervertreter aber wie Vorstands- und Aufsichtsratsmitglieder seine Verschwiegenheits- und Treuepflicht zu wahren, vgl. *Kubis*, in: MünchKomm AktG, § 118 Rn. 76.

diese Auslegung spricht zudem, dass die Zulassung des Sondervertreters zur Hauptversammlung nicht bindend ist, sondern die Hauptversammlung diese jederzeit widerrufen kann. Läge eine konkludente Zulassung hingegen nicht vor, könnte die Hauptversammlung eine Teilnahme des Sondervertreters für diese Versammlung nicht mehr herbeiführen, soweit der besondere Vertreter nicht ausnahmsweise unmittelbar verfügbar wäre.

Darüber hinaus kann die Hauptversammlung den Sondervertreter nicht nur berechtigen, sondern auch zur Teilnahme und zur Berichterstattung im Rahmen eines Wortbeitrags aufgrund ihrer Weisungskompetenz[713] und ihres Informationsanspruchs verpflichten. Die Begründung neuer Pflichten für den Sondervertreter erfordert allerdings einen inhaltlich unzweideutigen Hauptversammlungsbeschluss.

Mithin hat der Sondervertreter zwar kein eigenständiges Teilnahme- und Rederecht auf der Hauptversammlung, doch kann das Organ Hauptversammlung diese Rechte ihm bereits im Bestellungsbeschluss einräumen.

3. Informationsrechte

Von erheblicher praktischer Bedeutung ist die Frage, ob der besondere Vertreter zum Zwecke der Anspruchsverfolgung über Informationsrechte verfügt. Das denkbare Spektrum an Antworten reicht von der Einräumung umfassender Informationsbefugnisse, so dass der Sondervertreter nach Verhoeven einem „staatsanwaltschaftsähnlichen“[714] Ermittler gleicht, bis zur Ablehnung jeglicher Informationsrechte mit der Folge, dass der besondere Vertreter einem externen Rechtbeistand ähnelt.

Obwohl das Gesetz dem Sondervertreter keine Informationsrechte einräumt, stehen ihm solche nach ganz herrschender Meinung zu.[715] Das Reichsgericht begründete diese Auffassung im Jahr 1913, als es dem besonderen Vertreter einen Anspruch auf solche Informationen zusprach, die er für eine zweckentsprechende Durchführung seiner Aufgabe benötigte.[716] Welchen Umfang die Informationsrechte haben, gegen wen sie gerichtet sind und auf welcher dogmatischen Grundlage sie sich stützen, ist allerdings

[713] Hierzu vorstehend D. IV.

[714] Vgl. *Verhoeven*, ZIP 2008, 245, 247.

[715] OLG München, ZIP 2008, 73, 76; LG München, ZIP 2007, 1809, 1812; *Bezzenberger*, in: GroßKomm AktG, § 147 Rn. 57; *Hüffer*, AktG, § 147 Rn. 7; *Lochner*, in: Heidel, Aktienrecht und Kapitalmarktrecht, § 147 Rn. 24a; *Mock*, in: Spindler/Stilz, AktG, § 147 Rn. 77 ff.; *Schröer*, in: MünchKomm AktG, § 147 Rn. 45; *Seibt*, WM 2004, 2137, 2142; *Spindler*, in: Schmidt/Lutter, AktG, § 147 Rn. 26.

[716] RGZ 83, 248, 250, 252.

umstritten. Im Wesentlichen lassen sich die verschiedenen Auffassungen im Hinblick auf die Weite des Informationsanspruchs – trotz ihrer Unterschiede im Einzelnen – in zwei Gruppen einteilen. Während einer Auffassung zufolge der Sondervertreter über umfassende Informationsbeschaffungsrechte verfügt,[717] stehen ihm nach anderer Ansicht lediglich im eingeschränkten Umfang Informationsansprüche gegen die Gesellschaft zu[718].

Beide Ansichten werden nachfolgend dargestellt und ihre Argumente im Anschluss diskutiert (unter a) und b)), um sodann die eigene Ansicht vorzustellen und zu begründen (unter c)).

a) Umfassende Informationsbeschaffungsrechte

Nach der weitesten Auffassung[719] verfügt der Sondervertreter über Informationsbeschaffungsrechte, namentlich Einsichts- und Prüfungsrechte hinsichtlich der Bücher und Schriften der Gesellschaft und Auskunftsrechte gegen Vorstands- und Aufsichtsratsmitglieder sowie Mitarbeiter[720] und nach manchen Stimmen auch gegen Abschlussprüfer[721]. Mock zufolge kommen zudem Einsichts- und Prüfungsrechte des Sondervertreters gegenüber Konzernunternehmen in Betracht.[722] Hinsichtlich der Einsichtnahme in Unter-

---

717 LG München, ZIP 2007, 1809, 1812; *Bezzenberger*, in: Großkomm AktG, § 147 Rn. 57; *Hüffer*, AktG, § 147 Rn. 7; *Lochner*, in: Heidel, Aktienrecht und Kapitalmarktrecht, § 147 Rn. 24a; *Meilicke/Heidel*, DB 2004, 1479, 1481; *Mock*, in: Spindler/Stilz, AktG, § 147 Rn. 77 f.; *ders.*, DB 2008, 393, 395 ff.; *Nietsch*, ZGR 2011, 589, 614 ff.; *Spindler*, in: Schmidt/Lutter, AktG, § 147 Rn. 26; *Schröer*, in: MünchKomm AktG, § 147 Rn. 45; *Verhoeven*, ZIP 2008, 245, 246 ff.

718 OLG München, ZIP 2008, 73, 77; *Bungert*, in: Krieger/Schneider, Handbuch Managerhaftung, § 13 Rn. 73; *Fabritius*, in: GS Gruson, 133, 147; *Hüffer*, AktG, § 147 Rn. 7; *ders.*, ZHR 175 (2010), 642, 671 ff.; *Kling*, ZGR 2009, 190, 213 ff.; *Priester*, JbFSt 2008/2009, 378; *Westermann*, AG 2009, 237, 246; einschränkend *Wirth*, in: FS Hüffer, 1129, 1143, wonach der Sondervertreter lediglich einen Anspruch auf die Beweismittel hat, die für die Prozessführung unerlässlich sind; *Wirth/Pospiech*, DB 2008, 2471, 2475, wonach „allenfalls einzelne Prüfungskompetenzen als Annex in Betracht kommen."

719 Diese Auffassung ist insbesondere vor dem Hintergrund zu sehen, dass der Sondervertreter – den Vertretern dieser Ansicht nach – auch die Aufgabe hat, das Bestehen von Ersatzansprüchen auf der Grundlage eines schadensbegründenden Vorgangs und eines Kreises potentieller Schuldner zunächst zu prüfen und sodann die erfolgsversprechenden Ansprüche zu verfolgen; hierzu vorstehend C. II.

720 *Bezzenberger*, in: Großkomm AktG, § 147 Rn. 57; *Böbel*, Besonderer Vertreter, 93 f.; *Mock*, in: Spindler/Stilz, AktG, § 147 Rn. 77 f.

721 LG München, ZIP 2007, 1809, 1811 f., 1815; *Schröer*, in: MünchKomm AktG, § 147 Rn. 45; *Spindler*, in: Schmidt/Lutter, AktG, § 147 Rn. 26; *Verhoeven*, ZIP 2008, 245, 247 f.

722 *Mock*, DB 2008, 393, 396.

lagen komme dem besonderen Vertreter ein weiter Ermessensspielraum zu, der nur auf Missbrauch[723] überprüfbar sei.[724]

Nach den Vertretern dieser Ansicht sind die Rechte des besonderen Vertreters von den Informationsbefugnissen des Sonderprüfers (unter aa)) beziehungsweise des Vorstands und Aufsichtsrats (unter bb)) abzuleiten.

aa) Rechte des Sonderprüfers

Böbel[725] begründet die weiten Informationsrechte des besonderen Vertreters damit, dass diesem die Rechte des Sonderprüfers nach § 145 I–III AktG kraft eines Erst-recht-Schlusses zustehen müssten.[726] Während der Sonderprüfer nämlich lediglich die Funktion habe, den Tatsachenstoff zu ermitteln und zu berichten, schließe die Anspruchsverfolgung des besonderen Vertreters als weitergehende Aufgabe die Ermittlung des Tatsachenstoffes ein.[727] Verhoeven zufolge könnte der besondere Vertreter zumindest faktisch über die Informationsrechte des Sonderprüfers verfügen, indem die Hauptversammlung ihn auch als Sonderprüfer bestellt.[728]

Gegen eine Übertragung der Informationsrechte des Sonderprüfers nach § 145 AktG ist zunächst einzuwenden, dass die Interessenlage nicht eine Analogie, sondern vielmehr einen Umkehrschluss gebietet.[729] Die weitgehenden Rechte des Sonderprüfers zur Informationsgewinnung in § 145 AktG, insbesondere das allgemeine und uneingeschränkte Einsichtsrecht nach § 145 II AktG,[730] erlauben dem Prüfer weitreichenden Zugang zu Geschäftsgeheimnissen und sonstigen Interna der Gesellschaft. Da die Preis-

---

[723] LG München, ZIP 2007, 1809, 1812; *Spindler*, in: Schmidt/Lutter, AktG, § 147 Rn. 26.

[724] OLG München, ZIP 2008, 73, 76; *Mock*, DB 2008, 393, 394.

[725] *Böbel*, Besonderer Vertreter, 93.

[726] Im Ergebnis ähnlich *Nietsch*, ZGR 2011, 589, 614. *Nietsch* begründet die Informationsrechte des besonderen Vertreters mit der Legitimationswirkung des Bestellungsbeschlusses durch die Hauptversammlung. An einer solchen Legitimationswirkung bestehen mit Blick auf die Organisationsverfassung der Aktiengesellschaft grundsätzliche Zweifel. Konzeptionell ist hiergegen zudem einzuwenden, dass ein auf Antrag einer Minderheit gerichtlich bestellter besonderer Vertreter nach § 147 II 2 AktG dieselben Informationsrechte hätte, obwohl es an einem legitimierenden Bestellungsbeschluss der Hauptversammlung fehlen würde.

[727] Ebenda.

[728] Diese Möglichkeit besteht nach *Verhoeven*, ZIP 2008, 245, 247; vgl. *Mock*, DB 2008, 393, 396.

[729] A.A. RGZ 83, 248, 252.

[730] *Adler/Düring/Schmaltz*, Rechnungslegung und Prüfung der Unternehmen, Teilband 4, §§ 142–146 AktG, 31; *Jänig*, Sonderprüfung, 358.

gabe dieser Informationen für die Gesellschaft eine nicht unerhebliche Gefahr begründet, ist die Verschwiegenheitspflicht des Sonderprüfers nicht nur schuldrechtlich nach § 144 AktG in Verbindung mit § 323 I HGB, sondern auch strafrechtlich nach § 404 I Nr. 2 AktG abgesichert.

Das Fehlen entsprechender Regelungen für den besonderen Vertreter spricht gegen seine Zugriffsmöglichkeit auf diese Informationen. Zwar unterliegt auch der Sondervertreter einer Verschwiegenheitspflicht. Jedoch verbietet sich gemäß Art. 103 II GG eine Analogie zu dem Straftatbestand in § 404 I AktG,[731] der schärfsten Sanktion für den Fall der Verletzung der Verschwiegenheitspflicht.

Darüber hinaus ist es auch unzulässig, die Person des Sondervertreters gleichzeitig als Sonderprüfer zu bestellen, um somit faktisch ein Informationsrecht nach § 145 AktG zu begründen. Der Sonderprüfer darf nämlich gemäß § 143 II 1 AktG in Verbindung mit § 319 III 1 Nr. 2 HGB kein gesetzlicher Vertreter der Gesellschaft sein, so dass der besondere Vertreter ausscheidet.[732] Diese Vorschrift ist in Bezug auf den besonderen Vertreter auch nicht deswegen teleologisch zu reduzieren, weil bei einer Identität von Prüfer und Sondervertreter die Gefahr einer allzu wohlwollenden Prüfung nicht bestehe. Die Beschränkungen im Hinblick auf die Person des Sonderprüfers in § 143 II AktG dient der Gewährleistung einer in jeder Hinsicht unabhängigen und unparteiischen Prüfung.[733] Der Prüfungsbericht dient nämlich sowohl der Hauptversammlung als auch – aufgrund der weitreichenden Publizität nach § 145 VI 3 AktG[734] – der Allgemeinheit als Informationsquelle. Bei einem besonderen Vertreter bestünde die Besorgnis, dass er aufgrund seiner Pflicht zur Anspruchsverfolgung eine interessengeleitete Prüfung vornähme.

Ferner besteht auch nicht die Möglichkeit, verschiedene Organwalter als Sonderprüfer und besonderen Vertreter gleichzeitig zu bestellen, damit der Sonderprüfer dem besonderen Vertreter bei Bedarf Informationen liefern kann. Der besonderen Vertreter darf erst den Prüfungsbericht einsehen, nachdem der Sonderprüfer diesen bei Vorstand und Handelsregister eingereicht hat. Eine vorherige Kenntnisnahme des Berichts oder von Information hieraus ist nicht vorgesehen und würde eine Entscheidung über die Nichtaufnahme einer Tatsache nach § 145 IV, V AktG unterlaufen.

---

731 *Pieroth*, in: Jarass/Pieroth, GG, Art. 103 Rn. 47.

732 Hierzu vorstehend D. II.

733 *Haager*, in: Ball/Haager, Aktienrechtliche Sonderprüfung, 78; *Hüffer*, AktG, § 143 Rn. 1; *Spindler*, in: Schmidt/Lutter, AktG, § 143 Rn. 10.

734 *Bezzenberger*, in: Großkomm AktG, § 145 Rn. 41.

bb) Rechte des Vorstands und Aufsichtsrats

Nach anderer Auffassung gründen die weiten Informationsrechte darauf, dass der Sondervertreter funktional die Stellung des Aufsichtsrats beziehungsweise Vorstands einnimmt und daher auch über deren Rechte verfügt, wie etwa solche nach § 111 II AktG.[735] Auch diese Begründung kann nicht überzeugen. Zunächst nimmt der besondere Vertreter – entsprechend vorstehenden Ausführungen[736] – nicht die Stellung des Vorstands beziehungsweise Aufsichtsrats ein. Da der Vorstand und der Aufsichtsrat über verschiedene Informationsrechte verfügen, hingen zudem bei konsequenter Betrachtung die Rechte des besonderen Vertreters davon ab, welches Organ er verdrängt.[737]

Näher liegt der Hinweis, dass auch der Vorstand und der Aufsichtsrat im Falle der Geltendmachungsverpflichtung nach § 147 I 1 AktG über Informationsrechte verfügen, die sie erforderlichenfalls zur Aufklärung nutzen können. Verfolgt der Sondervertreter anstelle des zuständigen Geschäftsleitungsorgans den Ersatzanspruch, müssten ihm dieselben Befugnisse zustehen. Andernfalls sei das Instrumentarium der Hauptversammlung zur Anspruchsverfolgung weniger wirksam und der Zweck des § 147 AktG, die Erleichterung der Durchsetzung dieser Ansprüche, würde verfehlt.[738]

Dem ist entgegenzuhalten, dass der Vorstand und der Aufsichtsrat die Informationsrechte nicht zum Zwecke der Ausführung eines Geltendmachungsbeschlusses zustehen. Vielmehr sind die Informationsrechte Ausfluss ihrer umfänglichen Geschäftsleitungsaufgaben. Insbesondere haben beide Geschäftsleitungsorgane im Gegensatz zum Sondervertreter auch die Aufgabe, selbst Ersatzansprüche zu ermitteln.[739] Schließlich treffen auch nur Vorstands- und Aufsichtsratsmitglieder eine strafrechtlich sanktionierte Geheimhaltungspflicht, § 404 I Nr. 1 AktG.

b) Eingeschränkte Informationsansprüche

Nach der Rechtsprechung des Reichsgerichts darf der besondere Vertreter Bücher und Schriften der Gesellschaft einsehen, soweit die Führung des Prozesses dies erfordert.[740] Diese Auffassung begründete das Reichsgericht

---

[735] Vgl. LG München, ZIP 2007, 1809, 1812, 1816; *Verhoeven*, ZIP 2008, 245, 246 f.; vgl. *Weiss/Buchner*, WM 2005, 162, 166.

[736] Hierzu vorstehend D. I.

[737] Hierzu vorstehend D. I.

[738] Vgl. *Mock*, DB 2008, 393, 397.

[739] Vgl. *Wirth*, in: FS Hüffer, 1129, 1141 f.

[740] RGZ 83, 248, 250.

damit, dass demjenigen, dem das Gesetz ein Recht zuspreche, auch die Mittel zu gewähren seien, um dieses durchzusetzen.[741] Gleichzeitig stellte es aber klar, dass die Informationsrechte der Revisoren[742], welche mit den Rechten des Sonderprüfers vergleichbar sind, „bei weitem über das Bedürfnis der Sondervertreter hinausgingen".[743] Dieser Auffassung schlossen sich das Oberlandesgericht München und Teile der Literatur im Wesentlichen an. Danach seien dem besonderen Vertreter Einsichts- und Auskunftsrechte gegen die Gesellschaft einzuräumen, soweit sie zur Geltendmachung des Ersatzanspruchs erforderlich seien.[744] Demgegenüber habe der Sondervertreter aber keine Befugnis, sich Informationen in den Geschäftsräumen oder von den Mitarbeitern selbst zu verschaffen.[745]

Die Vertreter dieser Ansicht begründen die Informationsansprüche damit, dass ansonsten die Sondervertretung als Instrument wirkungslos sei (unter aa))[746] und dass der Sondervertreter als Organ in das „interorganschaftliche Informationssystem" der Gesellschaft eingebunden sei (unter bb))[747].

aa) Unerlässliche Annexkompetenz

Nach der Auffassung des Oberlandesgerichts München stehen dem Sondervertreter Informationsansprüche als Annexkompetenz zu, weil er ansonsten den Ersatzanspruch nicht effektiv verfolgen könnte. Auch einigen Stimmen in der Literatur zufolge ist ein Informationsrecht des Sondervertreters „absolut unerlässlich"[748], die Gesellschaft hierauf „angewiesen"[749] und die Durchsetzung ansonsten „letztlich unmöglich"[750].

Informationsansprüche mögen zwar die Anspruchsverfolgung erleichtern, aber sie sind nach der Wertung des Gesetzes für eine effektive Geltendmachung nicht unerlässlich, wie aus der Aktionärsklage nach § 148 AktG zu schließen ist. Eine Aktionärsminderheit hat für die Erhebung einer Aktionärsklage nach § 148 AktG neben dem Auskunftsrecht nach § 131 I AktG

---

741 Ebenda, 252.

742 Vgl. § 267 HGB 1900.

743 RGZ 83, 248, 252.

744 OLG München, ZIP 2008, 73, 76 f.; *Ritter*, AktG 1937, § 122 Anm. 6c.; unter Einbeziehung eines Auskunftsrechts gegen den Vorstand *v. Godin/Wilhelmi*, AktG 1937, § 122 Anm. 7.

745 OLG München, ZIP 2008, 73, 78.

746 Ebenda, 77.

747 *Kling*, ZGR 2009, 190, 213.

748 *Böbel*, Besonderer Vertreter, 92.

749 *Hoffmann-Becking*, WPg-Sonderheft 2001, 121, 128.

750 *Mock*, DB 2008, 393, 395.

keine weiteren Informationsansprüche. Daher kann diese Minderheit nur die Sonderprüfung nach § 142 II AktG als Informationsquelle nutzen.[751] Der gesetzgeberischen Einschätzung nach schafft daher die Sonderprüfung eine ausreichende Informationsgrundlage, um erfolgreich die in § 147 I 1 AktG genannten Ersatzansprüche zu verfolgen.[752] Da auch der Hauptversammlung die Sonderprüfung zur Verfügung steht, können weitergehende Informationsquellen nicht zwingend erforderlich sein.

bb) Interorganschaftliches Informationssystem

Informationsansprüche des Sondervertreters folgen auch nicht aus seiner Organstellung, weil er in das „interorganschaftliche Informationssystem" der Gesellschaft eingebunden ist.

Das Informationssystem der Aktiengesellschaft beruht auf gesetzlich eingeräumten Informationsansprüchen zwischen den Organen. Es besteht hingegen kein allgemeiner Grundsatz, dass Organe untereinander nach Bedarf Informationen verlangen können. Wie bereits ausgeführt,[753] sind die Rechte eines Organs nicht aus der Organstellung als solcher, sondern nur aus den einschlägigen Vorschriften und der Funktion des Organs herzuleiten.

Klarstellend ist aber anzumerken, dass der Vorstand und der Aufsichtsrat aufgrund ihrer Bindung an den Gesellschaftszweck verpflichtet sind, die Anspruchsverfolgung durch den Sondervertreter zu unterstützen. Diese Pflicht gegenüber der Gesellschaft korrespondiert aber nicht mit einem Recht des Sondervertreters. Dieselbe Situation besteht beispielsweise, wenn der Vorstand einen Ersatzanspruch gegen ein Aufsichtsratsmitglied verfolgt. In diesem Fall ist der Aufsichtsrat zwar verpflichtet, den Vorstand zu unterstützen, aber gleichwohl hat der Vorstand keine Auskunftsrechte gegen den Aufsichtsrat. Vernachlässigen Vorstand oder Aufsichtsrat diese Pflicht oder behindern sie gar die Tätigkeit des Sondervertreters aktiv, verletzen die Organwalter freilich ihre Pflichten nach den §§ 93, 116 AktG und machen sich gegebenenfalls schadensersatzpflichtig.

c) Keine Informationsansprüche

Entgegen der herrschenden Meinung verfügt der Sondervertreter über keine Informationsansprüche. Diese Auffassung fügt sich in das System der

---

751 Vgl. *Langenbucher*, DStR 2005, 2083, 2090; *Meilicke/Heidel*, DB 2004, 1479, 1481; *Mock*, in: Spindler/Stilz, AktG, § 148 Rn. 26.

752 Vgl. Begr. RegE zu Art. 1 Nr. 11 UMAG, BT-Drucks. 15/5092, S. 18.

753 Hierzu vorstehend D. II. 3. c).

§§ 142–147 AktG stimmig ein (unter aa)). Ferner steht diesem Verständnis auch nicht das Informationsbedürfnis des Sondervertreters für eine effektive Anspruchsverfolgung entgegen, weil die Sonderprüfung eine ausreichende Grundlage für einen Schadensersatzanspruch schaffen kann (unter bb)). Schließlich spricht hierfür das besondere Bedürfnis nach Rechtssicherheit im Aktienrecht sowie die implizite Wertung des UMAG-Gesetzgebers durch die Aufhebung des § 147 III AktG a.F. (unter cc)).

aa) Systematik der §§ 142–147 AktG

Nach der Systematik der §§ 142–147 AktG stehen Sonderprüfung, Geltendmachungsverpflichtung und Sondervertretung in einem Stufenverhältnis.[754] Zunächst kann die Hauptversammlung einen Sonderprüfer bestellen, der den Sachverhalt eingehend prüft, § 142 I 1 AktG. Auf der zweiten Stufe beschließt die Hauptversammlung die Geltendmachung eines Ersatzanspruchs, § 147 I 1 AktG.[755] Da dieser Beschluss abschließend und verbindlich ist,[756] hat die Hauptversammlung die Vor- und Nachteile der Anspruchsverfolgung wie auch die Erfolgsaussichten vollumfänglich zu beurteilen. Dies setzt voraus, dass die für eine Anspruchsverfolgung erforderlichen Informationen und Beweismittel der Hauptversammlung vorliegen. Auf der letzten Stufe kann schließlich die Hauptversammlung einen Sondervertreter gemäß § 147 II 1 AktG bestellen. Dieser verfolgt auf der Grundlage der beschafften Informationen und Beweismittel den Ersatzanspruch. Eine weitere Prüfung des Sachverhalts seitens des Sondervertreters ist daher nach der Systematik des Gesetzes weder vorgesehen noch erforderlich.[757]

bb) Sonderprüfung

Die Hauptversammlung verfügt mit der Sonderprüfung über ein wirksames Instrument, um die Verfolgung eines Ersatzanspruchs vorzubereiten, wenn auch die unbedingte Teilung von Informations- und Beweismittelbeschaffung und der Anspruchsverfolgung mitunter Schwierigkeiten aufwerfen kann.

---

[754] Vgl. *Habersack*, in: FS Wiedemann, 889, 893; *Krieger*, ZHR 163 (1999), 343, 353; a.A. vgl. LG München, ZIP 2008, 2420, 2423, wonach keinerlei Rangverhältnis zwischen Sonderprüfung und Sondervertretung besteht; *Mock*, DB 2008, 393, 394, wonach die Sonderprüfung kein Vorprüfungsverfahren für die §§ 147, 148 AktG ist.

[755] Hierzu vorstehend C. II.

[756] Hierzu vorstehend C. IV.

[757] *Baums*, 63. DJT, F 248; vgl. AG München, AktG 1959, 24, 25.

Zunächst ermöglichen die umfassenden Einsichts- und Auskunftsrechte nach § 145 I–III AktG dem Sonderprüfer eine vollständige Ermittlung des Sachverhalts. Der Sondervertreter erhält hiervon über den Prüfungsbericht nach § 142 VI 1 AktG Kenntnis, zu dem er über das Handelsregister Zugang hat, § 9 HGB[758]. Zudem ist der Prüfungsbericht auch eine taugliche Grundlage für eine Schadensersatzklage, weil dieser nicht nur das Ergebnis der Prüfung, sondern auch die zugrunde liegenden Feststellungen zur Vorbereitung einer Klage umfassend erläutert.[759]

Darüber hinaus ist der besondere Vertreter befugt, die Auskunftsansprüche der Gesellschaft gegen den Sonderprüfer nach § 675 BGB in Verbindung mit § 666 BGB geltend zu machen, soweit die Verfolgung des im Geltendmachungsbeschluss benannten Ersatzanspruchs betroffen ist.[760] Da die Sonderprüfung der Vorbereitung eines Organhaftungsprozesses dient, ist es sachgerecht, dass sich der Sondervertreter über die Feststellungen im Prüfungsbericht umfassend informieren kann. Dies gilt insbesondere für den Fall, dass der Bericht missverständlich oder unvollständig ist. Einer Auskunft des Sonderprüfers über die im Prüfungsbericht enthaltene Feststellungen steht auch nicht seine Verschwiegenheitspflicht nach § 144 AktG in Verbindung mit § 323 I 1 HGB entgegen.[761]

Schließlich trägt die Sonderprüfung dem Bedarf nach Beweismitteln Rechnung. Der besondere Vertreter kann den Prüfungsbericht im Wege des Urkundenbeweises als Privaturkunde[762] oder als Privatgutachten[763] in den Prozess einführen. Ferner kann der Sonderprüfer nach ganz überwiegender Meinung als Zeuge beziehungsweise sachverständiger Zeuge vernommen werden.[764] Er ist zwar grundsätzlich zur Verweigerung des Zeugnisses berechtigt, weil ihm kraft Amts Tatsachen anvertraut sind, deren Geheimhaltung gesetzliche Vorschriften gebieten, § 383 I Nr. 6 ZPO.[765] Dies gilt aber

---

758 *Semler*, in: MünchHdB AG, § 42 Rn. 19.

759 *Jänig*, Sonderprüfung, 393; *Mock*, in: Spindler/Stilz, AktG, § 145 Rn. 38.

760 A.A. *Spindler*, in: Schmidt/Lutter, AktG, § 147 Rn. 26; vgl. *Kirschner*, Sonderprüfung in der Praxis, 134 zum Auskunftsanspruch des Vorstands. Der Aktionärsminderheit nach § 148 AktG steht dieses Recht zwar nicht zu, jedoch kann sie im Prozess den Sondervertreter als Zeugen vernehmen.

761 *Schröer*, in: MünchKomm AktG, § 144 Rn. 11.

762 *Fleischer*, in: Küting/Weber, HdB d. Rechnungslegung, § 145 AktG Rn. 48 m. w. N.

763 Der Prüfungsbericht ist demgegenüber kein Sachverständigengutachten, *Jänig*, Sonderprüfung, 409; *Spindler*, in: Schmidt/Lutter, AktG, § 145 Rn. 35.

764 *Fleischer*, in: Küting/Weber, HdB d. Rechnungslegung, § 145 AktG Rn. 48; *Jänig*, Sonderprüfung, 395 f.; *Mock*, in: Spindler/Stilz, AktG, § 145 Rn. 58; *Spindler*, in: Schmidt/Lutter, AktG, § 145 Rn. 35.

765 *Fleischer*, in: Küting/Weber, HdB d. Rechnungslegung, § 144 AktG Rn. 11.

nicht für solche Tatsachen, die Teil des Prüfungsberichts sind und damit nicht der Verschwiegenheitspflicht nach § 144 AktG in Verbindung mit § 323 I 1 HGB unterliegen.[766] Ferner kann der Sondervertreter gemäß § 675 BGB in Verbindung mit § 667 BGB die Herausgabe von Beweismitteln verlangen, die nicht dem Prüfungsbericht, aber den so genannten Arbeitspapieren des Sonderprüfers beiliegen, soweit dies für die Anspruchsverfolgung erforderlich ist.[767] Die Arbeitspapiere dienen der Dokumentation und können beispielsweise Kopien von relevanten Dokumenten oder Gesprächsprotokolle enthalten.[768]

cc) Gesetzgeberische Wertung

Nach § 147 III AktG a. F. konnte nicht nur die Hauptversammlung, sondern auch die Minderheit den Sondervertreter als Verfolgungsinstrument nutzen. Der UMAG-Gesetzgeber hob diese Verfolgungsmöglichkeit der Minderheit auf und schaffte stattdessen die Aktionärsklage nach § 148 AktG.[769] Danach kann eine Minderheit in Prozessstandschaft einen Ersatzanspruch der Gesellschaft verfolgen. Zur Beschaffung der erforderlichen Informationen steht ihr allerdings lediglich die Sonderprüfung zur Verfügung, während sie keine weitergehenden Informationsrechte hat.[770]

Verfügte der Sondervertreter über besondere Informationsansprüche, hätte die Einführung der Aktionärsklage das Verfolgungsrecht der Minderheit erheblich geschwächt. Da der Gesetzgeber das Minderheitsrecht aber ausdrücklich stärken wollte,[771] ist hieraus zu schließen, dass dem Sondervertreter nach der Vorstellung des Gesetzgebers keine Informationsrechte zustehen. Dem lässt sich auch nicht entgegenhalten, dass der Gesetzgeber diesen Umstand lediglich übersah, nachdem zahlreiche Literaturstimmen zuvor hierauf hingewiesen hatten.[772]

---

[766] *Kirschner*, Sonderprüfung in der Praxis, 136, 342.

[767] Vgl. *Kirschner*, Sonderprüfung in der Praxis, 134 zum Herausgabeanspruch des Vorstands. Die Aktionärsminderheit nach § 148 AktG steht diese Recht nicht zu, jedoch können diese Dokumente gegebenenfalls auf gerichtliche Anordnung nach § 142 ZPO in den Prozess eingeführt werden.

[768] Vgl. Arbeitspapiere des Sonderprüfers (IDW PS 460 n. F.), IDW-Fn. 2008, 178 ff.; hierzu *Kirschner*, Sonderprüfung in der Praxis, 289 f.

[769] Vgl. Begr. RegE zu Art. 1 Nr. 14, 15 UMAG, BT-Drucks. 15/5092, S. 20.

[770] Vgl. *Meilicke/Heidel*, DB 2004, 1479, 1481; *Mock*, in: Spindler/Stilz, AktG, § 148 Rn. 26.

[771] Vgl. Begr. RegE zu Art. 1 Nr. 14, 15 UMAG, BT-Drucks. 15/5092, S. 20.

[772] *Handelsrechtsausschuss des DAV*, Stellungnahme zum RefE des UMAG, 555, 561; *ders.*, Stellungnahme zum RegE UMAG, 388, 391; *Hoffmann-Becking*, WPg-Sonderheft 2001, 121, 128; *Meilicke/Heidel*, DB 2004, 1479, 1481.

Schließlich würde die Anerkennung von ungeschriebenen und der Reichweite nach unbestimmten Informationsansprüchen[773] ein erhebliches Streitpotential bergen. Dies stünde im Widerspruch zu den Bestrebungen des Gesetzgebers, ein möglichst großes Maß an Rechtssicherheit im Aktienrecht zu schaffen, wie die hohe Regelungsdichte des Aktiengesetzes zeigt.[774]

d) Ergebnis

Dem besonderen Vertreter stehen entgegen der herrschenden Meinung keine ungeschriebenen Informationsrechte zu. Für ihre Anerkennung mangelt es an einer rechtlichen Grundlage und ihr stehen die gesetzgeberische Wertung und die Systematik der §§ 142–147 AktG entgegen. Das Fehlen von Informationsrechten macht die Anspruchsverfolgung durch den besonderen Vertreter auch nicht praktisch unmöglich. Der Hauptversammlung steht nämlich mit der Sonderprüfung ein Mittel zur Informationsbeschaffung für die Vorbereitung der Verfolgung eines Anspruchs zur Verfügung. Einzuräumen ist insoweit zwar, dass die Trennung der Informationsbeschaffung und der Anspruchsverfolgung zu praktischen Schwierigkeiten führen kann, insbesondere wenn sich im Laufe der Geltendmachung eines Anspruchs weiterer Informationsbedarf ergibt. Jedoch ist nach der Wertung des Gesetzes die Informationsbeschaffung durch die Sonderprüfung ausreichend, da auch einer Aktionärsminderheit für die Vorbereitung einer Aktionärsklage nach § 148 AktG nur die Sonderprüfung zur Verfügung steht. Insoweit verbleiben dem besonderen Vertreter und einer klagenden Aktionärminderheit lediglich etwaige allgemeinen zivilrechtlichen Informationsansprüche.

Soweit Informationsrechte zum Zwecke der Anspruchsverfolgung erforderlich erscheinen, wären solche *de lege ferenda* sowohl für den besonderen Vertreter als auch die Aktionärsminderheit bei einer Aktionärsklage einzuführen. Die Anerkennung von Informationsrechten ausschließlich zugunsten des besonderen Vertreters wäre demgegenüber mit Blick auf die Aktionärsklage inkonsistent und würde in Bezug auf den Umfang des Informationsrechts erhebliche Rechtsunsicherheit schaffen.

4. Sonstige Rechte

Im Übrigen stehen dem Sondervertreter keine weitergehenden Befugnisse zu. Abzulehnen ist insbesondere die Auffassung, wonach der Sondervertreter das Hausrecht und die Direktionsbefugnis gegenüber den Mitarbeitern

---

[773] Hierzu kritisch auch *Mock*, DB 2008, 393, 397.

[774] Vgl. *Raiser/Veil*, Recht der Kapitalgesellschaften, § 13 Rn. 6.

der Gesellschaft hat[775] und vom Vorstand verlangen kann, die Mitarbeiter, welche mit dem für den Ersatzanspruch relevanten Sachverhalt befasst waren, über die Funktion und Befugnisse des besonderen Vertreters zu unterrichten[776]. Diese Rechte sind Hilfsrechte zur Durchsetzung der Informationsrechte und schon aus diesem Grund nicht anzuerkennen.[777]

Weiterhin kann der Sondervertreter Böbel zufolge grundsätzlich sowohl Mitarbeiter der Gesellschaft, zum Beispiel Schreibkräfte, als auch Vermögensgegenstände, zum Beispiel Räumlichkeiten, für die Wahrnehmung seiner Aufgaben heranziehen.[778] Dieser Auffassung scheint die Vorstellung zugrunde zu liegen, dass einem Organ die sachlichen und personellen Mittel der Gesellschaft zur Verfügung stehen. Hierfür fehlt es aber nicht nur an einer gesetzlichen Grundlage, sondern es wäre auch ineffizient, wenn die Gesellschaft für ein nur zeitweilig tätiges Organ diese Ressourcen vorhalten müsste. Vielmehr kann sich der Sondervertreter die erforderlichen Mittel selbst beschaffen und hierfür auch Hilfsgeschäfte im Namen der Gesellschaft abschließen.

VII. Prozessuale Fragestellungen

Die nachfolgende Untersuchung beleuchtet prozessuale Fragen im Zusammenhang mit dem besonderen Vertreter. Dies betrifft die Beteiligung des Sondervertreters an Beschlussmängelstreitigkeiten sowie die gerichtliche Geltendmachung des Ersatzanspruchs.[779]

---

775 LG München, ZIP 2007, 1809, 1810, 1817; *Böbel*, Besonderer Vertreter, 94; *Verhoeven*, ZIP 2008, 245, 248; a.A. OLG München, ZIP 2008, 73, 79.

776 LG München, ZIP 2007, 1809, 1817; *Spindler*, in: Schmidt/Lutter, AktG, § 147 Rn. 23.

777 Vgl. OLG München, ZIP 2008, 73, 79; *Fabritius*, in: GS Gruson, 133, 147.

778 *Böbel*, Besonderer Vertreter, 94.

779 Die in der Literatur diskutierten Organstreitigkeiten, wie etwa in Bezug auf das Bestehen von Organrechten und dessen prozessuale Durchsetzung, werden nicht näher untersucht. Unabhängig von der Anerkennung von Informationsansprüchen des Sondervertreters kann sich diese Frage zwar im Gewand von Kompetenzstreitigkeiten stellen. Dies ist beispielsweise der Fall, wenn der Sondervertreter die Kompetenz des Vorstands verletzt, indem er einen Ersatzanspruch gegen ein Aufsichtsratsmitglied veräußert, oder umgekehrt in dem Fall, dass der Vorstand Vergleichsverhandlungen mit dem ersatzpflichtigen Aufsichtsratsmitglied führt. Bei der Sondervertretung bestehen allerdings keine spezifischen Besonderheiten für die Problematik der Organstreitigkeiten. Vgl. allgemein zum Organstreit: *Schürnbrand*, Organschaft im Recht der privaten Verbände, 359ff.; zum Sondervertreter: RGZ 83, 248, 250; OLG München, ZIP 2008, 73, 79; LG München, ZIP 1997, 1809, 1816; *Böbel*, Besonderer Vertreter, 106ff.; *Kling*, ZGR 2009, 190, 220.

1. Beschlussmängelstreitigkeiten

Das Gesetz sieht keine Beteiligung des Sondervertreters an Beschlussmängelstreitigkeiten vor. Nach Teilen der Rechtsprechung und Literatur vertritt der Sondervertreter gleichwohl die Gesellschaft im Falle der Anfechtung seines Bestellungsbeschlusses (unter a))[780] und ist selbst zur Anfechtung seines Abbestellungsbeschlusses befugt (unter b)). Schließlich könne der besondere Vertreter verschiedenen anderen Beschlussmängelstreitigkeiten als Streithelfer beitreten (unter c)).

a) Vertretungsbefugnis des Sondervertreters

Bei Beschlussmängelstreitigkeiten vertreten der Vorstand und der Aufsichtsrat die Gesellschaft, §§ 246 II 2, 249 I 1 AktG. Böbel zufolge besteht hiervon eine ungeschriebene Ausnahme, wenn der Geltendmachungs- oder Bestellungsbeschluss nach § 147 AktG Gegenstand einer Anfechtungs- oder Nichtigkeitsklage ist.[781] In diesem Fall vertrete der Sondervertreter anstelle des Vorstands und Aufsichtsrats die Gesellschaft.

Hierfür führt Böbel an, dass der Vorstand und der Aufsichtsrat wegen naheliegender Interessenkonflikte wenig geneigt seien, die Hauptversammlungsbeschlüsse effektiv zu verteidigen. Vielmehr bestünde die Gefahr, dass sie durch Anerkenntnis, Hinnahme eines Versäumnisurteils oder sonstiger mangelhafter Prozessführung einer Anfechtungs- oder Nichtigkeitsklage zum Erfolg verhelfen könnten.[782] Demgegenüber lehnte das Landgericht München die Zuständigkeit des Sondervertreters im Wege einer analogen Anwendung des § 246 II 2 AktG mangels planwidriger Regelungslücke ab.[783] Sowohl der besondere Vertreter als auch die Aktionäre könnten nämlich eine ordnungsgemäße Prozessführung gewährleisten, indem sie dem Rechtsstreit als Nebenintervenienten beitreten.[784]

---

780 Nicht näher beleuchtet wird die hiervon verschiedene und streitige Frage, ob ein besonderer Vertreter nach § 147 II 1 AktG analog zur Vertretung der Gesellschaft bestellt werden kann, wenn diese handlungsunfähig ist, weil sowohl der Vorstand beziehungsweise Vorstandsmitglieder und Aufsichtsratsmitglieder einen Hauptversammlungsbeschluss angefochten haben, vgl. *Hüffer*, in: MünchKomm AktG, § 246 Rn. 64 m. w. N.

781 *Böbel*, Besonderer Vertreter, 141 ff. mit ausführlicher Begründung; ähnlich *Verhoeven*, ZIP 2008, 245, 250 und *Westermann*, AG 2009, 237, 244, wonach dies aber nur dann gelten soll, wenn die Hauptversammlung dem Sondervertreter die Befugnis zur Vertretung übertragen hat. A. A. *Mock*, in: Spindler/Stilz, AktG, § 147 Rn. 43.

782 *Böbel*, Besonderer Vertreter, 142 f.

783 LG München, ZIP 2007, 2420, 2421.

784 Ebenda.

Die Anerkennung einer Vertretungsbefugnis des Sondervertreters für bestimmte Beschlussmängelstreitigkeiten kann letztlich nicht überzeugen. Einzuräumen ist zwar, dass im Falle der Vertretung der Gesellschaft durch den Vorstand und den Aufsichtsrat Interessenkonflikten auftreten können. Allerdings verbleibt auch in Fällen mit ähnlich gelagerten Interessenkonflikten die Vertretungsbefugnis bei Vorstand und Aufsichtsrat. Dies ist zum Beispiel der Fall, wenn die Hauptversammlung einen Sonderprüfer zur Ermittlung von Ersatzansprüchen gegen Vorstands- und Aufsichtsratsmitgliedern bestellt. Selbiges gilt, wenn die Hauptversammlung die Geltendmachung dieser Ersatzansprüche – ohne Bestellung eines besonderen Vertreters – beschließt.

Um eine ordnungsgemäße Prozessführung zu gewährleisten, bedarf es letztlich auch nicht der Vertretungsbefugnis des Sondervertreters.[785] Dies gilt selbst für den Fall, dass die Geschäftsleitung versucht, die Hauptversammlungsbeschlüsse ins Leere laufen zu lassen.[786] Der Sondervertreter kann nämlich als streitgenössischer Nebenintervenient – wie noch zu zeigen ist[787] – dem Rechtsstreit beitreten und damit hinreichend auf die Prozessführung Einfluss nehmen.

b) Anfechtungsbefugnis

Nach § 245 AktG sind lediglich Aktionäre, der Vorstand sowie die Mitglieder des Vorstands und Aufsichtsrats befugt, Hauptversammlungsbeschlüssen anzufechten. Ob auch der besonderen Vertreter oder dessen Organwalter in analoger Anwendung anfechtungsbefugt sind, ist im Folgenden zu klären.

aa) Organ „besonderer Vertreter“

Nach der Ansicht des Landgerichts München ist der Sondervertreter in Analogie zur Anfechtungsbefugnis des Vorstands nach § 245 Nr. 4 AktG befugt, zumindest die Aufhebung des Geltendmachungsbeschlusses und seine Abbestellung anzufechten.[788] Hierfür führt das Landgericht München zwei Argumente an:

---

785 Hierzu nachstehend D. VII. 1. c).

786 Dies ist nur in Ausnahmefällen, wie im HVB-Fall, denkbar, weil die Geschäftsleitung sich typischerweise nicht offen gegen die Hauptversammlung stellen wird.

787 Hierzu nachstehend D. VII. 1. c).

788 LG München, NZG 2009, 1311, 1312; zustimmend *Hirte/Mock*, BB 2010, 775, 775; a.A. OLG München, NZG 2009, 305, 306 im Zusammenhang mit der

Erstens verdränge der Sondervertreter den Vorstand beziehungsweise den Aufsichtsrat bei der Anspruchsverfolgung und trete an deren Stelle. Damit sei der Sondervertreter der Stellung des Vorstands so weit angenähert, „dass der Rechtsgedanke aus § 245 Nr. 4 AktG zur Anwendung gelange“[789], soweit die Anspruchsverfolgung betroffen sei.

Dem ist aber zu widersprechen, weil zum einen der Sondervertreter – nach vorstehenden Ausführungen[790] – nicht an die Stelle des Vorstands tritt und daher nicht seine Befugnisse übernimmt.[791] Zum anderen fehlt es auch an einer vergleichbaren Interessenlage. Das Anfechtungsrecht des Vorstands beruht nämlich auf seiner Aufgabe, die Rechtmäßigkeit von Hauptversammlungsbeschlüssen zu wahren.[792] Dieses Kontrollrecht kommt ausschließlich dem Vorstand zu, unabhängig davon, ob er für die Ausführung des Hauptversammlungsbeschlusses zuständig ist. Entsprechend ist er und nicht der Aufsichtsrat anfechtungsbefugt, wenn ein Geltendmachungsbeschluss den Aufsichtsrat zur Anspruchsverfolgung verpflichtet. Der Sondervertreter und der Aufsichtsrat nehmen demgegenüber keine Kontrollfunktion wahr.[793]

Zweitens folge die Befugnis des besonderen Vertreters, den *actus contrarius* zum Bestellungsbeschluss gerichtlich überprüfen zu lassen, daraus, dass der Bestellungsbeschluss die Grundlage seiner Tätigkeit sei. Dem Landgericht München zufolge verlangt der Justizgewährleistungsanspruch, dass der besondere Vertreter als unmittelbar vom Beschluss Betroffener das Recht haben müsse, den Hauptversammlungsbeschluss einer rechtlichen Kontrolle zuzuführen.[794] Dem stünde auch nicht entgegen, dass ein Aufsichtsratsmitglied keine Anfechtungsbefugnis in Bezug auf seine Abberufung habe, weil es im Falle der Sondervertretung um die Aufhebung eines Organs und nicht nur um die Entlassung eines Organwalters gehe.

Nebeninterventionsfähigkeit des Sondervertreters; *Gosslar/von der Linden*, EWiR 2010, 305, 306; *Hüffer*, ZHR 175 (2010), 642, 680f.; *Nietsch*, ZGR 2011, 589, 630ff.; *Peters/Hecker*, NZG 2009, 1294, 1295; *Spindler*, in: Schmidt/Lutter, AktG, § 147 Rn. 27.

789 LG München, NZG 2009, 1311, 1312.

790 Hierzu vorstehend D. I.

791 Dies gilt unabhängig von der umstrittenen Frage, ob Träger des Anfechtungsrechts der Vorstand oder die Gesellschaft ist, vgl. *Hüffer*, AktG, § 245 Rn. 4 m.w.N.

792 *Dörr*, in: Spindler/Stilz, AktG, § 245 Rn. 41; *Hüffer*, in: MünchKomm AktG, § 245 Rn. 59; *Schwab*, in: Schmidt/Lutter, AktG, § 245 Rn. 29.

793 Vgl. OLG München, NZG 2009, 305, 306 im Zusammenhang mit der Nebeninterventionsfähigkeit des Sondervertreters; *Hüffer*, ZHR 175 (2010), 642, 680; *Peters/Hecker*, NZG 2009, 1294, 1295.

794 Diese Ausführungen beziehen sich nur auf die Parteifähigkeit des Sondervertreters, aber in den Ausführungen zur Anfechtungsbefugnis wird darauf Bezug genommen, LG München, NZG 2009, 1311, 1312f.

Diese Begründung kann nicht überzeugen. Der Sondervertreter ist im Gegensatz zum Vorstand gegenüber der Hauptversammlung weisungsgebunden[795] und steht zur ihrer Disposition, weil die Hauptversammlung ihn nach Belieben bestellen und abberufen kann.[796] Daher verfügt der Sondervertreter gegenüber der Hauptversammlung über keine geschützte Rechtsposition, so dass der Entzug der Rechtstellung durch seine Abbestellung oder die Aufhebung des Organs „besonderer Vertreter“ keine Anfechtungsbefugnis begründet. Verallgemeinernd fehlt es dem Sondervertreter – wie auch dem GmbH-Geschäftsführer[797] – an einer Rechtsposition, die es ihm erlauben würde, eine gerichtliche Kontrolle von Willensbildungsakten der Hauptversammlung zu initiieren.

bb) Organwalter

Eine Anfechtungsbefugnis des Organwalters des Organs „besonderer Vertreter“ könnte aus § 245 Nr. 5 AktG analog folgen. Nach § 245 Nr. 5 AktG sind Vorstands- und Aufsichtsratsmitglieder anfechtungsbefugt, wenn die Beschlussausführung zu einer Strafe, einem Bußgeld oder einer Ersatzpflicht führen würde. Die Anfechtungsbefugnis hat zum einen eine Schutzfunktion für die Organmitglieder.[798] Da jedes Organmitglied unabhängig von der eigenen Betroffenheit anfechtungsbefugt ist, dient diese Anfechtungsbefugnis zum anderen auch der Kontrolle von Hauptversammlungsbeschlüssen.[799]

Im Hinblick auf die Schutzfunktion des § 245 Nr. 5 AktG befindet sich der Organwalter des Organs „besonderer Vertreter“ in derselben Situation wie die Vorstands- oder Aufsichtsratsmitgliedern. Der Organwalter ist nämlich in gleicher Weise schutzbedürftig, wenn er durch eine Beschlussausführung eine strafbare Handlung oder eine Ordnungswidrigkeit begehen oder sich ersatzpflichtig machen würde. Denkbar ist beispielsweise eine Weisung

---

[795] Hierzu vorstehend D. IV.

[796] Vgl. LG München, Beschl. v. 24.4.2008 – 5 HKO 23244/07, unveröff.: „Dabei muss zum einen berücksichtigt werden, dass er [der Sondervertreter] keinen Schutz dergestalt genießt, dass ein Abberufungsbeschluss bis zur Beendigung seiner Tätigkeit ausgeschlossen sei.“

[797] Nach überwiegender Meinung ist das Organ „GmbH-Geschäftsführer“ nicht befugt, Beschlüsse der Gesellschafterversammlung anzufechten, BGHZ, 76, 154, 159; *Schwab*, Das Prozeßrecht gesellschaftsinterner Streitigkeiten, 377. Siehe *Römermann*, in: Michalski, GmbHG, Anh. § 47 m.w.N. zu den Unterschieden der nicht wesentlich voneinander abweichenden Meinungen.

[798] BGHZ 106, 54, 64; *Hüffer*, in: MünchKomm AktG, § 245 Rn. 67; *K. Schmidt*, in: Großkomm AktG, § 245 Rn. 38; a.A. *Schwab*, Das Prozeßrecht gesellschaftsinterner Streitigkeiten, 616ff.; *ders.*, in: Schmidt/Lutter, AktG, § 245 Rn. 33.

[799] *Dörr*, in: Spindler/Stilz, AktG, § 245 Rn. 48; *Hüffer*, in: MünchKomm AktG, § 245 Rn. 67.

der Hauptversammlung, durch deren Ausführung der Organwalter einen Prozessbetrug verwirklichte.

Demgegenüber fehlt es bezüglich der Kontrollfunktion des § 245 Nr. 5 AktG an einer vergleichbaren Interessenlage. Da der Sondervertreter gegenüber der Hauptversammlung weisungsgebunden ist, fehlt auch dem Organwalter die Befugnis, die gerichtliche Kontrolle von Hauptversammlungsbeschlüssen zu initiieren.

In der Folge ist der Organwalter mit Blick auf den Individualschutz des § 245 Nr. 5 AktG analog anfechtungsbefugt, soweit der Sondervertreter Adressat des Beschlusses ist und sich die Anfechtungsklage auf den zur Verantwortlichkeit führenden Inhaltsmangel stützt. In diesem beschränkten Umfang ist der Organwalter auch zu Erhebung der Nichtigkeitsklage nach § 249 AktG befugt.

cc) Ergebnis

Das Organ „besonderer Vertreter" ist nicht anfechtungsbefugt, während dem Organwalter unter Einschränkungen nach § 245 Nr. 5 AktG analog das Anfechtungsrecht zusteht.

c) Nebenintervention

Schließlich bleibt zu untersuchen, ob der besondere Vertreter oder dessen Organwalter Beschlussmängelstreitigkeiten als Nebenintervenient nach § 66 ZPO beitreten kann. Ein Interventionsbedürfnis besteht insbesondere bei der Anfechtung eines Bestellungs- oder Abberufungsbeschlusses, weil in diesen Fällen eine mangelhafte Prozessführung des Vorstands und Aufsichtsrats zu befürchten ist.[800] Darüber hinaus ist eine Streithilfe in Beschlussmängelstreitigkeiten denkbar, deren Ausgang die durch den Sondervertreter betriebene Anspruchsverfolgung beeinflusst.[801]

aa) Organ „besonderer Vertreter"

Ob der Sondervertreter als Streithelfer einer Beschlussmängelstreitigkeit beitreten kann, ist umstritten.[802] Dabei kann es von vornherein überhaupt

---

800 Hierzu vorstehend D. VII. 1. a).

801 Im Rahmen des HVB-Falls machte dies der Sondervertreter geltend, vgl. LG München, Urt. v. 31.01.2008 – 5 HK O 19782/06, unveröff.; OLG München, NZG 2009, 305, 305 f.

802 Für die Zulässigkeit der Nebenintervention: *Verhoeven*, ZIP 2008, 245, 250; *Westermann*, AG 2009, 237, 244; gegen die Zulässigkeit: OLG München, NZG

nur um einen Beitritt des Sondervertreters auf der Seite der Gesellschaft gehen.[803] Einer Streithilfe zugunsten des Anfechtungsklägers stünde entgegen, dass der besondere Vertreter der Hauptversammlung untergeordnet ist und daher nicht befugt ist, ihre Beschlüsse anzugreifen.[804]

Neben der Frage nach dem Interventionsgrund des Sondervertreters ist bereits zweifelhaft, ob er die für einen Beitritt erforderlichen Prozesshandlungsvoraussetzungen[805] mit Blick auf seine Parteifähigkeit erfüllt. Grundsätzlich sind Organe mangels Rechtsfähigkeit nicht parteifähig nach § 50 I ZPO.[806] Inwieweit von diesem Grundsatz Ausnahmen bestehen, ist nicht abschließend geklärt.[807] Für die Aktiengesellschaft kann allerdings § 245 Nr. 4 AktG als Orientierung dienen. Aus der Anfechtungsbefugnis des Vorstands ist zu schließen, dass er auch einem Anfechtungskläger als Streithelfer beitreten kann. Demgegenüber ist der Aufsichtsrat nicht interventionsfähig,[808] weil er nicht anfechtungsbefugt ist und daher sich auch nicht anderweitig als Partei an dem Anfechtungsprozess beteiligen kann.[809]

Da der Sondervertreter nicht anfechtungsbefugt ist, erscheint die Annahme seiner Parteifähigkeit allenfalls denkbar, wenn der Zweck der Sondervertretung die Interventionsfähigkeit des Organs zwingend gebietet.[810] Da allerdings der Organwalter dem Rechtsstreit auf Seiten der Gesellschaft

---

2009, 305, 306; *Backhaus*, Die Beteiligung Dritter bei aktienrechtlichen Rechtsbehelfen, 101; *Böbel*, Besonderer Vertreter, 144; *Hüffer*, AktG, § 147 Rn. 7; *Spindler*, in: Schmidt/Lutter, AktG, § 147 Rn. 27; *Wasmann/Kallweit*, Der Konzern 2008, 135, 137 für den Beitritt auf Seiten der Gesellschaft; offengelassen durch LG München, Urt. v. 31.01.2008 – 5 HK O 19782/06, unveröff.

[803] Zwar ist die Nebenintervention auf Seiten der Gesellschaft nach herrschender Meinung selbst dem Vorstand und dem Aufsichtsrat verwehrt, vgl. *Hüffer*, AktG, § 246 Rn. 5; jedoch ist aufgrund dessen nicht die Interventionsfähigkeit des Sondervertreters mit seiner grundverschiedenen Funktion von vornherein ausgeschlossen, a.A. *Wasmann/Kallweit*, Der Konzern 2008, 135, 137.

[804] Hierzu vorstehend D. VII. 1. b).

[805] *Bork*, in: Stein/Jonas, ZPO, § 66 Rn. 5, 25.

[806] Vgl. OLG München, NZG 2009, 305, 306.

[807] Vgl. die Diskussion zur Parteifähigkeit von Organen im Rahmen des Organstreits, *Schürnbrand*, Organschaft im Recht der privaten Verbände, 359 ff. m. w. N.

[808] *Dörr*, in: Spindler/Stilz, AktG, § 246 Rn. 34; *Hüffer*, AktG, § 246 Rn. 5; *Robitzsch*, Die Nebenintervention in aktienrechtlichen Verfahren, 51 ff. mit ausführlicher Begründung.

[809] *Austmann*, ZHR 158 (1994), 495, 501.

[810] *Westermann*, AG 2009, 237, 245 mahnt an, sich vor „Begriffsjurisprudenz“ zu hüten, wenn man die Zulässigkeit der Nebenintervention bereits an der mangelnden Parteifähigkeit scheitern ließe. Entscheidend sei das Bestehen eines Interventionsinteresses.

beitreten kann – wie nachfolgend zu zeigen ist –, besteht kein zwingendes Bedürfnis für die Interventionsfähigkeit des Sondervertreters.

bb) Organwalter

Der Organwalter des Organs „besonderer Vertreter“ ist zur Nebenintervention befugt. Im Gegensatz zum Organ ist der Organwalter als natürliche oder juristische Person parteifähig und unterliegt auch nicht der Beschränkung, allenfalls auf Seiten der Gesellschaft einem Rechtsstreit beitreten zu können. Daher stellt sich lediglich die Frage nach einem Interventionsgrund, § 66 I ZPO. Für den Organwalter besteht das erforderliche rechtliche Interesse, wenn das korporationsrechtliche oder vertragliche Verhältnis zwischen ihm und der Gesellschaft berührt ist.[811] Dies ist bei Beschlussmängelstreitigkeiten hinsichtlich seiner Bestellung oder Abberufung der Fall.[812] Da sich in selbiger Weise die Anfechtungs- und Nichtigkeitsklage gegen den Geltendmachungsbeschluss oder seine Aufhebung auf das Bestellungsverhältnis auswirken,[813] hat der Organwalter auch bei diesen Rechtsstreitigkeiten ein rechtliches Interesse. Bei Beschlussmängelstreitigkeiten, die sich auf das Bestehen der zu verfolgenden Ersatzansprüche auswirken können, fehlt es hingegen an einem Interventionsgrund, weil die Rechtstellung des Organwalters nicht berührt ist.[814]

Tritt der Organwalter einem Beschlussmängelstreit bei, hat er die Stellung eines streitgenössischen Nebenintervenienten, § 69 ZPO. Zwar ist der Organwalter nicht von der Rechtskrafterstreckung nach § 248 I 1 AktG erfasst, jedoch ist nach ganz überwiegender Ansicht bereits die Gestaltungswirkung des Anfechtungsurteils[815] ausreichend.[816] Ferner ist auch die Voraussetzung eines Rechtsverhältnisses des Organwalters zum Gegner der im Hauptprozess unterstützten Partei im Ergebnis erfüllt.[817] Als streitgenössischer Ne-

---

[811] *Backhaus*, Die Beteiligung Dritter bei aktienrechtlichen Rechtsbehelfen, 102.

[812] Vgl. LG München, ZIP 2007, 2420, 2421, wonach der Sondervertreter im Falle der Anfechtung des Bestellungsbeschlusses interventionsbefugt ist. Unklar ist, ob das Organ „besonderer Vertreter“ oder der Organwalter damit gemeint ist.

[813] Hierzu vorstehend D. III. 2. b).

[814] Vgl. OLG München, NZG 2009, 305, 306 zum rechtlichen Interesse des Organs „besonderer Vertreter“; a.A. *Nietsch*, ZGR 2011, 589, 625 f.

[815] Selbiges gilt für das Nichtigkeitsurteils aufgrund der *inter omnes* Wirkung nach den §§ 249 I 1, 248 I 1 AktG, vgl. *Hüffer*, in: MünchKomm AktG, § 249 Rn. 23 m. w. N.

[816] *Bork*, in: Stein/Jonas, ZPO, § 69 Rn. 3; *Schultes*, in: MünchKomm ZPO, § 69 Rn. 7; *Weth*, in: Musielak, ZPO, § 69 Rn. 4: a.A. *Gehrlein*, AG 1994, 103, 106.

[817] Vgl. die ausführlichen und unterschiedlichen Begründungen von *Austmann*, ZHR 158 (1994), 495, 507 ff.; *Backhaus*, Die Beteiligung Dritter bei aktienrecht-

benintervenient kann der Organwalter auch Prozesshandlungen im Widerspruch zur Hauptpartei vornehmen[818] und beispielsweise einem Tatsachenvortrag oder einem Anerkenntnis wirksam widersprechen.[819] Der Organwalter verfügt damit über die Mittel, um selbst gegen den Willen des Vorstands und Aufsichtsrat eine ordnungsgemäße Prozessführung besorgen zu können.

cc) Ergebnis

Während das Organ „besonderer Vertreter" mangels Parteifähigkeit nicht interventionsfähig ist, kann der Organwalter solchen Beschlussmängelstreitigkeiten als streitgenössischer Nebenintervenient beitreten, die sich auf sein korporationsrechtliches oder vertragliches Band zur Gesellschaft auswirken.

2. Geltendmachung des Ersatzanspruches

Bei der Geltendmachung des Ersatzanspruchs durch den Sondervertreter können sich insbesondere zwei Fragen stellen: Wie weit reicht erstens seine prozessuale Vertretungsmacht in bestimmten Prozesskonstellationen? Sind zweitens die Mitglieder der Geschäftsleitungsorgane als Zeugen oder Parteien im Prozess zu vernehmen?

a) Vertretungsbefugnis

Der Sondervertreter hat die prozessuale Vertretungsbefugnis, den Ersatzanspruch gerichtlich geltend zu machen, sei es in Aktivprozessen oder in Passivprozessen, wie im Falle der negativen Feststellungsklage des Anspruchsgegners gegen die Gesellschaft.[820] Fraglich ist die Reichweite seiner Vertretungsmacht aber, wenn der Ersatzpflichtige Angriffs- oder Verteidigungsmittel vorbringt oder eine Widerklage erhebt, die außerhalb des Aufgabenbereiches des Sondervertreters liegen. Dies ist zum Beispiel der Fall, wenn das verklagte Vorstandsmitglied dem Ersatzanspruch die Aufrechnung mit einem Vergütungsanspruch entgegenhält. Selbiges gilt, wenn er diesen Vergütungsanspruch im Wege der Widerklage verfolgt. Umgekehrt ist auch

lichen Rechtsbehelfen, 157 ff., 164, und *Robitzsch*, Die Nebenintervention in aktienrechtlichen Verfahren, 81 f.

[818] *Weth*, in: Musielak, ZPO, § 69 Rn. 8; *Schultes*, in: MünchKomm ZPO, § 69 Rn. 13.

[819] *Austmann*, ZHR 158 (1994), 495, 510 f.; *Backhaus*, Die Beteiligung Dritter bei aktienrechtlichen Rechtsbehelfen, 170 f., 175 f.

[820] RGZ 114, 396, 399; *Bezzenberger*, in: Großkomm AktG, § 147 Rn. 56; *Kling*, ZGR 2009, 190, 200.

die Situation denkbar, dass ein Vorstandsmitglied auf Zahlung seines Vergütungsanspruchs klagt, nachdem die Gesellschaft den streitigen Ersatzanspruch gegen den Vergütungsanspruch aufgerechnet hat. In diesen Fällen ist nach der Kompetenzverteilung der Aufsichtsrat und nicht der Sondervertreter für die Vertretung im Hinblick auf den Vergütungsanspruch zuständig.

Der Fall der Widerklage lässt sich zwar unschwer dahingehend auflösen, dass das zuständige Geschäftsleitungsorgan die Gesellschaft in einem separaten Prozess vertritt. Diese Möglichkeit besteht aber nicht für Angriffs- und Verteidigungsmittel. Zur Lösung dieses Konflikts ist eine gemeinsame Vertretung durch den Sondervertreter und das zuständige Geschäftsleitungsorgan denkbar. Eine gemeinsame Vertretung ist dem Aktienrecht auch nicht fremd, wie der Fall der Vertretung der Gesellschaft durch den Vorstand und den Aufsichtsrat nach § 246 II 2 AktG zeigt. Hiergegen spricht allerdings, dass auch bei einer gemeinsamen Vertretung die Aufgabenbereiche im Innenverhältnis aufgeteilt sein müssten. Ferner hinge die Frage der gemeinsamen Vertretung davon ab, welche Verteidigungsmittel der Prozessgegner während des Prozessverlaufs erhebt. Aus diesen Gründen ist eine gemeinsame Vertretung der Gesellschaft als Lösung zu verwerfen.

Vorzugswürdig erscheint demgegenüber eine erweiterte Vertretungsmacht des Sondervertreters, die den gesamten Prozess einschließlich aller vorgebrachten Angriffs- und Verteidigungsmittel erfasst. Da die erweiterte Vertretungsmacht aber lediglich der Prozesskonstellation geschuldet ist, verbleibt die Willensbildungskompetenz beim zuständigen Geschäftsleitungsorgan, wenn dessen Aufgabenbereich berührt ist. Insoweit ist der besondere Vertreter an die Weisungen des Vorstands beziehungsweise Aufsichtsrats gebunden.

b) Zeugnisfähigkeit der Vorstands- und Aufsichtsratsmitglieder

Betreibt der Sondervertreter den Geltendmachungsprozess, stellt sich die Frage, ob die Vorstands- und Aufsichtsratsmitglieder den Vorschriften der Zeugen- oder Parteivernehmung unterliegen. Da der Sondervertreter den Vorstand und den Aufsichtsrat als gesetzliche Vertreter verdrängt, sind nach überwiegender Meinung die Mitglieder der Geschäftsleitungsorgane als Zeugen zu vernehmen.[821] Dieser Auffassung ist zuzustimmen, weil es nach

---

821 *Bezzenberger*, in: Großkomm AktG, § 147 Rn. 52; *Holzborn/Jänig*, in: Bürgers/Körber, HeidelbergerKomm AktG, § 147 Rn. 10; *Hueck*, in: FS Bötticher, 197, 200, 202; *ders.*, in: Baumbach/Hueck, AktG, 1970, § 147 Rn. 10; a.A. wohl *Kronstein/Zöllner*, in: KölnerKomm AktG, § 147 Rn. 11 und *Schröer*, in: MünchKomm AktG, § 147 Rn. 43, wonach die Vorstands- und Aufsichtsratsmitglieder nicht zeugnisfähig sind, wenn sie „noch Teilfunktionen ihres Mandats wahrnehmen."

dem formellen Parteibegriff[822] lediglich darauf ankommt, welches Organ als gesetzlicher Vertreter für die Prozessführung zuständig ist.[823] Dementsprechend ist auch die Zeugnisfähigkeit von Vorstands- und Aufsichtsratsmitgliedern im Falle der Zuständigkeit des anderen Geschäftsleitungsorgans anerkannt.[824] Daher ist lediglich der Sondervertreter im Geltendmachungsprozess als Partei zu vernehmen.

Hieran knüpft sich die Folgefrage, ob die Hauptversammlung den Sondervertreter ausschließlich zu dem Zweck bestellen kann, die Zeugnisfähigkeit der Vorstands- oder Aufsichtsratsmitglieder herzustellen. Dies hat zum Beispiel dann praktische Bedeutung, wenn sich ein ersatzpflichtiges Vorstandsmitglied lediglich gegenüber Aufsichtsratsmitgliedern in belastender Weise geäußert hat.

Ob die gezielte Verschaffung einer Zeugenstellung dem Einwand des Rechtsmissbrauchs unterliegt, ist nicht vollständig geklärt.[825] Während zum Beispiel die überwiegenden Stimmen in der Lehre die zeitweise Abberufung eines GmbH-Geschäftsführers zur Erlangung der Zeugenstellung als rechtsmissbräuchlich ansehen,[826] ist die Abtretung einer Forderung zum ausschließlichen Zweck der Herstellung der Zeugnisfähigkeit des Zedenten nach der Rechtsprechung des BGH zulässig[827]. Im Unterschied zu diesen Fällen handelt es sich bei der Bestellung eines Sondervertreters freilich von vorn herein nicht um ein Geschäft, dessen primäre Rechtsfolgen lediglich zum Zweck der Herstellung der Zeugnisfähigkeit in Kauf genommen werden. Vielmehr dient die Sondervertretung einer effektiven Anspruchsverfolgung. Daher ist die Bestellung des Sondervertreters zur Verbesserung der Beweissituation mit dem Zweck dieses Instituts vereinbar und in der Folge nicht rechtsmissbräuchlich.

---

822 Vgl. hierzu *Rosenberg/Schwab/Gottwald*, Zivilprozessrecht, § 40 Rn. 1 ff. (S. 198).

823 *Berger*, in: Stein/Jonas, ZPO, vor § 373 Rn. 6.; vgl. die Zeugnisfähigkeit einer Mutter im Falle der gesetzlichen Vertretung des Kindes durch einen Pfleger, OLG Karlsruhe, FamRZ 1993, 104, 104.

824 *Barfuß*, NJW 1977, 1273, 1273 (Fn. 11); *Damrau*, in: MünchKomm ZPO, § 373 Rn. 10; *Habersack*, in: Großkomm AktG, § 78 Rn. 17; *Spindler*, in: MünchKomm AktG, § 78 Rn. 15.

825 Vgl. zu den verschiedenen Taktiken: *Launen*, in: Baumgärtel/Laumen/Prüting, Handbuch der Beweislast, Grundlagen, § 18 Rn. 2.

826 *Altmeppen*, in: Roth/Altmeppen, GmbHG, § 35 Rn. 24; *Schmitz*, GmbHR 2000, 1140, 1143 f.; *Schneider*, in: Scholz, GmbHG, § 35 Rn. 144; a.A. *Happ*, Die GmbH im Prozeß, § 8 Rn. 3.

827 BGH, WM 1976, 422, 424; *Greger*, in: Zöller, ZPO, § 373 Rn. 4; a.A. *Damrau*, in: MünchKomm ZPO, § 373 Rn. 14.

E. Kritische Würdigung ausgewählter Ergebnisse

Die Ergebnisse dieser Arbeit führen in ihrer Gesamtschau zu einem gegenüber der Rechtsprechung und herrschenden Lehre wesentlich engeren Verständnis des § 147 AktG. Dies beruht im Besonderen auf den nachfolgenden Erkenntnissen und ihren praktischen Konsequenzen:

Die konzernrechtlichen Ersatzansprüche nach den §§ 309 f., 317 f. AktG sind kein tauglicher Gegenstand des Geltendmachungsbeschlusses, weil das dritte Buch des Aktiengesetzes die Verfolgung dieser Ansprüche abschließend regelt.[828] Ferner kann sich die Hauptversammlung im Geltendmachungsbeschluss nicht darauf beschränken, lediglich einen Schaden stiftenden Vorgang sowie einen Kreis potentieller Schuldner zu benennen und dem Ausführungsorgan die Prüfung und Auswahl der Ersatzansprüche zu überlassen. Vielmehr hat die Hauptversammlung den zu verfolgenden Ersatzanspruch eindeutig im Geltendmachungsbeschluss zu identifizieren.[829]

Bei dem Sondervertreter handelt es sich nicht um einen weisungsunabhängigen Ersatzvorstand oder -aufsichtsrat mit entsprechenden Rechten und Befugnissen, sondern um ein der Hauptversammlung untergeordnetes Ausführungsorgan.[830] Dies folgt insbesondere aus der Konzeption der §§ 142–147 AktG: die Hauptversammlung kann sich durch eine Sonderprüfung nach § 142 AktG über einen bestimmten Vorgang informieren, auf dieser Informationsgrundlage die Anspruchsverfolgung anstelle des Vorstands beziehungsweise Aufsichtsrats nach § 147 I AktG beschließen und auf der letzten Stufe die Ausführungskompetenz dem besonderen Vertreter als ein ihr unterstelltes Organ übertragen, § 147 II AktG. Ferner verfügt der Sondervertreter weder über Informationsansprüche[831] noch über eigene Teilnahme- und Rederechte auf der Hauptversammlung[832].

Die praktischen Folgen der hiesigen Ansicht liegen insbesondere darin, dass eine Aktionärsminderheit auf einer Hauptversammlung nicht die Geltendmachung von konzernrechtlichen Ersatzansprüchen gegen einen Mehrheitsaktionär – wie im HVB-Fall – beschließen kann. Ferner ist es der

---

828 Siehe vorstehend C. I. 2.

829 Siehe vorstehend C. II.

830 Siehe vorstehend D. I.

831 Siehe vorstehend D. VI. 3.

832 Siehe vorstehend D. VI. 2.

Hauptversammlung nicht möglich, einen besonderen Vertreter mit der Prüfung eines Vorgangs und anschließenden Auswahl eines Ersatzanspruchs zu beauftragen. Vielmehr obliegt es der Hauptversammlung, zunächst durch die Bestellung eines Sonderprüfers eine angemessene Informationsgrundlage für die Entscheidung über die Geltendmachung des Ersatzanspruchs und für die anschließende Anspruchsverfolgung zu schaffen. Die Rolle eines besonderen Vertreters beschränkt sich auf die Verfolgung dieses Ersatzanspruchs.

Gegen dieses Verständnis mag man rechtspolitisch einwenden wollen, dass eine solche Auslegung des § 147 AktG die Problematik der Haftungsdurchsetzung in der Aktiengesellschaft noch verschärfe, weil insbesondere für Minderheitsaktionäre die Geltendmachung von Ersatzansprüchen nach § 147 AktG erschwert würde. Dieser Einwand kann aber nicht überzeugen, weil eine weite Auslegung des § 147 AktG keine konsistenten Lösungen für eine verbesserte Haftungsdurchsetzung schafft. Zum Beispiel könnte die Anerkennung von ungeschriebenen Informationsansprüchen des besonderen Vertreters das Problem der vermeintlich unzureichenden Informationsbeschaffung durch eine Sonderprüfung nach § 142 AktG nicht vollständig lösen. Denn eine nach § 148 AktG klagende Aktionärsminderheit kann solche ungeschriebenen Informationsansprüche nicht für sich in Anspruch nehmen, sondern ist auf die Sonderprüfung angewiesen. Soweit erforderlich, sollte daher eine Stärkung der Informationsrechte für die Geltendmachung von Ersatzansprüchen *de lege ferenda* einheitlich für den besonderen Vertreter und die Aktionärsklage erfolgen.

Ferner ist es einer Aktionärsminderheit unter Zugrundelegung der herrschenden Meinung nur in ausgewählten Konstellationen möglich, die Verfolgung von Ansprüchen über § 147 AktG zu veranlassen. Beispielsweise wären solche Fälle nicht erfasst, in denen lediglich die Geschäftsleiter der Gesellschaft und nicht der Mehrheitsaktionär pflichtwidrig gehandelt haben. Denn der Mehrheitsaktionär, der in dieser Situation grundsätzlich keinem Stimmrechtsausschluss unterliegt, wird die Fassung eines Geltendmachungsbeschlusses regelmäßig ablehnen. Mithin kann die Auslegung der herrschenden Meinung nicht etwaige Schutzlücken zu Lasten der Minderheit vollständig schließen, sondern sie begründet nur punktuell faktische Minderheitsrechte, die der gesetzgeberischen Wertung nach zu weitreichend sind[833].

Daher handelt es sich bei § 147 AktG nach richtigem Verständnis um ein Instrument der Anspruchsverfolgung ausschließlich im Verhältnis zwischen Aktionären und Geschäftsleitern,[834] das seiner Konzeption nach – wie vor-

---

833 Siehe insbesondere vorstehend C. I. 2.

834 Unter Vernachlässigung der Ersatzansprüche aus Gründungsmängeln und aus § 117 AktG.

stehend erläutert[835] – lediglich einen geringen Beitrag zur Verbesserung der Haftungsdurchsetzung zu leisten vermag. Der neuralgische Punkt der Haftungsdurchsetzung im Aktienrecht liegt demgegenüber jenseits des § 147 AktG im Spannungsverhältnis zwischen Minderheit und Mehrheit. In diesem Verhältnis sind das Minderheitsrecht zur Sonderprüfung und die Aktionärsklage potentiell geeignet, die Haftungsdurchsetzung zu verbessern, soweit sie nicht zu hohe Hürden gegen Missbrauch aufstellen und ausreichend positive Anreize für eine Anspruchsverfolgung schaffen.

[835] Siehe vorstehend B. IV.

Literaturverzeichnis

Achsnich, Daniel: Die Haftung faktischer Organe in der Aktiengesellschaft, Hamburg 2010.

Adler, Hans/*Düring*, Walther/*Schmaltz*, Kurt: Rechnungslegung und Prüfung der Unternehmen, Kommentar zum HGB, AktG, GmbHG, PublG nach den Vorschriften des Bilanzrichtlinien-Gesetzes, Teilband 4, 6. Aufl., Stuttgart 1997.

Altmeppen, Holger: Gibt es Stimmverbote in der Einmann-Gesellschaft?, in: NZG 2009, S. 3757 ff.

Altmeppen, Holger/*Roth*, Günter H.: GmbHG, Kommentar, 6. Aufl., München 2009.

Arnold, Arnd: Aktionärsrechte und Hauptversammlung nach dem ARUG, in: Der Konzern 2009, S. 88 ff.

Assmann, Heinz-Dieter/*Schneider*, Uwe H.: Wertpapierhandelsgesetz, Kommentar, 6. Aufl., Köln 2012.

Austmann, Andreas: Rechtsfragen der Nebenintervention im aktienrechtlichen Anfechtungsprozeß, in: ZHR 158 (1994), S. 495 ff.

Bachmann, Gregor: Die Einmann-AG, in: NZG 2001, S. 961 ff.

Bachner, Thomas/*Kropff*, Bruno (Hrsg.): Münchener Kommentar zum Aktiengesetz, Band 4, §§ 118–147, 2. Aufl., München 2004.

Backhaus, Richard: Die Beteiligung Dritter bei aktienrechtlichen Rechtsbehelfen, Nebenintervention und Sonderformen der Drittbeteiligung bei Beschlussmängelstreitigkeiten, Freigabe- und Spruchverfahren sowie Haftungsprozessen, Baden-Baden 2009.

Ball, Jochen/*Haager*, Bernd Christian: Aktienrechtliche Sonderprüfungen, Rechtliche Grundlagen, Prüfungspraxis, Haftungsfragen, Berlin 2007.

Bamberger, Heinz Georg/*Roth*, Herbert (Hrsg.): Kommentar zum Bürgerlichen Gesetzbuch, Band 1, §§ 1–610, CISG, 3. Aufl., München 2012; Band 2, §§ 611–1296, AGG, ErbbauVO, WEG, 3. Aufl., München 2012.

Barfuß, Werner: Die Stellung des besonderen Vertreters gem. § 30 BGB in der zivilprozessualen Beweisaufnahme, in: NJW 1977, S. 1273 ff.

Bauer, Ulrich: Organklagen zwischen Vorstand und Aufsichtsrat der Aktiengesellschaft, Köln/Berlin/Bonn/München 1986.

Baumbach, Adolf/*Hueck*, Alfred: GmbH-Gesetz, Gesetz betreffend die Gesellschaften mit beschränkter Haftung, 19. Aufl., München 2010.

Baumbach, Adolf/*Hueck*, Götz: Aktiengesetz, 13. Aufl., München 1970.

Baumgärtel, Gottfried/*Laumen*, Hans-Willi/*Prütting*, Hanns: Handbuch der Beweislast, Grundlagen, 2. Aufl., Köln/München 2009.

Baums, Theodor: Empfiehlt sich eine Neuregelung des aktienrechtlichen Anfechtungs- und Organhaftungsrechts, insbesondere der Klagemöglichkeiten von Aktionären? Gutachten F für den 63. Deutschen Juristentag, München 2000.

Baums, Theodor/*Fraune*, Christian: Institutionelle Anleger und Publikumsgesellschaft: Eine empirische Untersuchung, in: AG 1995, S. 97 ff.

Bayer, Walter/*Habersack*, Mathias (Hrsg.): Aktienrecht im Wandel, Band II, Grundsatzfragen des Aktienrechts, Tübingen 2007.

Bayer, Walter/*Lieder*, Jan: Die Lehre vom fehlerhaften Bestellungsverhältnis, Ein Beitrag zur Institutionenbildung im Gesellschaftsrecht aus Anlass des HVB/UniCredit-Beschlusses des II. Zivilsenats des BGH vom 27.9.2011, in: NZG 2012, S. 1 ff.

Bernau, Falk: Konzernrechtliche Ersatzansprüche als Gegenstand des Klageerzwingungsrechts nach § 147 Abs. 1 Satz 1 AktG, in: AG 2011, S. 894 ff.

Beuthien, Volker: Genossenschaftsgesetz, 14. Aufl., München 2004.

– Genossenschaftsgesetz, 15. Aufl., München 2011.

– Gibt es eine organschaftliche Stellvertretung? in: NJW 1999, S. 1142 ff.

– Zur Theorie der Stellvertretung im Gesellschaftsrecht, in: Festschrift für Wolfgang Zöllner zum 70. Geburtstag, Band 1, Köln 1998, S. 87 ff.

Böbel, Thomas: Die Rechtsstellung der besonderen Vertreter gem. § 147 AktG, Frankfurt am Main [u. a.] 1999.

Bork, Reinhard: Allgemeiner Teil des Bürgerlichen Gesetzbuchs, 3. Aufl., Tübingen 2011.

Böttcher, Lars: Direktanspruch gegen den D&O-Versicherer – Neue Spielregeln im Managerhaftungsprozess? 2008.

Brodmann, Erich: Aktienrecht, Kommentar, Berlin/Leibzig 1928.

Bürgers, Tobias/*Körber*, Torsten: Heidelberger Kommentar zum Aktiengesetz, 2. Aufl., Heidelberg 2011.

Butzke, Volker: Die Hauptversammlung der Aktiengesellschaft, 5. Aufl., Stuttgart 2011.

Cahn, Andreas: Vergleichsverbote im Gesellschaftsrecht, Köln [u. a.] 1996.

Canaris, Claus-Wilhelm: Handelsrecht, 24. Aufl., München 2006.

Canaris, Claus-Wilhelm/*Habersack*, Mathias/*Schäfer*, Carsten (Hrsg.): Staub, Handelsgesetzbuch, Großkommentar, Erster Band, Einleitung, §§ 1–47b, 5. Aufl., Berlin 2009.

Centrale für GmbH Dr. Otto Schmidt: GmbH-Handbuch, Köln.

Deutscher Juristentag: Verhandlungen des 63. Deutschen Juristentages Leipzig 2000, Band 1, Gutachten, München 2000.

– Verhandlungen des 63. Deutschen Juristentages Leipzig 2000, Band 2/1, München 2001.

Deutsches Anwaltsinstitut e.V.: Jahrbuch der Fachanwälte für Steuerrecht, Herne, Berlin 2009.

Dreher, Meinrad: Das Ermessen des Aufsichtsrats, in: ZHR 158 (1994), S. 614 ff.

Dreher, Meinrad/*Thomas*, Stefan: Die D&O Versicherung nach der VVG-Novelle 2008, in: ZGR 2009, S. 31 ff.

Emde, Raimond: Die Bestimmtheit von Gesellschafterbeschlüssen, in: ZIP 2000, S. 59 ff.

Emmerich, Volke/*Habersack*, Mathias: Aktien- und GmbH-Konzernrecht, Kommentar, 6. Aufl., München 2010.

Fabritius, Andreas: Der besondere Vertreter gemäß § 147 Abs. 2 AktG, in: Gedächtnisschrift für Michael Gruson, Berlin 2009, S. 133 ff.

Falkenhausen, Joachim Freiherr von: Die Haftung außerhalb der Business Judgment Rule, in: NZG 2012, S. 644 ff.

Fischer, Frank: Entlastung von Vorständen bei Personenidentität in Konzerngesellschaften – Auswirkungen des Urteils des LG Köln vom 17.12.1997, in: NZG 1999, S. 192 ff.

Fleischer, Holger: Das Gesetz zur Unternehmensintegrität und Modernisierung des Aktienrechts, in: NJW 2005, S. 3525 ff.

– Der Einfluß der Societas Europaea auf die Dogmatik des deutschen Gesellschaftsrechts, in: AcP 204 (2004), S. 502 ff.

– Die „Business Judgment Rule“: Vom Richterrecht zur Kodifizierung, in: ZIP 2004, S. 685 ff.

– Haftungsfreistellung, Prozesskostenersatz und Versicherung für Vorstandsmitglieder, in: WM 2005, S. 909 ff.

– Handbuch des Vorstandsrechts, 1. Aufl., München 2006.

– Juristische Personen als Organmitglieder im Europäischen Gesellschaftsrecht, in: RIW 2004, S. 16 ff.

– Vorstandspflichten bei rechtswidrigen Hauptversammlungsbeschlüssen, in: BB 2005, S. 2025 ff.

– Zur aktienrechtlichen Verantwortlichkeit faktischer Organe, in: AG 2004, S. 517 ff.

– Zur sogenannten Annexkompetenz im GmbH- und Aktienrecht, in: GmbHR 2010, S. 449 ff.

Fuchs, Andreas/*Royznski*, Tobias: Anmerkung zu OLG München, Urteil vom 27. August 2008 – 7 U 6570/07 –, in: WUB II A. § 147 AktG 2.09.

Gehrlein, Markus: Zur streitgenössischen Nebenintervention eines Gesellschafters bei der aktienrechtlichen Anfechtungs- und Nichtigkeitsklage, in: AG 1994, S. 103 ff.

Gleichenstein, Maximilian Freiherr von: Die Sonderprüfung im Aktienrecht, in: BB 1956, S. 761 ff.

Godin, Reinhard von/*Hilhelmi*, Hans: Gesetz über Aktiengesellschaften und Kommanditgesellschaften auf Aktien, Berlin 1950.

Goette, Wulf: Die GmbH, Darstellung anhand der Rechtsprechung des BGH, 2. Aufl., München 2002.

– Die Haftung des GmbH-Geschäftsführers in der Rechtsprechung des BGH, in: DStR 1998, S. 1308 ff.

Goette, Wulf/*Habersack*, Mathias (Hrsg.): Münchener Kommentar zum Aktiengesetz, Band 2, §§ 76–117, MitbestG, DrittelbG, 3. Aufl., München 2008.

Goette, Wulf/*Habersack*, Mathias/*Kalss*, Susanne (Hrsg.): Münchener Kommentar zum Aktiengesetz, Band 1, §§ 1–75, 3. Aufl., München 2008; Band 5, §§ 278–328, SpruchG, 3. Aufl., München 2008.

Göppert, Jan: Die Reichweite der Business Judgment Rule bei unternehmerischen Entscheidungen des Aufsichtsrats der Aktiengesellschaft, Berlin 2010.

Goslar, Sebastian/*Linden*, Klaus von der: Anmerkung zu OLG München, Urteil vom 3. März 2010 – 7 U 4744/09 –, in: EWiR 2010, S. 305 ff.

Götz, Heinrich: Die Pflicht des Aufsichtsrats zur Haftbarmachung von Vorstandsmitgliedern – Besprechung des ARAG–Urteils des BGH, in: NJW 1997, S. 3275 ff.

Habersack, Mathias: Zweck und Gegenstand der Sonderprüfung nach § 142 AktG, in: Festschrift für Herbert Wiedemann zum 70. Geburtstag, München 2002, S. 889 ff.

Hachenburg, Max: Anmerkung zu BayObLG, Beschluss vom 6. Mai 1931 – Reg. III Nr. 51/31 –, in: JW 1931, S. 2998 ff.

Haertlein, Lutz: Vorstandshaftung wegen (Nicht-)Ausführung eines Gewinnverwendungsbeschlusses mit Dividendenausschüttung, in: ZHR (168) 2004, S. 437 ff.

Handelsrechtsausschuss des DAV: Stellungnahme zu dem Regierungsentwurf eines Gesetzes zur Unternehmensintegrität und Modernisierung des Anfechtungsrechts (UMAG), in: NZG 2005, S. 388 ff.

– Stellungnahme zum Referentenentwurf eines Gesetzes zur Unternehmensintegrität und Modernisierung des Anfechtungsrechts (UMAG), in: NZG 2004, S. 555 ff.

Happ, Wilhelm: Die GmbH im Prozeß, Köln 1997.

– Vom besonderen Vertreter zur actio pro socio – Das Klagezulassungsverfahren des § 148 AktG auf dem Prüfstand, in: Festschrift für Harm Peter Westermann zum 70. Geburtstag, Köln 2008, S. 971 ff.

Heermann, Peter W.: Wie weit reicht die Pflicht des Aufsichtsrats zur Geltendmachung von Schadensersatzansprüchen gegen Mitglieder des Vorstands?, in: AG 1998, S. 201 ff.

Hefermehl, Wolfgang: Zur Haftung der Vorstandsmitglieder bei der Ausführung von Hauptversammlungsbeschlüssen, in: Festschrift für Wolfgang Schilling zum 65. Geburtstag, Berlin/New York 1973, S. 159 ff.

Heidel, Thomas: Aktienrecht, 1. Aufl., Bonn 2003.

– Aktienrecht und Kapitalmarktrecht, 2. Aufl., Baden-Baden 2007.

– Aktienrecht und Kapitalmarktrecht, 3. Aufl., Baden-Baden 2011.

Henze, Hartwig: Die Treupflicht um Aktienrecht, in: BB 1996, S. 489 ff.

Henze, Marc/*Rosch*, Christina: Der fehlerhafte Vorstandsvertrag, in: ArbRAktuell 2010, S. 310 ff.

Hergenhahn, Theodor: Der Vorstand der Aktiengesellschaft, Leipzig 1893.

Hirte, Heribert/*Mock*, Sebastian: Abberufung des besonderen Vertreters durch den Alleinaktionär, in: BB 2010, S. 775 ff.

Hoffmann-Becking, Michael: Defizite des aktienrechtlichen Anfechtungs- und Organhaftungsrechts und Möglichkeiten zur Verbesserung, in: WPg-Sonderheft 2001, S. 121 ff.

– (Hrsg.): Münchener Handbuch des Gesellschaftsrechts, Band 4, Aktiengesellschaft, 3. Aufl., München 2007.

Hommelhoff, Peter: Der aktienrechtliche Organstreit, in: ZHR 143 (1979), S. 288 ff.

Hommelhoff, Peter/*Hopt*, Klaus J./*Werder*, Axel von (Hrsg.): Handbuch Corporate Governance, Leitung und Überwachung börsennotierter Unternehmen in der Rechts- und Wirtschaftspraxis, 2. Aufl., Stuttgart [u. a.] 2009.

Hoor, Gerd: Die Präzisierung der Sorgfaltsanforderungen nach § 93 Abs. 1 AktG durch den Entwurf des UMAG, in: DStR 2004, S. 2104 ff.

Hopt, Klaus J./*Wiedemann*, Herbert (Hrsg.): Großkommentar zum Aktiengesetz, 4. Aufl., Berlin, 1. Lieferung, Einleitung A–D, 1992; 2. Lieferung, §§ 1–14, 1992; 5. Lieferung, §§ 179–191, 1995; 6. Lieferung, §§ 241–255, 1995; 7. Lieferung, §§ 23–40, 2004; 11. Lieferung, §§ 92–94, 1999; 13. Lieferung, §§ 138–147, 1999; 14. Lieferung, §§ 118–120, 1999; 16. Lieferung, §§ 131, 132, 2001; 19. Lieferung, §§ 76–83, 2003; 20. Lieferung, §§ 41–53, 2003; 22. Lieferung, § 53a, 2004; 23. Lieferung, §§ 300–310, 2005; 24. Lieferung, §§ 95–117, 2006; 26. Lieferung, §§ 84–91; Nachtrag zu § 93, 2006; 30. Lieferung, §§ 133–137, 2008.

Hueck, Alfred: Die Vertretung von Kapitalgesellschaften im Prozeß, in: Festschrift für Eduard Bötticher zum 70. Geburtstag am 29. Dezember 1969, Berlin 1969, S. 197 ff.

Hüffer, Uwe: Aktiengesetz, 10. Aufl., München 2012.

– Verwaltungskontrolle und Rechtsverfolgung durch Sonderprüfer und besonderen Vertreter (§§ 142, 147 Abs. 2 AktG), in: ZHR 174 (2010), S. 642 ff.

Ihlas, Horst: D & O, Directors & Officers Liability, 2. Aufl., Berlin 2009.

Ihrig, Hans-Christoph: Organschaftliche Haftung und Haftungsdurchsetzung unter Berücksichtigung der monoistisch verfassten SE, in: Steuerungsfunktionen des Haftungsrechts im Gesellschafts- und Kapitalmarktrecht, Baden-Baden 2007, S. 239 ff.

Immenga, Ulrich: Die personalistische Kapitalgesellschaft, 1970.

– Die Problematik der Anfechtungsklage im GmbH-Recht, in: GmbHR 1973, S. 5 ff.

Jänig, Ronny: Die aktienrechtliche Sonderprüfung, eine rechtsvergleichende Untersuchung zur ausserordentlichen Kontrolle der Verwaltung im deutschen, schweizerischen, französischen, englischen und niederländischen Aktienrecht, Baden-Baden 2005.

Jarass, Hans D./*Pieroth*, Bodo: Grundgesetz für die Bundesrepublik Deutschland, Kommentar, 9. Aufl., München 2007.

Karrer, Götz G.: Der besondere Vertreter im Recht der Personengesellschaften, in: NZG 2008, S. 206 ff.

Kiethe, Kurt: Maßnahmenkatalog der Bundesregierung zur Aktienrechtsreform 2003 – „Verbesserung" des Klagerechts der Aktionäre?, in: ZIP 2003, S. 707 ff.

Kindler, Peter: Unternehmerisches Ermessen und Pflichtenbindung, in: ZHR 162 (1998), S. 101 ff.

Kirschner, Lars: Die Sonderprüfung der Geschäftsführung in der Praxis, Konkrete Regeln für die Anwendung der §§ 142–146 AktG, Düsseldorf 2008.

Klausing, Friedrich: Gesetz über Aktiengesellschaften und Kommanditgesellschaften auf Aktien (Aktien-Gesetz) nebst Einführungsgesetz und „Amtlicher Begründung", Berlin 1937.

Kling, Michael: Der besondere Vertreter im Aktienrecht, in: ZGR 2009, S. 190 ff.

– Die Innenhaftung des Aufsichtsratsmitglieds in der Aktiengesellschaft, in: DZWIR 2005, S. 45 ff.

Koch, Jens: Keine Ermessensspielräume bei der Entscheidung über die Inanspruchnahme von Vorstandsmitgliedern, in: AG 2009, S. 93 ff.

Koppensteiner, Hans Georg: Identifizierungsprobleme im Recht der GmbH, in: Wirtschaftsrecht in Theorie und Praxis, Gedenkschrift für Fritz Schönherr, Wien 1986, S. 205 ff.

Kowalski, André: Die Gesellschafterklage und § 46 Nr. 8 GmbHG – kein unlösbares Problem, in: ZIP 1995, S. 1315 ff.

Krieger, Gerd: Aktionärsklage zur Kontrolle des Vorstands- und Aufsichtsratshandelns, in: ZHR 163 (1999) 1999, S. 343 ff.

– Geltendmachung von Schadensersatzansprüchen gegen GmbH-Geschäftsführer, in: Gesellschaftsrecht in der Diskussion, Jahrestagung 1998, Band 1, Köln 1999, S. 111 ff.

– Zur (Innen-)Haftung von Vorstand und Geschäftsführung, in: RWS-Forum, Gesellschaftsrecht 1995, Köln 1996, S. 149 ff.

Krieger, Gerd/*Schneider*, Uwe H.: Handbuch Managerhaftung, 2. Aufl., Köln 2010.

Kropff, Bruno: Aktiengesetz, Textausgabe des Aktiengesetzes vom 6.9.1965 mit Begründung des Regierungsentwurfs und Bericht des Rechtsausschusses des Deutschen Bundestages, Düsseldorf 1965.

– Der konzernrechtliche Ersatzanspruch – ein zahnloser Tiger? in: Festschrift für Gerold Bezzenberger zum 70. Geburtstag am 13. März 2000, Berlin [u. a.] 2000, S. 233 ff.

Kropff, Bruno/*Semler*, Johannes (Hrsg.): Münchener Kommentar zum Aktiengesetz, Band 6, §§ 179–221, 2. Aufl., München 2005; Band 7, §§ 222–277, 2. Aufl., München 2001.

Kunze, Dirk: Positive Stimmpflichten im Kapitalgesellschaftsrecht, Frankfurt am Main 2004.

Küting, Karlheinz/*Weber*, Claus-Peter: Handbuch der Rechnungslegung – Einzelabschluss, Loseblattsammlung, Band 1, §§ 142–146, 5. Aufl., Stuttgart, Stand: März 2003.

Lang, Johann/*Weidmüller*, Ludwig: Genossenschaftsgesetz, (Gesetz betreffend die Erwerbs- und Wirtschaftsgenossenschaften); mit Erläuterungen zum Umwandlungsgesetz; Kommentar, 36. Aufl., Berlin 2008.

Lange, Oliver: Die Selbstbehaltsvereinbarung gem. § 93 Abs. 2 S. 3 AktG n.F., in: VersR 2009, S. 1011 ff.

Langenbucher, Katja: Vorstandshandeln und Kontrolle, in: DStR 2005, S. 2083 ff.

Larenz, Karl: Lehrbuch des Schuldrechts, Erster Band, Allgemeiner Teil, 14. Aufl., München 1987.

– Lehrbuch des Schuldrechts, Zweiter Band, Besonderer Teil, 1. Halbband, 13. Aufl., München 1986.

Lewerenz, Karl-Jochen: Leistungsklagen zwischen Organen und Organmitgliedern der Aktiengesellschaft, Berlin 1977.

Lieder, Jan: Der Aufsichtsrat im Wandel der Zeit, Leitlinien der geschichtlichen Entwicklung sowie der Fortentwicklung des deutschen Aufsichtsratssystems, Jena 2006.

– Anmerkung zu OLG München, Beschluss vom 21. Oktober 2010 – 7 W 2040/10 –, in: GWR 2010, S. 552 ff.

Linnerz, Markus: Vom Anfechtungs- zum Haftungstourismus? – Stellungnahme zur geplanten Neuregelung aktienrechtlicher Haftungsklagen, in: NZG 2004, S. 307 ff.

Lutter, Marcus: Anmerkung zu LG München, Urteil vom 27. August 2009 – 5 HK O 21656/08 –, in: ZIP 2010, S. 2203 ff.

– Die Business Judgment Rule und ihre praktische Anwendung, in: ZIP 2007, S. 841 ff.

– Theorie der Mitgliedschaft, in: AcP 180 (1980), S. 84 ff.

– Zur inhaltlichen Begründung von Mehrheitsentscheidungen – Besprechung der Entscheidung BGH WM 1980, 378 –, in: ZGR 1981, S. 171 ff.

Lutter, Marcus/*Hommelhoff*, Peter: GmbH-Gesetz, Kommentar, 17. Aufl., Köln 2009.

Lutter, Marcus/*Krieger*, Gerd: Rechte und Pflichten des Aufsichtsrats, 5. Aufl., Köln 2008.

Lutter, Marcus/*Leinekugel*, Rolf: Die Ermächtigung der Hauptversammlung zu grundlegenden Strukturmaßnahmen – zulässige Kompetenzübertragung oder unzulässige Selbstentmachtung?, in: ZIP 1998, S. 805 ff.

Marsch-Barner, Reinhard: Treupflichten zwischen Aktionären und Verhaltenspflichten bei der Stimmrechtsbündelung, in: ZHR 157 (1993), S. 172 ff.

Martens, Klaus-Peter: Die GmbH und der Minderheitenschutz, in: GmbHR 1984, S. 265 ff.

Maurer, Hartmut: Allgemeines Verwaltungsrecht, 18. Aufl., München 2011.

Meilicke, Wienand/*Heidel*, Thomas: UMAG: „Modernisierung" des Aktienrechts durch Beschränkung des Eigentumsschutzes der Aktionäre, in: DB 2004, S. 1479 ff.

Mertens, Hans-Joachim: Schadensersatzhaftung des Aufsichtsrats bei Nichtbeachtung der Regeln des ARAG-Urteils über die Inanspruchnahme von Vorstandsmitgliedern? in: Festschrift für Karsten Schmidt zum 70. Geburtstag, Köln 2009, S. 1183 ff.

Michalski, Lutz (Hrsg.): Kommentar zum Gesetz betreffend die Gesellschaften mit beschränkter Haftung (GmbH-Gesetz), Band II, §§ 35–86 GmbHG, §§ 1–4 EGGmbHG, 2. Aufl., München 2010.

Mimberg, Jörg/*Gätsch*, Andreas: Die Hauptversammlung der Aktiengesellschaft nach dem ARUG, München 2010.

Mock, Sebastian: Berichts-, Auskunfts- und Publizitätspflichten des besonderen Vertreters, in: AG 2008, S. 839 ff.

– Die Entdeckung des besonderen Vertreters, in: DB 2008, S. 393 ff.

Mülbert, Peter O.: Aktiengesellschaft, Unternehmensgruppe und Kapitalmarkt, 2. Aufl., München 1996.

– Shareholder Value aus rechtlicher Sicht, in: ZGR 1997, S. 129 ff.

Müller, Hans-Friedrich: Die Durchsetzung konzernrechtlicher Ersatzansprüche nach dem UMAG, in: Der Konzern 2006, S. 725 ff.

Müller, Klaus: Kommentar zum Gesetz betreffend die Erwerbs- und Wirtschaftsgenossenschaften, Band 2, §§ 33–42, 2. Aufl., Bielefeld 1996.

Musielak, Hans-Joachim (Hrsg.): Kommentar zur Zivilprozessordnung, mit Gerichtsverfassungsgesetz, 8. Aufl., München 2011.

Natzel, Benno: Die Vergütung der Aufsichtsratsmitglieder (Teil II), in: DB 1965, S. 1429 ff.

Nietsch, Michael: Klageinitiative und besondere Vertretung in der Aktiengesellschaft, in: ZGR 2011, S. 589 ff.

Oetker, Hartmut: Kommentar zum Handelsgesetzbuch (HGB), München 2009.

Oltmanns, Martin: Geschäftsleiterhaftung und unternehmerisches Ermessen, die Business Judgment Rule im deutschen und im amerikanischen Recht, Frankfurt am Main [u. a.] 2001.

Paefgen, Walter G.: Die Inanspruchnahme pflichtvergessener Vorstandsmitglieder als unternehmerische Ermessensentscheidung des Aufsichtsrats, in: AG 2008, S. 761 ff.

– Dogmatische Grundlage, Anwendungsbereich und Formulierung einer Business Judgment Rule im künftigen UMAG, in: AG 2004, S. 245 ff.

– Unternehmerische Entscheidungen und Rechtsbindung der Organe in der AG, Köln 2002.

Palandt, Otto (Begr.): Bürgerliches Gesetzbuch, mit Nebengesetzen, 71. Aufl., München 2012.

Paschos, Nikolaos/*Neumann*, Kay-Uwe: Die Neuregelungen des UMAG im Bereich der Durchsetzung von Haftungsansprüchen der Aktiengesellschaft gegen Organmitglieder, in: DB 2005, S. 1779 ff.

Patzina, Reinhard/*Bank*, Stefan/*Schimmer*, Dieter/*Simon-Widmann*, Michaele: Haftung von Unternehmensorganen, Vorstände, Aufsichtsräte, Geschäftsführer, München 2010.

Peltzer, Martin: Die Haftung des Aufsichtsrats bei Verletzung der Überwachungspflicht, in: WM 1981, S. 346 ff.

– Konstruktions- und Handhabungsschwierigkeiten bei der D&O Versicherung, in: NZG 2009, S. 970 ff.

– Verschärfung der Haftung von Vorstand und Aufsichtsrat und dadurch entstehende Zielkonflikte, in: Festschrift für Walther Hadding zum 70. Geburtstag am 8. Mai 2004, Berlin 2004, S. 593 ff.

Peters, Marc/*Hecker*, Andreas: Last Man Standing – Zur Anfechtungsklage des besonderen Vertreters gegen den Hauptversammlungsbeschluss über seine Abberufung, in: NZG 2009, S. 1294 ff.

Pöhlmann, Peter/*Fandrich*, Andreas/*Bloehs*, Joachim: Genossenschaftsgesetz, Gesetz betreffend die Erwerbs- und Wirtschaftsgenossenschaften nebst umwandlungsrechtlichen Vorschriften für Genossenschaften, 4. Aufl., München 2011.

Puchelt, Ernst Sigismund: Commentar zum allgemeinen deutschen Handelsgesetzbuch: Mit besonderer Berücksichtigung der Praxis des Reichs-Oberhandelsgerichts, Leibzig 1874.

Raiser, Thomas/*Veil*, Rüdiger: Recht der Kapitalgesellschaften, Ein Handbuch für Praxis und Wissenschaft; Aktiengesellschaft, Kommanditgesellschaft auf Aktien, Gesellschaft mit beschränkter Haftung, Übernahmerecht, Umwandlungsrecht, Konzernrecht, internationales Gesellschaftsrecht, Europäisches Gesellschaftsrecht, 5. Aufl., München 2010.

Rauscher, Thomas/*Wax*, Peter/*Wenzel*, Joachim (Hrsg.): Münchener Kommentar zur Zivilprozessordnung, mit Gerichtsverfassungsgesetz und Nebengesetzen, Band 1, §§ 1–510c, 3. Aufl., München 2008.

Renaud, Achilles: Das Recht der Actiengesellschaften, 2. Aufl., Leibzig 1875.

Reuter, Dieter: Bestellung und Anstellung von Organmitgliedern im Körperschaftsrecht, in: Festschrift für Wolfgang Zöllner zum 70. Geburtstag, Köln 1998, S. 487 ff.

Riedel, Fritz/*Sußbauer*, Heinrich: Rechtsanwaltsvergütungsgesetz, Kommentar, 9. Aufl., München 2005.

Rintelen, Claus von: Die Fälligkeit und Durchsetzbarkeit des abgetretenen Freistellungsanspruchs in der Haftpflichtversicherung, in: r + s 2010, S. 133 ff.

Ritter, Carl/*Ritter*, Justus: Aktiengesetz, mit Einführungsgesetz, Durchführungsverordnungen und Einführungsverordnungen für Österreich und die sudetendeutschen Gebiete, 2. Aufl., 1939.

Robitzsch, Christoph: Die Nebenintervention in aktienrechtlichen Verfahren, Hamburg 2009.

Röhricht, Volker: Das Gesellschaftsrecht in der jüngsten Rechtsprechung des Bundesgerichtshofs, in: RWS-Forum, Gesellschaftsrecht 1997, Köln 1998, S. 191 ff.

Rosenberg, Leo/*Schwab*, Karl Heinz/*Gottwald*, Peter: Zivilprozessrecht, 17. Aufl., München 2010.

Säcker, Franz Jürgen: Unternehmensgegenstand und Unternehmensinteresse, in: Festschrift für Rudolf Lukes, Köln [u. a.] 1989, S. 547 ff.

Säcker, Franz Jürgen/*Rixecker*, Roland (Hrsg.): Münchener Kommentar zum Bürgerlichen Gesetzbuch, Band 1, Allgemeiner Teil, §§ 1–240, ProstGm, AGG, 6. Aufl., München 2012; Band 2, Schuldrecht Allgemeiner Teil, §§ 241–432, 6. Aufl., München 2012; Band 4, Schuldrecht, Besonderer Teil II, §§ 611–704, EFZG, TzBfG, KSchG, 6. Aufl., München 2012.

– (Hrsg.): Münchener Kommentar zum Bürgerlichen Gesetzbuch, Band 2, Schuldrecht Allgemeiner Teil, §§ 241–432, 5. Aufl., München 2007.

Schäfer, Carsten: Die Binnenhaftung von Vorstand und Aufsichtsrat nach der Renovierung durch das UMAG, in: ZIP 2005, S. 1253 ff.

– Die Lehre vom fehlerhaften Verband, Grundlagen, Verhältnis zum allgemeinen Vertragsrecht und Anwendung auf Strukturveränderungen, Tübingen 2002.

Schlimm, Katrin: Das Geschäftsleiterermessen des Vorstands einer Aktiengesellschaft, Die Kodifikation einer „Business Judgment Rule“ deutscher Prägung in § 93 Abs. 1 S. 2 AktG, 1. Aufl., Baden-Baden 2009.

Schmidt, Karsten: Geltendmachung der Geschäftsführerhaftung in Insolvenz und masseloser Liquidation, in: KTS 2005, S. 261 ff.

– Gesellschaftsrecht, 4. Aufl., Köln [u. a.] 2002.

– Rechtsschutz des Minderheitsgesellschafters gegen rechtswidrige ablehnende Beschlüsse – Bemerkungen zum Urteil des BGH vom 20.1.1986, in: NJW 1986, S. 2018 ff.

– (Hrsg.): Münchener Kommentar zum Handelsgesetzbuch, Band 1, Erstes Buch, Handelsstand, §§ 1–104a, 3. Aufl., 2010.

Schmidt, Karsten/*Lutter*, Marcus (Hrsg.): Aktiengesetz, Kommentar, Band 1, §§ 1–149; 2. Aufl., Köln 2010; Band 2, §§ 150–410, SpruchG, 2. Aufl., Köln 2010.

Schmitz, Rochus: Die Vernehmung des GmbH-Geschäftsführers im Zivilprozeß, in: GmbHR 2000, S. 1140 ff.

Schmolke, Klaus Ulrich: Die Aktionärsklage nach § 148 AktG – Anreizwirkung de lege lata und Reformanregungen de lege ferenda, in: ZGR 2011, S. 398 ff.

Schneider, Sven H.: „Unternehmerische Entscheidungen" als Anwendungsvoraussetzung für die Business Judgment Rule, in: DB 2005, S. 707 ff.

Schneider, Uwe H.: Stimmverbote im GmbH-Konzern, in: ZHR 150 (1986), S. 609 ff.

Scholz, Franz (Hrsg.): Kommentar zum GmbH-Gesetz, mit Anhang Konzernrecht, Kommentar zum GmbH-Gesetz, mit Anhang Konzernrecht, II. Band, §§ 35–52, 10. Aufl., Köln 2007.

Schubert, Werner/*Hommelhoff*, Peter: Hundert Jahre modernes Aktienrecht, eine Sammlung von Texten und Quellen zur Aktienrechtsreform 1884 mit zwei Einführungen, Berlin [u. a.] 1985.

Schubert, Werner/*Schmiedel*, Burkhard/*Krampe*, Christoph: Quellen zum Handelsgesetzbuch von 1897, Band II, Erster Halbband, Frankfurt am Main 1988.

Schulz-Gardyan, Olaf: Die sogenannte Aktionärsklage, Berlin 1991.

Schürnbrand, Jan: Organschaft im Recht der privaten Verbände, Tübingen 2007.

– Zur fehlerhaften Bestellung von Aufsichtsratsmitgliedern und fehlerhaften Abberufung von Vorstandsmitgliedern, in: NZG 2008, S. 609 ff.

Schwab, Martin: Das Prozeßrecht gesellschaftsinterner Streitigkeiten, Tübingen 2005.

Seibt, Christoph H.: Die Reform des Verfolgungsrechts nach § 147 AktG und des Rechts der Sonderprüfung, in: WM 2004, S. 2137 ff.

Semler, Johannes: Zur aktienrechtlichen Haftung der Organmitglieder einer Aktiengesellschaft, in: AG 2005, S. 321 ff.

Siebert, Wolfgang (Hrsg.): Soergel, Bürgerliches Gesetzbuch, mit Einführungsgesetz und Nebengesetzen, Band 1, Allgemeiner Teil 1, §§ 1–103, 13. Aufl., Stuttgart [u. a.] 2000, Band 2, Allgmeiner Teil 2, §§ 104–240, 13. Aufl., Stuttgart [u. a.] 1999.

Simon, Stefan/*Zetschke*, Dirk: Das Vollmachtstimmrecht von Banken und geschäftsmäßigen Vertretern (§ 135 AktG nF) im Spannungsfeld von Corporate Governance, Präsenzsicherung und prodezurale Effizienz, in: ZGR 2010, S. 918 ff.

Spindler, Gerald: Haftung und Aktionärsklage nach dem neuen UMAG, in: NZG 2005, S. 865 ff.

Spindler, Gerald/*Stilz*, Eberhard (Hrsg.): Kommentar zum Aktiengesetz, Band 1, §§ 1–149, 2. Aufl., München 2010; Band 2, §§ 150–410, IntGesR, SpruchG, SE-VO, 2. Aufl., München 2010.

Staudinger, Julius von (Begr.): Kommentar zum Bürgerlichen Gesetzbuch, Buch 1, Allgemeiner Teil, §§ 21–78, Berlin 2005; Buch 2, Recht der Schuldverhältnisse, §§ 657–704, Berlin 2006.

Stein, Friedrich/*Jonas*, Martin (Hrsg.): Kommentar zur Zivilprozeßordnung, Band 2, §§ 41–127a, 22. Aufl., Tübingen 2004; Band 5, §§ 328–510b, 22. Aufl., Tübingen 2006.

Stodolkowitz, Heinz Dieter: Gerichtliche Durchsetzung von Organpflichten in der Aktiengesellschaft, in: ZHR 154 (1990), 1 ff.

Stützle, Rudolf/*Walgenbach*, Joachim: Leitung der Hauptversammlung und Mitspracherechte der Aktionäre in Fragen der Versammlungsleitung, in: ZHR 155 (1991), S. 516ff.

Surminski, Arno: Stimmrechtsausschluss juristischer Personen gem. § 136 AktG, in: DB 1971, S. 417ff.

Teichmann, Arndt: Strukturüberlegungen zum Streit zwischen Organen in der Aktiengesellschaft, in: Festschrift für Otto Mühl zum 70. Geburtstag, Stuttgart 1981, S. 663ff.

Theisen, Manuel René: Haftung und Haftungsrisiko des Aufsichtsrats, in: DBW 53 (1993), S. 295ff.

Thümmel, Roderich C.: Aufsichtsräte in die Pflicht? – Die Aufsichtsratshaftung gewinnt Konturen, in: DB 1999, S. 885ff.

– Persönliche Haftung von Managern und Aufsichtsräten, 4. Aufl., Stuttgart 2008.

Timm, Wolfram: Die Aktiengesellschaft als Konzernspitze, Köln [u.a.] 1980.

Trescher, Karl: Aufsichtsratshaftung zwischen Norm und Wirklichkeit, in: DB 1995, S. 661ff.

– Die Auskunftspflicht des Aufsichtsrats in der Hauptversammlung, in: DB 1990, S. 515ff.

Ulmer, Peter: Die Aktionärsklage als Instrument zur Kontrolle des Vorstands- und Aufsichtsratshandelns, in: ZHR 163 (1999), S. 290ff.

– Nochmals: Begründung von Rechten für Dritte in der Satzung einer GmbH? in: Festschrift für Herbert Wiedemann zum 70. Geburtstag, München 2002, S. 1297ff.

Ulmer, Peter/*Habersack*, Mathias/*Winter*, Martin (Hrsg.): Gesetz betreffend die Gesellschaften mit beschränkter Haftung, (GmbHG), Großkommentar, Band II, §§ 29 bis 52, Tübingen 2006.

Verhoeven, Thomas: Anm. z. LG München, Beschl. v. 28.07.2008 – 5 HK O 12504/08, ZIP 2008, 1588 –, in: EWiR 2009, S. 65ff.

– Der Besondere Vertreter nach § 147 AktG: Erwacht ein schlafender Riese?, in: ZIP 2008, S. 245ff.

Verse, Dirk A.: Der Gleichbehandlungsgrundsatz im Recht der Kapitalgesellschaften, Tübingen 2006.

Voigt, Hans-Christoph: Haftung aus Einfluss auf die Aktiengesellschaft (§§ 117, 309, 317 AktG), München 2004.

Völderndorff und Waradein, Otto von: Das Reichsgesetz betreffend die Kommanditgesellschaften auf Aktien und die Aktiengesellschaften vom 18. Juli 1884, Erlangen 1885.

Volhard, Rüdiger: Eigenverantwortlichkeit und Folgepflicht, Muss der Vorstand anfechtbare oder angefochtene Hauptversammlungsbeschlüsse ausführen oder verteidigen?, in: ZGR 1996, S. 55ff.

Wasmann, Dirk/*Kallweit*, Dominik: Die Nebenintervention in aktienrechtlichen Anfechtungs- und Freigabeverfahren, in: Der Konzern 2008, S. 135ff.

Weber, Sven: Die konzernrechtliche abgeleitete Aktionärsklage, Baden-Baden 2006.

Weiss, Susanne/*Buchner*, Markus: Wird das UMAG die Haftung und Inanspruchnahme der Unternehmensleiter verändern?, in: WM 2005, S. 162 ff.

Werner, Winfried: Vertretung der Aktiengesellschaft gegenüber Vorstandsmitgliedern – Ein Beitrag zur Auslegung des § 112 AktG, in: ZGR 1989, S. 369 ff.

Westermann, Harm Peter: Der Besondere Vertreter im Aktienrecht, in: AG 2009, S. 237.

Wiedemann, Herbert: Gesellschaftsrecht, Band 1, München 1980.

Wilsing, Hans-Ulrich/*Ogorek*, Markus: Anmerkung zu LG Stuttgart, Urteil vom 6. September 2007 – 5 HK O 12570/07 –, in: EWIR 2007, S. 611 ff.

Windbichler, Christine: Treupflichtwidrige Stimmrechtsausübung und ihre rechtlichen Folgen, in: RWS-Forum, Gesellschaftsrecht 1995, 1996, S. 23 ff.

Winter, Martin: Mitgliedschaftliche Treubindungen im GmbH-Recht, München 1988.

Wirth, Andreas/*Pospiech*, Lutz: Der besondere Vertreter gem. § 147 Abs. 2 Satz 1 AktG als Organ der Aktiengesellschaft?, in: DB 2008, S. 2471 ff.

Wirth, Gerhard: Der „besondere Vertreter" nach § 147 Abs. 2 AktG – Ein neuer Akteur auf der Bühne? in: Festschrift für Uwe Hüffer zum 70. Geburtstag, München 2010, S. 1129 ff.

Wolff, Hans J.: Organschaft und juristische Person, Untersuchungen zur Rechtstheorie und zum öffentlichen Recht, Band 2, Theorie der Vertretung, Aalen 1968.

Zieglmeier, Christian: Die Systematik der Haftung von Aufsichtsratsmitgliedern gegenüber der Gesellschaft, in: ZGR 2007, S. 144 ff.

Zimmermann, Anja Christina: Die Entlastung von Vorstand und Aufsichtsrat bei der Aktiengesellschaft, Hamburg 2008.

Zöller, Richard: Zivilprozessordnung, 29. Aufl., Köln 2012.

Zöllner, Wolfgang: Die Schranken mitgliedschaftlicher Stimmrechtsmacht bei den privatrechtlichen Personenverbänden, München, Berlin 1963.

– Zur Problematik der aktienrechtlichen Anfechtungsklage, in: AG 2000, S. 145 ff.

– (Hrsg.): Kölner Kommentar zum Aktiengesetz, Band 1, 3. Lieferung, §§ 76–117 AktG und Mitbestimmung im Aufsichtsrat, 2. Aufl., Köln [u. a.] 1996; Band 1, 5. Lieferung, §§ 118–147 AktG, 1. Aufl., Köln [u. a.] 1973; Band 2, §§ 148–290, 1. Aufl., Köln [u. a.] 1985; Band 2/1, §§ 76–94, 3. Aufl., Köln [u. a.] 2010; Band 5/1, §§ 179–240 AktG, 2. Aufl., Köln [u. a.] 2004.

Zöllner, Wolfgang/*Noack*, Ulrich (Hrsg.): Kölner Kommentar zum Aktiengesetz, Band 3, Teillieferung 1, §§ 131, 132 AktG, 3. Aufl., Köln [u. a.] 2010; Band 6, §§ 15–22 AktG, §§ 291–328 AktG und Meldepflichten nach §§ 21 ff. WpHG, SpruchG, 3. Aufl., Köln [u. a.] 2004.

Stichwortverzeichnis